区域教育现代化实践探索丛书

丛书主编　胡小伟 刘正伟 俞　斌

北仑实践：

区域推进学校文化建设研究

张文军　　朱晓燕　　吴东平 编著

ZHEJIANG UNIVERSITY PRESS
浙江大学出版社

总　　序

在我国进入全面建设小康社会、加快推进社会主义现代化的背景下,教育作为促进社会进步、民族振兴的基石,面临着前所未有的机遇与挑战。全面深化教育改革,大力推进教育现代化建设,已经成为当前教育发展的迫切任务和时代使命。在知识经济迅猛崛起的今天,教育更是成为区域经济、政治、文化、社会和生态的可持续发展的内在动力资本。宁波市北仑区作为全国改革开放的排头兵和产业优化发展的前沿阵地,多年来一直在积极探索区域教育现代化发展的经验与模式,探讨教育如何与区域经济社会同步发展、率先实现教育现代化、打造全省乃至全国教育现代化强区典范等问题。

众所周知,教育现代化建设是一项系统工程,全面实现教育现代化必须从传统的以学校为单位的组织变革转向区域性的教育整体变革。特别是随着教育管理权限的下放,探索区域层面教育改革与教育领导能力建构,开始成为重要的课题。第一,以区域推进的方式进行教育变革往往能够增强教育改革的抗风险能力,通过政府的领导组织,有效防止教育改革与发展中的动力不足、能力不强和外部支持环境不良等问题。第二,区域性教育变革往往具有整体规划的意识,能够在系统思想的指导下,建立本地区的教育运行秩序和机制,有利于大面积地提高教育质量和教育整体效益。第三,区域性的教育变革强调从经验性、行政性的改革转变为专业化、系统性的改革,关注区域教育革新的顶层设计、持续推进、能力建构和经验的提炼与推广,体现教育改革中理论与实践紧密整合的作用。因此,在我国全面推进教育现代化建设、实现教育均衡与优质发展的过程中,探索区域性教育变革的模式已经成为提升教育整体水平的普遍战略选择。

北仑教育变革是我国东部沿海经济发达地区教育改革的一个缩影。改革开放以来,北仑教育界创造了"北仑现象"及诸多教育奇迹,从最初的撤县建区,到承担国家义务教育课程改革实验,到均衡发展的率先探索与推进,再到建立教育现代化强区,改革不仅是北仑教育变迁的结果,也构成了北仑教育发展的特质、基因乃至精神,而落实科学发展观,办人民满意的教育是北仑教育改革一以贯之的主线。30 多年来,北仑教育界知难而上、攻坚克难,通过深入调查和研究区域教育的各种内生矛盾与问题,化解症结,破解难题,不断确立阶段性改革目标,将北仑教育推向新的发展水平。

北仑教育界从不满足于以往取得的成就,而把改革视为教育工作的一种常态、一种精神、一种信念,在改革中,"时时矫正自己,日新日日新"。在探索教育变革的动力源泉和路径时,北仑教育界始终把根扎在区域这片沃土上,研究自身的问题,共同探讨及解决教育发展的本土问题,推出许多行之有效的改革举措,积累了许多卓有成效的经验。尤其值得一提的是,多年来,北仑教育一直坚持以区域性教育变革为根本战略,用区域整体布局和系统思维的方式,探索出了一条由专业研究人员参与和区域自主探索相结合的区域性教育改革与发展的北仑路径。区域教育现代化实践探索丛书正是对多年来北仑教育改革与发展成果的理论性与经验性的总结。一方面,丛书反映了北仑区坚持教育优先发展、以人为本、促进公平、提高质量、改革创新的区域教育现代化建设的实践成果;另一方面,丛书也是对北仑教育现代化建设行动研究的理论提升,较为系统地检视了北仑区域教育现代化发展的阶段特征与独有模式;此外,丛书还呈现了大量区域教育现代化建设的优质案例,对于从整体层面推动教育现代化建设具有一定的参考价值与借鉴意义。

丛书包括《北仑范式:区域推进式农村学前教育发展模式探索》《北仑经验:区域推进综合实践活动课程研究》《北仑策略:区域推进体艺特色学校建设研究》《北仑实践:区域推进学校文化建设研究》《北仑机制:区域基础教育质量评价研究》和《北仑模式:区域教师专业发展探索》等六个分册,主要以体制创新、课程改革、特色创建、文化建设、质量监控和教师能力建构等六个方面为抓手,构建了北仑教育区域性改革与发展的内在体系。《北仑范式:区域推进式农村学前教育发展模式探索》从体制创新的角度探讨了新农村建设背景下的学前教育区域性变革的北仑范式,总结了北仑所探索的农村学前教育的人本管理模式、农村学前教育的集团化整合模式、农村学前教育的生态化课程模式和农村学前教育师资区域本位化培养模式。《北仑经验:区域推进综合实践活动课程研究》以课程革新为人才培养的突破口,探讨如何通过区域统筹规划,推动区域校本课程开发、实施、评价、管理和师资培养的系统策略,总结了区域课程革新的策略系统和实用资源。《北仑策略:区域推进体艺特色学校建设研究》立足于学校体艺特色和区域特色的建构,在实证调研和理论分析的基础上,以区域规划理论、协同理论、区位优势理论、竞争合作理论为依托,为区域体艺特色学校建设提出了革新性策略。《北仑实践:区域推进学校文化建设研究》提出区域教育内涵发展的关键在于学校文化建设的理念,并通过区域教育政策引导的轴心作用,构建了包括物质文化、制度文化、行为文化和精神文化的北仑特色的多重学校文化建设的核心体系。《北仑机制:区域基础教育质量评价研究》从区域教育质量评价的理论、体系、标准及其实施等层面构建全面教育质量评价与监控体系的理念、具体策略和实践案例,为区域教育实现均衡与优质发展提供了北仑探索之路。《北仑模式:区域教师专业发展探索》站在区域教育均衡发展的立场,从政府主导和草根推动两个方向,探索了"分层运作·多维融合·载体推动"的区域教师专业发展模式,从教研训层次、教研训体系和教研训载体等不同方面探索区域教师专业发展的理论与实践,为其他地区整体筹划教师专业发展、实现教师专业化提供有益的借鉴。

区域教育现代化实践探索丛书作为对北仑教育现代化建设的较为系统的盘点与反思,反映了多年来北仑教育局落实科学发展观、办人民满意教育、探索教育现代化留下的足迹。第一,丛书力求反映北仑区教育现代化探索中的愿景与使命领导的意识,区域教育的改革紧紧围绕教育现代化建设中教育优先发展、育人为本、促进公平、提高质量和改革创新的本质精神,通过挖掘教育变革的内在精神引领教育事业的全面突破,以体现北仑教育发展的战略选择。第二,丛书力求反映较强的聚焦意识和问题意识,六个专题的研究均以我国教育现代化建设中最迫切、最核心和最关键的重大问题为研究对象,包括学前教育体制创新、人才培养模式变革、现代学校建设、质量提升与内涵发展等,以破解教育现代化中的难题。第三,丛书力求反映实践智慧的力量,体现区域教育发展依托于理论又超越并发展理论的意义,各个专题的研究都扎根于深厚的专业理论基础,又在实践中探索了创新性的策略、方法和经验,将鲜活生动的教育现代化建设实践同教育现代化的理念与内涵相整合,从而促进研究成果的推广与辐射。第四,丛书力求反映研究方法的规范意识,各个专题的研究综合运用了理论研究、比较研究、实证研究、案例分析等方法,对北仑区域教育现代化的理论与方法、制度与政策、经验与模式、问题与对策进行了系统而规范的探讨,发展了研究的内在逻辑关系和方法系统,可以为同类地区教育现代化的研究提供参考与借鉴。

区域教育现代化实践探索丛书是北仑教育现代化建设的一个结晶,是北仑教育改革与发展的创新点,也是北仑教育改革与发展的特色所在。我们希望这些探索不只局限于北仑区域,而是在更广阔的范围为我国推进区域整体教育现代化提供一个理论与实践参照的视角。我们期望北仑的实践经验和探索能够产生更大范围的辐射效应,一方面,希望它能进一步激发北仑教育在实现教育现代化、打造全国教育强区的道路上不断前行;另一方面,也为我国其他地区教育现代化建设提供一个可供解析的标本。

主 编

2013 年 8 月

目　录

第一章　绪　　论

　　在学校学习、生活的过程中,学生总是会感受到非正式的、无意识的隐性课程的影响。这种不成文的课程通常被定义为学校文化或学校特质,因为它反映了长时间以来业已形成的价值观、信念和传统。一个组织的价值观和信念可以塑造成员的观念、感觉和行为。现有的研究表明,学生对学校文化积极认知可以增加他们的学业动力、减少纪律问题。积极的学校文化可以有效预防青少年的情感问题和行为问题,可以为青少年的自我发展和同伴关系的建立创造至关重要的环境。[①]

　　学校的物质环境只是外显存在,教学楼、图书馆、校舍等归根到底发挥的都只是对学校教育功能的配套作用,学校最重要的功能是育人,最重要的特点还是体现在教师、学生和其他人员的态度行为上。理想的学校还应该是这样的:它不仅是客观的物质存在,更是一种精神和文化的存在。美国著名的教育管理学家欧文斯(Owens)曾经说过:"组织文化是决定教育组织品质的根本因素。改变组织表现的唯一关键因素就是改变其文化。"现代学校发展的根本是学校文化建设,学校文化是立校之基、育人之本。

　　我国对学校文化一直比较重视,多次出台相关文件呼吁中小学加强学校文化建设。2004 年中共中央、国务院颁布《关于进一步加强和改进未成年人思想道德建设的若干意见》;2006 年教育部发布《关于学习贯彻胡锦涛总书记讲话精神切实加强社会主义荣辱观教育的通知》,要求把社会主义荣辱观教育与校园文化建设结合起来。各地根据自身情况,又相应颁布了有关实施规定,学校文化建设已经成为我国中小学德育工作的一块重要内容。2010 年 7 月 29 日,在深入调研、广泛听取意见建议的基础上,经反复研究和

---

　　① Barr J. J. & A. Higgins-D'Alessandro. How Adolescent Empathy and Prosocial Behavior Change in the Context of School Culture:A Two-year Longitudinal Study. Adolescence,2009,44(176):751-772.

修改，国务院常委会审议通过了《国家中长期教育改革和发展规划纲要（2010—2020年）》，此纲要将成为中国近期教育工作的指南。对于目前我国的中小学教育，纲要提出了发展"均衡教育"的目标。对于"均衡教育"，教育部副部长刘利民给出了深刻的解释："教育有自己的规律，不能模式化地看待学校办学，均衡教育指的是在为所有学校提供均等硬件条件的基础上，鼓励学校发展自己的特色，培育自己的文化，打破固有的应试教育评价系统，往素质教育迈进。"建设学校文化、发展学校特色在现有教育环境和改革方向下成为了一股热潮。

2011年10月15日至10月18日，中共第十七届六中全会在北京举行，会上明确提出"深化文化体制改革、推动社会主义文化大发展大繁荣"的改革方向和"社会主义文化强国"的战略目标。"文化"一词一下子成为各界讨论的焦点，把文化建设纳入经济社会发展总体规划已经成为下一步工作的方向，教育系统的工作也将必然围绕"学校文化建设"这个主题进行。

21世纪以来，学校文化建设日益引起人们的关注，原因大致有两点：一方面，随着我国经济社会的发展，政府对教育的投入不断加大，硬件提升之后，学校内涵发展的工作自然浮出水面，同时随着时代的发展，现代社会家长、学生、社会各界对学校办学质量的要求不断提高，远不仅仅停留在物质条件上，对学生综合素养、性格发展等方面都有所期待。另一方面，由于优质教育资源稀缺等问题，近年来教育领域的功利化日趋严重，学校的育人本质、文化内涵不断被消解，学校越来越趋同于经济组织和政治组织。为此，学校校长们明确学校核心使命、建设学校文化的自觉性和主动性日益加强，学校文化建设也成为教育行政主管部门的工作重心。

2002年成为我国基础教育课程改革国家级实验区以来，北仑区教育局在区域推进学校文化建设方面，做了多方面的尝试，并取得了明显的成效。尤其是2006年北仑区教育局提出了"均衡、轻负、高效、优质"的发展思路后，北仑教育全面提速。这种提速，积极地呈现出北仑教育文化发展的内涵——以学校办学水平提升、教师专业发展和学生幸福成长为目标，运用浸润、涵化和整合等方式，引导、促进全区每所学校明确自己的办学目标和定位，构建个性鲜明又体现时代特征的校园文化，最终实现全区学校教育的积极、均衡、持续和协调的发展，为每一个适龄儿童和青少年提供充分的、均等的教育机会和高质量的教育服务。

第一节 学校文化及相关分析

一、文化与学校文化概念

学校文化是文化的一部分。要弄清学校文化,必须首先对文化有所了解。长期以来,人们在使用"文化"这一概念时,其内涵、外延差异甚大,故文化有广义和狭义之分。广义的文化,着眼于人类与一般动物、人类社会与自然界的本质区别,着眼于人类卓立于自然的独特生存方式,其涵盖面非常广泛,因为将人类社会历史生活的全部内容统统摄入"文化"的定义域,所以又被称作"大文化"。这也是文化研究领域普遍的共识。与广义文化相对的,是狭义的文化。狭义的文化排除人类社会历史生活中关于物质创造活动及其结果的部分,专注于精神创造活动及其结果,所以又被称作"小文化"。我国的权威辞书《辞海》对文化一词的释义就采取了这样的界定方式:文化"从广义上说,是指人类社会历史实践过程中所创造的物质财富和精神财富的总和;从狭义上来说,是指社会的意识形态以及与之相适应的制度和组织结构"。广义文化与狭义文化涉及的范围大小有别,学校文化的研究主要从狭义文化的角度进行论述。①

"学校文化"这个词最早是由美国学者华勒(Waller)于 1932 年在其著作《教育社会学》中使用的,他把学校比作一个社会系统,学校文化则是该系统的各种习惯传统、规则准则、价值观念和心态行为的总和。1955 年,美国学者布鲁克佛(Brookover)详细描述了美国学校的文化。1977 年,撒拉逊(Sarason)研究了学校文化对教育改革的阻碍作用。20 世纪 80 年代末 90年代初,教育研究者重新使用了"学校文化"的概念,但此时它已成为描述学校特征的重要术语,这与当时开始盛行的组织文化研究密切相关。

要了解学校文化的概念,有必要先了解组织文化的内涵。组织文化是"在不同水平上共享的意义系统",或者是"一套相当稳定的固有假设、共有信念、意义和价值,它成为了人们行动的一种背景"。莱切斯(Reichers)和施耐德(Schneider)把组织文化定义为:"一套有关组织问题、组织目标和组织

---

① 赵中建:《学校文化》,华东师范大学出版社 2004 年版,第 26—38 页。

时间的共享意义和理解系统。"卢梭总结道,组织文化通常被视为"由一个社会单位成员共有的认知系统"。①

从组织文化学的视角出发,目前达成共识的学校文化定义有以下几种:

(1)学校文化指共享的信念和价值观,这两者把学校成员紧密地结合在一起。

(2)学校文化是学校成员用来认识自己和认识世界的镜头。

(3)学校文化包括学校中不成文的规则、传统、标准和期望,它们渗透于学校之中,影响着人们的所思所为。②

从组织文化角度看,学校文化是教师、学生和校长所持有的行为方式,同时又和学校本身的传统与历史有密切关系,即学校文化应该是学校全体成员所具有的共享的信念,其形成又与特定的学校历史传统相联系。

学校文化在国内比较有代表性的定义主要有以下几种:顾明远在《教育大词典》中指出:"学校文化指学校内有关教学及其他一切活动的价值观念。"郑金洲也持相同观点。石鸥在《学校文化学引论》中指出:"学校文化是学校全体人员通过努力所达到的总体文明状态,包括物质财富和精神财富两方面。"我国台湾地区学者林清江在《教育社会学新论》中把学校文化定义为"学校中各组成分子所构成的价值及行为体系"。

可见,国内外关于学校文化的定义侧重点不同。国内注重从物质和精神两个层面对学校文化予以关注。国外则着眼于把学习文化作为一个集团,关注其对身处其中的个体在价值信仰、思想观念等精神层面的影响,对物质层面则较少关注。③

二、学校文化的内容

对学校文化的不同定义,导致对学校文化构成因素的多样性认识;不同的视角导致对学校文化内容的不同分类。归纳起来,有以下几种。

1. 对象论

按照学校的各个组成部分对学校文化进行分类。我国台湾地区学者林

---

① Houtte M. V. Climate or Culture? A Plea for Conceptual Clarity in School Effectiveness Research. School Effectiveness and School Improvement,2005,21(35):71-89.

② Kent P. Finding the Missing Jigsaw Pieces:A New Model for Analysing School Culture. Management in Education,2006,20(3):24-30.

③ 俞国良:《学校文化新论》,湖南教育出版社 1999 年版,第 47—58 页。

清江把学校文化分成四种：教师文化、学生文化、学校行政人员文化、学校有关的社区文化。我国学者郑金洲将学校文化分为教师文化、学生文化和课程文化。高艳红也将学校文化分为教师文化、学生文化和课程文化。

2. 要素论

按照文化的组成要素进行分类，是指把学校中的各种要素作为文化来理解。

汪理智认为学校文化"包括学校的办学理念、教育目标、校园环境、校风学风、人际关系以及以教育为特点的文化生活、教育设施、学生社团组织、学校传统习惯和学校的规章制度、人财物管理等内容"。时雪松则认为："一个健全的学校文化系统应当至少包括学校战略、学校理念、学校行为、学校视听觉、学校文化网络五个部分内容。"

3. 层次论

这种分类方法从学校文化自身构成角度入手，承认学校文化有层次之分。

学者俞国良等人按照学校文化的表现结构，将学校文化分为物质文化、制度文化和精神文化。"物质文化是学校文化的外显层，主要指对象化了的物质形态如校园、校舍布局设计、校园绿化景观、教学设施、娱乐场所、图书馆建设等，以及显现在外的学校主体的活动方式。制度文化是学校文化的中间层，主要指学校中特有的规章制度、管理条例、学生守则、领导体制、检查评比制度，以及各种社团和组织结构及其职能范围。精神文化是指学校文化的内隐层，主要指学校内师生认可的行为方式、价值观念、群体目标、治学态度以及种种思想意识，表现为学校人际关系、学校风气、校园人的审美趣味、道德情操、思维方式等。"袁小明则认为，"学校文化分为物质文化、制度文化、统领文化和人际关系文化，核心是统领文化和人际关系文化。"也有学者反对将"物质"和"文化"相搭配，认为物质或制度只是文化的一种"符号"或"载体"，"物质或制度所蕴含的意义"才是文化的组成部分，从而提出学校文化的实质是学校的"意义结构"。①

4. 表现论

按照学校文化的表现方式进行分类。

---

① 刘晓静：《学校文化变革过程研究——以上海市 C 区 K 小学为例》，2003 年华中师范大学硕士学位论文，第 5—6 页。

黄兆龙将学校文化分为"显性文化"和"隐性文化"。显性文化包括学校标志、学校组织原则、学校制度、学校环境和学校管理行为;隐性文化包括学校管理理念、学校价值观念、学校经营思想、学校整体目标、学校精神和学校道德。①

三、学校文化的特征

1. 学校文化是特定人群的,具有属人性

文化存在于人的心里,存在于人的生存方式之中,体现着人类族群的内涵和特质。文化以特定人群为单位,大的单位有民族、国家,小一点的有地区,再小一点的单位就是企业、学校等。不同类型的学校,其文化个性也不同,如大学文化与中小学文化、职业学校与普通学校文化之间就有很大的差异。即便是同一类型的学校,学校间的文化也是不同的。

2. 学校文化是当下的,具有现实性

学校文化并非凭空产生的,它和学校的历史、传统有千丝万缕的联系,是人们在长期的教育实践中积淀和创造出来的。因此,学校文化建设不应割断历史、否定传统,而应正确处理学校文化继承和学校文化变革、发展的关系,把学校文化传统的优秀成分融入现实的学校文化和它的未来发展之中。

3. 学校文化是普遍自觉的,具有自觉性

学校文化是学校这一特定组织中的人群普遍自觉的,这一特性包含两层意思。首先,学校文化是大多数人的文化,是被绝大多数学校人所认同和共享的,即普遍自觉的;其次,自觉意味着积极的行动,学校文化的核心是学校的价值观,这种价值观只有成为全体人员的行动准则时才是学校文化。

4. 学校文化是一个生态系统,具有生态性

首先,学校文化是一个观念和方式系统,它包括一些结构、形象、符号,甚至习惯和习俗。学校中各文化要素之间相互关联所呈现的形态以及由此形成的一种具有特征性的学校文化结构,在本质上表征着师生的生存方式及其相互联系。学校中的人与环境之间相互作用,构成了学校文化的生态

---

① 刘正伟、仇建辉:《学校文化建设:特色与品牌》,山东教育出版社 2010 年版,第30—67 页。

景观。①

四、学校文化的结构模型

仅从文字层面去理解学校文化总有点苍白。通过国外研究者所画的几个结构图,我们可以更形象地理解学校文化的内涵。

1. 学校文化板块拼图

英国学者肯特(Kent)把学校文化比作一个拼图,由五个板块组成,分别是内部文化(internal culture)、亚文化(subculture)、领导与文化(leadership and culture)、外部文化(external culture)和文化变迁(culture change)。其中内部文化、亚文化和领导与文化归属于一层次,外部文化和文化变迁为另一层次,五个板块紧密契合(见图 1-1)。

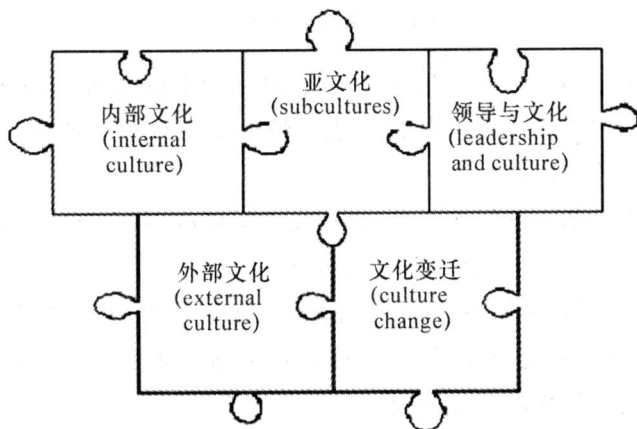

图 1-1 学校文化板块拼图

其中,内部文化指学校成员共有的价值和观念,该板块侧重于学生的价值观念。而内部文化又是由各个亚文化组成的合体,其中存在着中心文化和边缘文化。此外,学校领导对学校文化的建设具有重大的作用,学校领导的教育理念和管理方式在很大程度上决定了学校的文化。而外部文化指学校外部社会对学校文化形成和发展的影响,因为学生的经验系统很多都在校外形成,外部社区的文化是学校文化形成的要素。最后,学校文化的变迁涉

---

① 徐书业:《学校文化建设研究——基于生态学的视角》,2007 年华东师范大学博士学位论文,第 22—28 页。

及学校内外各种因素,主要还是外部因素。[①]

2. 学校文化层次图

新恩(Schein)根据组织文化的层次,分层次理解学校文化(见图1-2)。

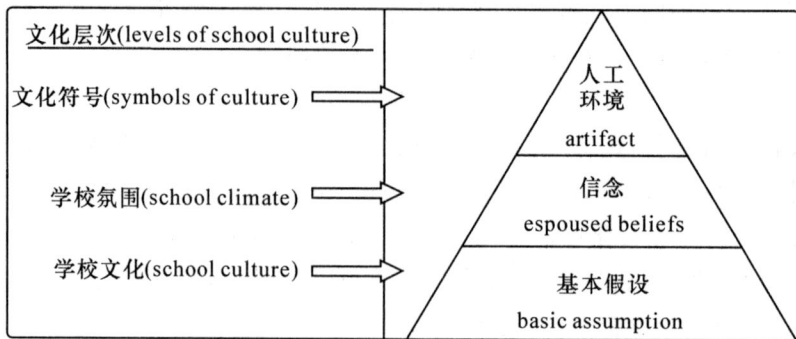

图 1-2 学校文化层次图

组织文化的第一层次是基本假设,它对应于学校文化,是指在组织中成员共有的一套对事物本质和如何处理事情的复杂认识系统,组织成员甚至感受不到这套系统的存在。

组织文化的第二个层次是信念,对应于学校氛围,它指的是组织成员传统的观念和态度,涉及社会心理学的知识。

组织文化最后一个层次是人工环境,它对应学校符号,指学校成员创造的人工环境,用浅显的方式呈现,可以通过肉眼等观察到,但却是学校文化和学校氛围长期积累的外化表现。

3. 学校文化内容图

新恩认为学校文化由四大内容组成(见图1-3)。

在图1-3中,第一块专业定位(professional orientation)对应学校中能呈现全体教师专业水平的活动和态度;第二块组织结构(organizational structure)对应领导风格、沟通过程,它反映学校的行政特点;第三块学习环境的特质(quality of the learning environment)对应学生参与的活动中的智力因素;第四块从学生角度确定的重点问题(student-centered focus)对应于帮助学生实现成功的一系列努力。

① Roach A. T. & T. R. Kratochwill. Evaluating School Climate and School Culture. Teaching Exceptional Children,2004,37(1):10-17.

Ⅰ 专业定位(professional orientation)	Ⅱ 组织结构(organizational structure)
学校中能呈现全体教师专业水平的活动和态度(the activities and attitudes that characterize the degree of professionalism present in the faculty)	反映学校行政特点的领导风格和沟通过程(the style of leadership, communication & processes that characterize the way the school conducts its business)
Ⅲ. 学习环境的特质(quality of the learning environment)	Ⅳ. 从学生角度确定的重点问题(student - centered focus)
学生参与活动中的智力因素(the intellectual merit of activities in which students are typically engaged)	从学生角度确定的重要问题(the collective efforts &programs offered to support student achievement)

图 1-3　学校文化内容图

4. 学校文化"新模型"

把学校文化的三个层次和四大内容结合起来,就形成了这一学校文化的"新模型"(见图 1-4)。

五、学校文化的建设模型

1. 学校形象识别系统模型(CI 理论)

CI(Corporate Identity)又称企业形象识别,是 20 世纪 60 年代兴起的一种成功的企业管理理论。近年来,许多国内外知名企业如 IBM、索尼、宏基等都是通过导入 CI,塑造了良好的企业形象和企业文化,从而获得了巨大的成功。同样,也可以把 CI 战略应用于学校文化建设之中,使学校具有更加鲜明的形象符号和文化内涵,这样不仅有利于提高审美情趣、内化校园精神文化,而且能增强学校的凝聚力、向心力和感召力,进而提高学校的竞争力和威信。

CI 包括三个系统:理念识别系统 MI(Mind Identity)、行为识别系统 BI(Behavior Identity)以及视觉识别系统 VI(Visual Identity)。MI 是 CI 的内核和灵魂,是企业精神的原动力,是 BI 和 VI 的基础和依据。BI 是通过一系列有目的的活动来表达理念,实现企业的使命和目标。而 VI 则是通过一系列独特的色彩、图案以及声、像、文字来表达理念,使人们对企业能够印象深刻。这三者构成了一个密不可分的有机整体。

通过导入 CI 理论来建设学校文化,实质上是指在新课改基本理念的指

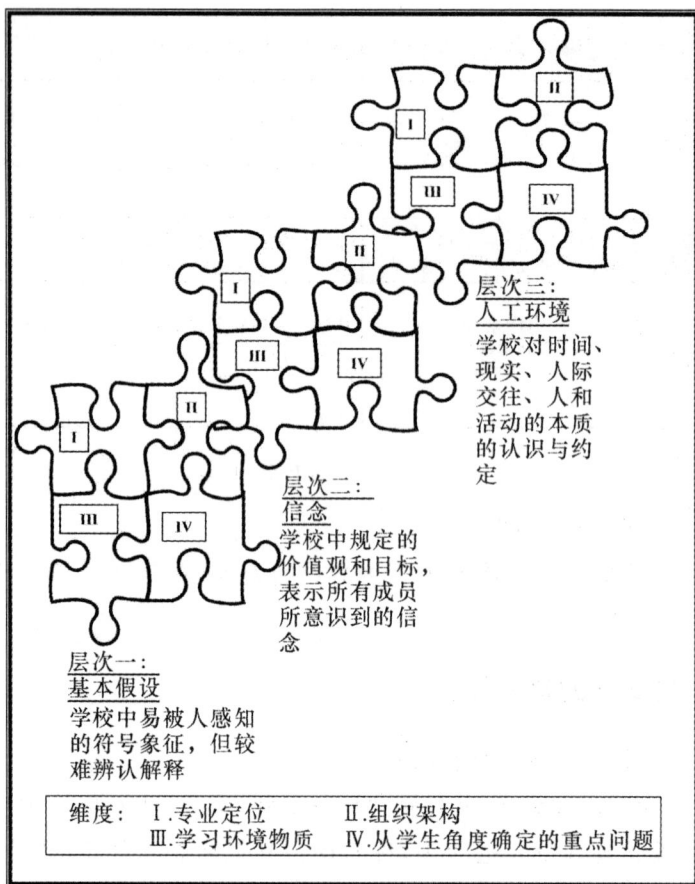

图 1-4　学校文化新模型

导下,通过 MI、BI、VI 策划,来建设与之相适应的物质文化、制度行为文化和精神文化,以促进学校整体文化的建设。具体可以用图 1-5 表示。①

2. 学校文化建设行动六面体模型

学校文化建设是一个综合工作,由低期待、单面向的学校文化向高期待、多面向的学校文化转型,需要一种整体推进的观念和策略模型。

苏尚锋在长期调研北京市西城区各学校的基础上,依据文化发展理论所涉及的人与理念、结构与方法、材料与目标这三对要素,设计了学校文化

---

① 魏玉莲、肖春雪、鄂丽新:《基于 CI 理论和新课程改革的学校文化建设新课程研究》,《教师教育》2010 年第 6 期,第 105—107 页。

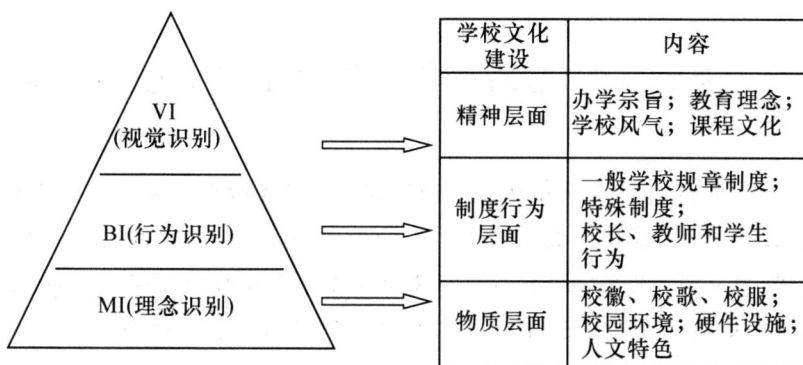

图 1-5 学校形象识别系统模型(CI 理论)

建设的六面体模型(如图 1-6)。

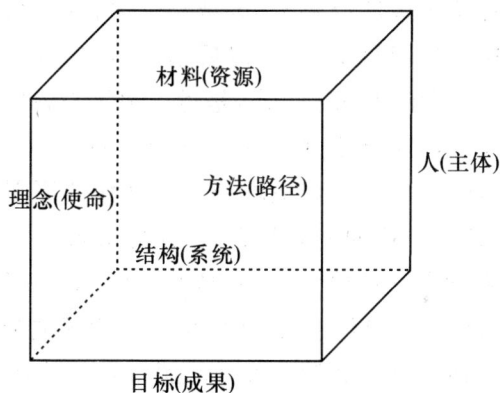

图 1-6 学习文化建设的六面体模型

在六面体模型中,各个面的功能如下:

(1)在材料面上,挖掘区域文化资源,发挥区域文化优势;

(2)在理念面上,明确文化使命,实现文化转型;

(3)在主体面上,尊重文化主题,发挥人的创造性;

(4)在方法面上,探寻文化路径,倡导特色发展;

(5)在结构面上,理解文化结构,实现系统内化;

(6)在目标面上,铸造文化品牌,共享文化成果。[1]

---

[1] 苏尚锋:《学校文化建设的六面体模型》,《中国教育学刊》2008 年第 8 期,第 22—24 页。

第二节 "区域教育研究"的内涵及意义

区域层面推进学校文化建设的研究采用了"区域教育研究"的方法。所谓区域教育研究,就是在贯彻国家教育方针的基础上,整体地把握区域社会和区域教育实际,以区域教育为研究对象,以促进区域教育协调快速发展为目的,从而更有力地促进区域经济和社会发展的教育科学研究。

一、"区域教育研究"的源起

区域教育研究在我国的产生和发展,不仅是我国教育改革和发展提出的现实课题,而且受益于区域经济学(区域科学)研究在我国的发展。区域科学也叫区域经济学、空间科学,是一门后起的新兴科学,在国外产生于第二次世界大战后的 20 世纪五六十年代,是适应国际与各国内部地域分工的深化,并针对国际间、地区间经济发展不平衡的加剧而形成的,它是"研究如何建立国家经济区域系统,并按照地域分工与合作的原则来组织系统内各区域中第一、第二、第三产业的发展与布局,使之形成一个……经济有机体的科学"[①]。在我国,改革开放以后,尤其是 20 世纪 80 年代后期,区域科学的研究开始兴起。进入 90 年代以后,区域科学在我国成为发展最为迅速的应用经济学科之一,1997 年正式列入教育部颁布的学科专业目录当中,成为应用经济学的二级学科。

区域经济的发展促进了地方政府发展区域教育的积极性,区域科学很快就不再是经济学独占的领域,而是成为各种与区域有关的学科共同耕耘的沃土。我国的教育研究者很快就开始运用区域科学的原理与方法研究我国的教育了。1995 年,焦风君在《区域教育论》一文中,对教育区域的构成要素、发展要素作了理论探讨。他认为,教育区域由文化教育中心、教育孕育腹地和教育协作网络构成;认为区域教育的发展要素可以分为四种类型,即原生性要素、再生性要素、流动性要素和管理性要素。[②]

---

① 周起业、刘再兴:《区域经济学》,中国人民大学出版社 1989 年版,第 3—4 页。
② 侯彦斌:《我国"区域教育研究"的概念、意义和方法的理论研究》,2004 年西北师范大学博士学位论文,第 20—30 页。

二、"区域教育研究"的理论基础

区域层面推进学校文化建设看似是一种实际行动策略,但背后暗含着"区域教育研究"的学术理论思想。

"区域教育研究"从属于"教育科学研究"这一更广泛的概念,它是一种具有特殊内容与形式的教育科学研究。这种特殊性体现在以下几个方面:

(1)区域性。区域研究的特征在于,它是以"区域"为着眼点的,力图使研究的结构尽可能地符合"区域"的实际,并用来促进"区域"的发展,而不是根据研究要总结出一套一般的或适用于其他区域发展的理论系统。在我国,划分区域教育依照行政区划为准,教育行政部门会选择本行政区内需要解决的问题为研究课题,进而产生区域教育研究与行政部门的关系问题,主动进行政策研究,并主动使教育研究为教育决策服务,这一直是我国教育研究的传统。

(2)系统性。区域教育研究力图整体地把握区域教育和区域社会的实际,因此它首先必须视区域教育为一个系统,而且是作为"区域"这一母系统的有机的子系统。其次,区域教育研究自身必然是一项系统工程。这两点在我国许多的区域教育研究中都已有体现。

(3)长期性。古人云,"十年树木,百年树人"。教育的发展及其真正的社会效益,需要在很长的时间之后才能见到。实践证明,在教育上急功近利是不行的。区域教育研究以促进区域教育和区域社会的发展为着眼点,必然要经过长期的坚持和努力,是一种长期性行为。

三、"区域教育研究"的意义

(1)理论意义:有利于丰富我国的教育科学研究。由于区域教育研究既具有教育科学研究的共性,又具有自身"区域性"的一面,因而可以在两方面为丰富教育科学研究提供条件。另外,从范式更替的角度来看,区域教育研究可能为教育研究提供一个新的研究范式。

有利于促进教育理论与教育实践的结合。长期以来,我国的教育研究探讨的是抽象的、泛化的教育,这种研究仿佛可以"大一统"地指导所有区域的教育。但事实绝非如此,这样的研究习惯造成了教育理论和教育实践的阻隔。区域教育的研究可以使区域教育在符合国情的基础上,更符合省情、市情和区情。

(2)实践意义:有利于进一步调动地方发展教育的积极性,加快区域教育的改革和发展。教育改革的成效是与区域教育和区域社会发展自身的主动性、积极性密切相关的。随着我国经济建设不断取得进展和我国教育事业的发展,我国的区域教育会越来越从自为状态走向自觉状态,从被动适应走向自觉探寻发展之路。在一定程度上,区域教育研究是区域教育自觉的结果和反映。

区域教育研究有利于区域教育结构的优化。区域教育研究通过研究区域社会的政治、经济、人口和文化背景,预测区域经济结构的变化对区域教育结构的影响,可以比较准确地预测区域教育的供给与需求,从而对区域教育的结构、规模及各级各类教育的发展速度、体制、课程设置、教育组织形式、教育方法和手段等作出科学的规划,整体优化区域教育的结构。

区域教育研究有利于欠发达地区的教育改革与发展。通过开展区域教育研究,有利于扭转种种区域实践的教育观念,探索区域教育与区域社会、区域经济结合的有效途径,使欠发达地区的教育更好地为其社会发展、经济发展服务。

(3)社会意义:从政治上看,开展区域教育研究,可以促进区域教育和区域经济社会协调发展,有利于维护安定团结的政治局面和社会稳定;从经济上看,开展区域教育研究,有利于探索区域教育和区域经济结合的有效途径,也有利于直接促进区域经济乃至我国国民经济的发展;从文化上看,开展区域教育研究,有利于革新和创造社会文化,促进社会主义精神文明建设。

第三节　北仑区区域推进学校文化建设的必要性和可能性分析

一、北仑区的区域特征

宁波是著名的历史文化名城和港口城市,地处东海之滨,居中国大陆海岸线中段、长江三角洲东南翼。宁波是具有 7000 多年文明史的"河姆渡文化"发源地,是"海上丝绸之路"的起点之一。凭借独特的地理交通优势和工商业的兴起,宁波如今已经成为浙江省经济最发达的城市之一,其中北仑区的"东方大港"北仑港称誉海内外。

北仑位于宁波市东部,濒临东海,三面环海,北临杭州湾,南临象山港。北仑区原属镇海县的一部分,1984 年为适应北仑港和宁波经济技术开发区的需要,由镇海县分区后设立滨海区,1987 年 6 月正式更名为北仑区。现北仑区域陆地面积达 614 平方千米,下辖 6 个街道 2 镇 1 乡。现有常住人口约 83.8 万,其中城镇户籍人口 35 万,农业人口 17.5 万。改革开放后,北仑因北仑港的优势而成为宁波经济发展的前哨。2010 年,北仑国内生产总值约 548 亿元,财政收入 104.67 亿元,比上年增长 22.1%。

近几年,北仑区提出了文化兴区、文化强区的发展战略,教育领域也随之把工作重心放到"学校文化建设"上。

二、北仑区学校文化建设状况及新挑战

随着近几年北仑产业的转型升级和科学发展观的落实,北仑学校文化建设也呈现出新的面貌。科学发展、以人为本的理念正植入学校文化建设之中。2007 年,北仑区教育局印发了《关于进一步加强中小学校园文化建设的通知》(仑教〔2007〕29 号)文件,就校园文化建设的意义与方向、如何推进学校和谐校园文化建设、切实保障中小学校园文化建设取得实效等方面作了详细的介绍。文件提出要大力优化、美化校园内部环境,精心营造校园人文气息,科学构建人本、民主的制度文化体系,确定以创建"特色学校、优美校园"为突破口,全面实施区域性特色学校创建战略。

北仑区教育局的工作定位是建构"优质均衡、轻负高质、特殊多样"的区域教育新高地,为此区教育局相继印发《北仑区推进中小学特色项目建设的实施意见》(仑教〔2004〕37 号)、《关于印发北仑区中小学特色项目学校认定办法的通知》(仑教〔2006〕140 号)和《关于加快推进学校特色办学的若干意见》(仑教〔2009〕11 号)等文件,希望通过政策的扶持和引领,不断优化结构、提升办学质量,推进北仑区教育持续、特殊、跨域发展。[1]

由于自身区域的特点和整个宁波社会的转型,北仑区的学校文化建设正在面临一些新的挑战。

---

[1] 金淑丽、于可红:《基于区位优势理论推进体育特色学校建设的设想——以宁波北仑区为例》,《浙江体育科学》2011 年第 1 期,第 50—53 页。

(一)区域内学校文化融合问题

北仑区是一个新区,设立不足20年,区域内学校文化在城乡之间、校与校之间存在很大的差异,区域内学校文化的融合性亟待提高。

(二)外来人口的增多及其外来务工人员子女教育问题

正如上文所述,现在北仑区常住人口78万,其中户籍人口36万,外来人口已经占到总人口的半数之多,如何依法保障外来务工人员子女接受义务教育的权利,为他们创造公平的教育环境,是持续热门的话题。如何使外来居民融入城市,如何让外来务工人员子女在迁入地学校享受平等教育、产生归属感,除了经济上的扶持,还需要精神上的关怀,因此"平等""包容"等文化氛围也需要植入整个北仑学校文化之中。

(三)城乡结合部学校的文化建设问题

北仑作为新区,城市化进程快,城市产业和住宅区不断向郊区扩散,人口流动频繁,原来以农村为主的城郊地带逐渐演变为兼有城乡特色的特殊空间。在这种城市建成区与未建成区的接壤地带,生源群体结构复杂,学校教育面临新的挑战。

城乡结合部的学生主要分三大类:

第一类是本地常住户人口子女,通常是被征地农民的子女,一般乡土观念较重,保留着农村的生活习惯,父母的文化水平也较低,对其容易采取放任自流的态度。

第二类是城区居民子女,由于城市周边区域不断扩增,一部分人从城市的中心前往城市的郊区地带定居。他们的父母多来自城市居民经济收入中等水平群体,工作压力较大,但有着城市居民的居住习惯,通常对入住地环境不满,与其他类型居民缺少共同语言,较难融入当地生活,认同感和凝聚力还是在城区或单位,对所住地缺乏参与意识,与周边环境相对隔离,这对孩子的社会交往易产生不利影响。

第三类是外来务工人员子女。这些孩子一般在家乡出生并接受几年小学教育后被父母带到城市,或者从出生起就在城乡结合部生活,对当地环境较为陌生,又存在语言等障碍,需要适应当地的学习和生活环境。父母一般忙于生计,难以顾及他们的教育问题。[①]

(四)合并学校的文化重塑问题

为促进区域教育的均衡发展,在区域内进行校际调整或合并是各区域教育部门的必然选择,北仑区也不例外。学校的合并无可避免地要度过艰难的磨合期,新学校在办学理念、管理模式、制度文化、校园文化上需进一步重构,以走向真正的融合。这种校内的融合需要投入大量的时间和精力。[②]

在这样的背景下,北仑区的大部分学校都存在着许多问题,如教育价值理念与道德观念模糊;学校文化建设趋于一般化,尚未注重体现各校自身特点、历史渊源和发展趋势,个性不明显;对学校文化建设的理论认识匮乏,文化建设缺乏系统性和连续性等。学校文化已在几所学校被重视,但尚未在北仑区内整体推进,没有形成区域学校文化建设的浓厚氛围和强大力量。

北仑区教育局认为,北仑区的各学校对于"何为学校文化建设""学校文化建设何为"等一系列深刻的问题的认识还有待进一步厘清与深入,而这些问题都不是光凭学校自身能解决的,需要从区域层面出发,由区教育行政部门牵头,整合相关资源,从区域层面推进整个区各学校的文化建设。

三、北仑区区域推进学校文化建设的实践价值和可能性

北仑区作为国家级开发区,依托得天独厚的港口资源,经济迅速发展,已成为宁波市最具增长潜力的经济强区。雄厚的经济基础为北仑的教育提供了强有力的后盾,教育均衡、优质的发展也必将为北仑区域经济、社会等方面的协调发展助力。近年来,北仑区教育局紧紧围绕"建设高水平教育强区,构建服务型教育体系"的总体目标,以"加快发展、调整结构、深化改革、提高质量、推进教育现代化"总揽全区教育工作,积极实施"科教兴区"战略,整体建构了统筹区域教育优质、均衡、高效发展的"北仑模式",使区域教育呈现出高位均衡发展的良好态势。

在保证对教育硬件、设备等大量投入的同时,北仑区尝试从外显走向内

---

① 王晶晶、王亚娜、黄旭君:《城乡结合部中学文化建设的策略探讨》,《宁波教育学院学报》2007 年第 6 期,第 76—79 页。

② 陈伯良、易敏:《合并学校的文化重塑发展之路——以广州市东风西路小学为个案》,《教育导刊》2010 年第 5 期,第 19—21 页。

涵，着重推进区内各校的内涵发展和办学特色的形成。作为浙江省首批国家级基础教育课程实验区之一，北仑区在课改实验中，不断创新理念、注重课堂、强化校本、改革评价、激活机制、提升成果，形成了均衡、和谐、宽厚的课改特色。北仑教育曾用"区域推进"的方式，有效推进了区内校本教研、区内教师的专业成长。现在，面对文化强区、文化立校的重大命题，可再次考虑"区域推进"的方式。

将"区域推进"作为学校文化建设的整体思路，这是基于对文化建设、文化品质、行政资源的理解。我们所说的"区域推进"是一种动态的教育战略与行动，它更关注教育的整体性、自觉性、联动性与发展性，既是对学校文化建设的一种探寻，更是对教育均衡发展的一种实践。它是教育行政部门的必然抉择。

以文化建设为发展目标，使区域内学校高位均衡发展的工作思路进一步聚焦。其实，当我们回到教育本身思考文化软实力，就会发现"文化"和"教育"从来就是相伴而生，相随而长，文化给教育以社会价值和存在意义，教育给文化以生存依据和生机活力。在行政引领下，以区域推进的思路将学校的发展聚焦于每一所学校的文化建设上，这本身就是一个教育内涵发展的实践之举。

以文化内涵为透视镜，使区域教育发展走向全方位品质提升的道路。正如我们起初在调查中发现的那样，一些学校几乎将所有的工作都作为内涵建设来理解和规划，忽视了学校内涵发展的具体抓手、方向和特色，忽视了学校日常工作与学校内涵发展的区别和联系，使得工作思路不够清晰、抓手不够明确、特质不能彰显。文化给学校的发展提供了一个深刻、全面的视域，从某种意义上理解，文化品质的高低决定着教育区域内涵发展的深度，透过文化品质我们可以发现区域教育内涵发展的前景。这就提醒我们，要紧密围绕学校精神的凝聚，把"人"的发展作为学校发展的核心因素，围绕办学特色与文化特色的形成，从物质文化、制度文化和精神文化等方面思考内涵发展的问题，优化和改进区域教育的工作，从而使教育内涵发展的研究与实践纲举目张。特别关注以学校文化品质的提升为追求，通过全面提升教育行为、管理方式、教学质量，系统地丰富和改造教育内涵，促动区域教育均衡优质发展。

以行政资源为保障，使区域学校文化建设获得有力支撑。在整体推进学校文化建设的过程中，如何将有限的物化资源、社区资源、专家资源、考评资源、督导促进等进行合理的规划与分配,本身就体现出教育行政部门对学校文化建设的整体性投入力度与科学规划的思考。只有在资源分配的过程中实现按需供给、科学发展、均衡发展、跨越式发展,才能有力地保障区域内每一所学校文化建设的顺利实施。

推进义务教育的均衡发展,其核心就是要促进每一所学校的发展。作为教育行政部门,在敏锐地认识到学校文化建设的现状与问题之后,行政支持、积极应对、高位引领,与学校共同担当时代所赋予的教育命题,成为义不容辞的职责所在。经过充分的论证,北仑区教育局认为必须审时度势,点面结合,以"区域推进"为整体思路,促进每一所学校的内涵发展,以期实现区域内高一层面的优质均衡发展。

方式确定之后,下一步便是充实内容。区域发展存在不平衡性和层次性,这使得在区域推进学校文化建设时也必须考虑文化发展的不同层次。按照学校文化的层次论,学校文化由浅到深,可分为物质、制度和行为三方面。物质文化是指学校文化的外显层,主要指对象化了的物质形态,如校园、校舍布局设计、校园绿化景观、教学设施、娱乐场所、图书馆建设等;制度文化是学校文化的中间层,主要指学校特有的规章制度、管理条例、学生守则、领导体制、检查评比制度,以及各种社团和组织结构及其职能范围;精神文化是指学校文化的内隐层,主要指学校内师生认可的行为方式、价值观念、群体目标、治学态度以及种种思想意识。学校文化的发展一般先从外显的物质环境开始,逐步规范内化后最终形成独特的内隐思想,"区域推进"学校文化发展也应该遵从和考虑这三个方面。

同时,以教育局为主体推进区内各校的文化发展,又必须考虑行政过程的可操作性和公平性。从学校文化的对象论来看,学校文化可分为教师文化、学生文化、学校行政人员文化、学校有关的社区文化四种。这四类对象都受到学校物质、制度、精神三个层面的影响,同时又以自身的行为表现着它们。从行政者工作的可行性出发,考虑和推进学校文化中各群体的行为发展是既容易落实又较好评估的一种方式。

由此,学校物质文化、学校制度文化、学校精神文化和学校行为文化被纳入了北仑区"区域推进"学校文化发展的战略部署中。

第二章　本研究的分析框架、研究方法和研究过程

第一节　学校文化建设的行动分析模型

在图 1-6 中，苏尚锋根据学校文化建设主体行动所涉及的一系列要素，设计了立体直观的六面体，给予行为主体清晰明了的指导。本书重点研究的行动对象是区层面的教育局，区教育局的工作直接面向所属的学校领导，学校领导带领教师共同参与学校文化建设，最终所有的区域决策意义又全部导向每一所学校的每一位学生。根据这样一种层层往下推进的工作路径，本书参照图 1-6，设计了区域层面推进学校文化建设的模型（见图 2-1）。

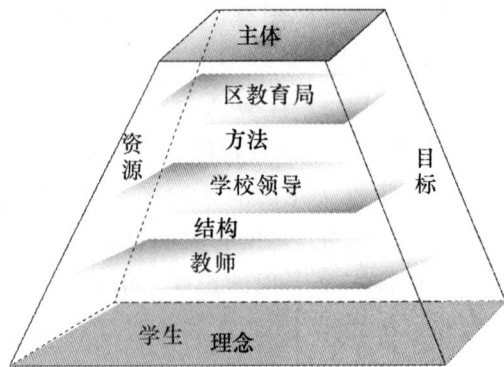

图 2-1　区域层面推进学校文化建设模型

在本研究的学校文化建设模型中，文化建设主题层面由上至下分为 4 个梯度：区教育局、学校领导、教师和学生。区级的决策在顶部，逐次辐射到校长、教师，最终服务于所有在校学生。同时，三个层次的行动主体都拥有三对行动要素。

　　(1)资源与目标:不论是区教育局、学校校长还是学校教师,在行动中必须从已拥有的资源出发,准确定位自己的文化建设目标;

　　(2)主体与理念:作为学习文化建设的主体,必须带着先进的教育理念行动;

　　(3)方法与结构:在具体的行动过程中,必须采取科学可行的方法,最后在不断总结成败经验的基础之上,使学习文化建设行动转化为系统的结构,上升为长期有效的制度,最终促成良好持久的学校文化。

第二节　学校文化建设的内容分析框架

　　学校文化内容中的层次论把学校文化分为物质文化、制度文化和精神文化,而对象论则从学校中的群体组成部分出发,把学校文化分为教师文化、学生文化、学校行政人员文化、和学校有关的社区文化;学校中的任何对象都在接受学校文化的影响,同时也作为主体切实地参与学校文化的建设。为此,本书将对象论所指向的学校文化一并概括为行为文化。学校文化内容中的任何层次都离不开行为者的实践,同时学校文化建设中的每一个行为者都受到不同层次学校文化的影响,他们创造着学校文化,也是学校文化氛围最直接的感受对象。因而,物质文化、精神文化、制度文化和行为文化是学校文化中四个密不可分同时又相互联系的部分。本书的分析视角主要从这四个维度出发。

　　同时,不同的学校有不同的特色,在学校文化建设过程中要求每个学校每项工作都做到极致优秀是不切合实际的。适合自己的就是最好的,学校文化的定位要从学校自身出发,在达到基本的学校文化内涵要求后,着力发展其中的一项或几项,培养独特的文化内涵,建设"特色学校"。

　　"特色学校"一词在我国官方正式文件中出现的时间并不长。1993年国务院颁布的《中国教育改革和发展纲要》中首次将学校发展与特色联系起来。该文件指出:"中小学要由'应试教育'转向全面提高国民素质的轨道,面向全体学生,全面提高学生的思想品德、文化科学、劳动技能和身体心理素质,促进学生生动活泼地发展,办出各自的特色。"关于特色学校的概念,目前尚未有一个统一的说法,学者们从自己独特的学术背景和思想认识入手,提出了不同的定义。这里采用赵福庆提出的定义:特色学校是指学校在长期的办学过程中所表现出来的有别于其他学校的独特的办学风格、独到的教育思想、鲜明的教学手段。①

本书结合学校文化内容的层次论和对象论,并在突出每所学校自身的特色上,理解学校文化,将各校学校文化建设的具体体现分为以下五部分(见表2-1)。

1. 物质文化层面

学校物质文化是学校在发展过程中,由学校师生员工创造的各种物质成果,通过他们给人以一种感情熏陶和启迪。学校物质文化是表层的外显的学校文化,一般包括标志文化、建筑文化、单元板块文化、网络文化等。

2. 精神文化层面

学校精神文化是学校文化的深层表现方式,是指学校在长期的教育实践中形成的,并为全体或大多数学校成员接受、认同、遵循的精神成果与文化观念。学校精神文化建设主要从学校价值观、学校办学目标、校风、学风等几方面出发。

3. 制度文化层面

学校制度文化是相对于学校的物质文化和精神文化而言的。钟启泉先生指出:"制度文化是作为一种制度的学校组织的基本构成要素。包括学校教育目标、课程、课时表、教科书与教材等,它们集中体现了社会对于新生代必须习得的文化内容、文化价值的要求。"制度文化建设一般包括学校在日常管理要求或规范中长期形成的管理机构和管理制度。

4. 行为文化层面

行为由人发出。学校成员主要包括校长、教师和学生这三类人,行为文化也主要针对这三类人。

对于校长,主要研究其工作的环境、自我的建设(学识、胆略、人格、价值观、领导风格等)和培养教育(考察学校、交流、理论认识、实践探索等)三方面。

对于教师,主要研究价值观念、教学素养(专业成长)和人际交往(与校长间、教师间)三方面。

对于学生,研究其个人行为、班级行为和社团行为。

---

① 赵福庆:《特色学校建设刍议》,《教育研究》1998年第4期,第56—59页。

5. 特色内容方面

此部分关注学校的与众不同之处,它可以是学校的环境布置(物质文化)、教育理念(精神文化)、管理方式(制度文化)和师生行为(行为文化)中的一面或若干面。

具体到现实中,学校可根据自己的办学实际,选择独特、鲜明的办学品质,加以重点发展、弘扬,直至成为自己的品牌。

表 2-1　学校文化建设内容框架

建设内容	项目内容	特色内容 (依具体学校而选)
物质文化	1.学校标识的系统设计与使用(SIS),如校徽、校服等 2.人文景观、文化象征物的设计与建设 3.单元板块文化(教室、楼道、宿舍、操场、餐厅、办公室等) 4.学校网络文化建设	
精神文化	1.学校核心价值观 2.学校办学目标 3.学校办学特色 4.学校校风、学风	
制度文化	1.学校管理组织架构 2.管理制度建设:发展规范系统、行政管理系统、教师管理、德育管理、教师发展、后勤管理、特色课程系统等	
行为文化	1.校长行为 2.教师行为 3.学生行为 4.学校节日、活动周文化建设 5.礼仪文化 6.班级文化 7.个性化活动方案设计	

第三节　研究方法和过程

本书采用质性研究方法,通过抽样,访谈宁波市北仑区的教育局行政干部、各学校校长、教师和学生,实地了解该区区域层面学校文化建设的相关措施,分析其落实情况,并在此基础上,总结北仑区区域推进学校文化建设的经验及各学校开展学校文化建设的路径和特点,提出区域推进学校文化建设的困难和问题,并给出相关的建议。

一、质的研究方法的含义及其在教育研究中运用的优势

我国学者陈向明在对国内外有关问题研究的基础之上,将英文中的"qualitative research"译成"质的研究",认为质的研究是以研究者本人作为研究工具、在自然情境下采用多种资料收集方法对社会现象进行整体探究、使用归纳法分析资料和形成理论、通过与研究对象互动对其行为和意义建构获得解释性理解的一种互动。①

质的研究就是一种"情境中"的研究,它在微观层面对社会现象进行深入细致的观察分析,保证了社会现象本身的整体性、意义性和动态性,发挥了研究者和被研究者的相互作用,体现了人文精神。质的研究是对事物全面整体地理解,不限于量化的部分,所以它比较适合运用到一些很难量化或者不能量化的教育现象中。这也是我们采取质的研究方法的原因。

二、关于本研究的取样与研究过程的几点说明

1. 资料的收集

本书作者从 2010 年开始,就不间断地接触北仑区教育局学校文化建设的相关材料文件,并参与修改提议。北仑区教育局自推出学校文化建设主题以来,已积累大量资料,包括教育局的各项工作计划、评估方案、工作总结,以及区内学校上报的诸多学校文化成果汇编、各学校的文化活动报道、制度规章设计、专题研究报告等等。本研究建立在对这些资料的收集和解读基础之上。

2. 实地调查和访谈

质的研究中收集资料的最主要方式是访谈(访谈提纲见附录1)。围绕着研究问题,本研究对北仑区教育局、区内各层级学校的校长、教师和学生进行正式和非正式的访谈,采用的方式主要为开放式和半开放式,并对访谈进行笔录和录音。

访谈的主题围绕本研究提出的学校文化建设行动模型展开,具体访谈提纲分为北仑区教育局、区内各校长、教师和学生四类。在区域层面探讨北

① 陈向明:《质的研究方法与社会科学研究》,教育科学出版社 2000 年版,第 203—268 页。

仑区教育局推进学校文化建设时的区域文化资料、文化建设理念、人员工作方法、评估形式、制度安排和相关成果。在探寻北仑区各学校的文化建设现状时，围绕学校概况、文化建设思路、学校文化建设过程中与区教育局的关系、遇到的困难问题、评估与成效、未来工作方向六方面进行。

在抽取学校样本时，本研究本着多元、典型的原则，在区教育局有关领导沟通和推荐的基础上，确定了 12 所学校作为访谈的对象。

根据本研究对学校文化的维度的划分，选择在学校物质文化、精神文化、制度文化和行为文化方面特色较为明显的学校，作为典型案例展开研究。其中，学校物质文化建设典型案例包括长江小学、柴桥实验小学和北仑职业高级中学；学校精神文化建设典型案例选择了淮河小学、蔚斗小学和霞浦小学；学校制度文化建设典型案例选择了泰河中学、东海实验学校和九峰小学；学校行为文化建设典型案例选择了北仑中学、华山小学和泰河学校。

这样的划分并非意味着案例学校只在学校文化的某一个维度有所发展。实际上，学校文化建设是系统工程，每所学校在四个维度上都有不同的举措，只不过每个学校在学校文化建设方面都有其侧重点，而这一个侧重点在这所学校是比较突出的，所以我们描述时会侧重该学校在这一方面的举措，同时兼顾其他维度的学校文化建设的举措。

这 12 所学校涵盖了小学、初中、高中、职高四种类型，各学校的文化建设实况有优秀的，有一般的，也有存在困惑的。

访谈在 2011 年 11 月至 12 月之间进行。本书作者访谈了宁波市北仑区教育局相关领导和 12 所案例学校，并对相关研究对象进行了谈话录音。受访学校和受访人员的基本情况见表 2-2。

3. 资料的整理和分析

质的研究中，对资料的整理和分析没有一套固定的、适用于所有情境的规章和秩序。对材料的解释依赖于研究者对情境的体验、对研究问题的理解和对以往研究经验的积累等因素。

本研究对所收集的资料主要运用了类属和情境相结合的方法进行归纳和分析，即将相同属性的资料归入一类，如按照各校文化建设的侧重和特点，分为物质文化、精神文化、制度文化和行为文化四类。在呈现各校动态行动过程时，又从拟定的学校文化行动框架出发，从六个方面加以分析。由于北仑区教育局和受访的各学校文化建设实践资料过于丰富，呈现的主题相当多维，因此，本研究在选择和分析时，一方面根据反复呈现的主题来确定,另一方面从研究者自身的判断出发。

表 2-2 受访学校和人员信息

受访人员类别		人数(人)	说明
区教育局	领导干部	3	党委副书记、副局长、德育处负责人
区内小学 (7所)	校长	8	校长、副校长
	教师	14	部分教师兼任大队辅导员
	学生	18	主要用于验证其他受访者所述内容
区内初中 (2所)	校长	2	校长(1人)、副校长(1人)
	教师	4	部分兼任团委书记、政教处主任
	学生	3	主要用于验证其他受访者所述内容
区内高中 (3所,含1所职高)	校长	3	校长(1人)、副校长(2人)
	教师	8	部分兼任团委书记、政教处主任
	学生	8	主要用于验证其他受访者所述内容
总计		71	

第三章　北仑区教育局区域层面推进学校文化建设的背景与措施分析

第一节　北仑区教育局区域推进学校文化建设的背景与状况

北仑区全区现有小学 20 所,初中 13 所,九年一贯制学校 5 所,外来务工人员子女学校 5 所,普通高中 4 所,中等职业学校 1 所,区教育"三中心"1 所,成人学校 9 所,特殊学校 1 所,各级各类幼儿园 91 所,在编教职工 3157 人,在校中小学生约 4.93 万人(其中外地户籍学生 20292 人),在园幼儿 1.96 万人,初步形成了基础教育、职业教育、成人教育、社区教育协调发展的良好局面。全区义务教育段入学率保持 100%,小学巩固率保持 100%,初中达到 99% 以上,17 周岁人口初级中等教育完成率在 99% 以上,17 周岁人口初等普及率达到 99% 以上,"三残"儿童入学率达到 100%,学前三年幼儿入学率达 99.6%,高中段入学率达到 98% 以上,普职比控制在 1:1,普通高中大学录取率达 97% 以上。

北仑教育在二十余年的发展历程中经历了三个阶段:

第一阶段,普及—奠基期(1985—1993 年):面对滞后破旧的校舍面貌,北仑区致力于改变教育现状,形成了三个"北仑模式",即"在经济困难、教育落后地区普及九年义务教育的'普九'工作""运用教育综合督导对中小学进行全面评价""高中段招生制度的改革",这三个模式后来在全省得到推广。

第二阶段,均衡—提升期(1994—2002 年):北仑区积极实施均衡发展战略和考试评价改革,大力推进活动课程体系和"九室两场两基地"建设,全面实行校长负责制和教职工聘任制。

第三阶段,优质—创新期(2003 年至今):优质均衡是这一时期的大主题,为此北仑区加大经费投入,均衡发展各类教育,倾力打造"幸福教育"。

一、北仑区内学校文化建设现状

从 2009 年开始,北仑区教育局重点转向"学校文化建设"工作,开展多次主题会议,2011 年 8 月完成对区内所有学校的评估。经过专家点评,接下来又将举办区层面的学校文化建设论坛,让所有学校集中交流文化建设中的经验和困惑。

在学校文化建设上,北仑区各学校呈现出很明显的几个梯度:

第一梯度:学校文化建设成效显著并呈现学校特色。小学有 6 所:淮河小学、北仑区实验小学、九峰小学、白峰小学、新碶小学和蔚斗小学。初中有 1 所,即东海实验初中。高中有 3 所:北仑职高、泰河中学和北仑中学。

第二梯度:有行动有思考,但还不明确,有优有缺,但无明显亮点。如大碶小学,优点是在学生选择性工作上做得很好,建设有各种特色班(科技班、乐器班等),二、三年级学生可自愿选择班级,六年下来,学生各方面发展都有不同,兴趣、性格、特长、爱好、身高、体重变化都很明显,在这方面可以开展课堂研究;缺点是当进入整个校园时,还感受不到明显的特色。

第三梯度:没什么起色,学校文化建设效果不明显的。有几所小学一会儿搞这个特色,一会儿搞那个特色,方向还不明确。也有学校是受到校长自身因素的影响,例如有一所小学地理位置偏远,规模又小,校长自身年纪较大,不大热衷于学校文化建设,对学校事务采取应付的态度。

二、北仑区区域推进学校文化建设的改革方向:实施素质教育

1990 年后,北仑区实行基础教育转轨(开始把升学教育目标转为素质教育目标),制订《宁波市北仑区全面实施素质教育实验方案》,规范学校办学行为,做到"三不"(不滥订复习资料,不在节假日大面积补课,不办义务教育重点校、重点班)、"三控制"(控制周活动总量,控制各学科教学课时,控制考试次数)和改变"三重三轻现象"(重智轻德、重知识传授轻能力培养、重个别轻全体)。深化课堂教育改革,探索课堂素质教育模式和"轻负担高质量"途径。修订各学科课堂教育质量评估和各科教学质量检测标准;修订学生素质报告单,对学生的思想品德、文化科学素质、动手实践能力、身体心理素质和个性特长作全面评价。小学全部采取等级制评价学生学业成绩,初中采取等级制和百分制并用的评价方法。进行考试内容和方法改革,实行口试、笔试和动手操作能力考试。

第一,通过强化学生日常行为发展素质教育。至 1997 年,全区中小学、幼儿园都成为行为规范达标学校。1998 年始,北仑区开展创建"十无学校"(墙面无污渍,地面无垃圾,教室无杂物,设施无损坏,谈吐无脏话,作业无抄袭,考试无作弊,饭菜无浪费,师生无赌博,守纪无违法)活动。2005 年 1 月制定了《关于进一步加强和改进中小学生思想道德建设的实施意见》。全区中小学均配备法制副校长,建立青少年学生违法犯罪预警机制,义务教育段学校和幼儿园都成立家长学校,开展校园文化达标创优和争创文明单位活动等。

第二,通过督导评估发展素质教育。1990 年始,每年 5 月、10 月分别对小学和初中进行综合督导评估,把素质教育要求分解成若干项指标,实施评估。2002 年始,探索学校发展性督导评估的运作机制,首批确定华山小学等 6 所学校为试点,2003 年推广。

第三,通过树立办学特色发展素质教育。淮河小学被评为全国劳技教育特色学校,华山小学为浙江省体育传统项目学校,另有市级特色项目学校 4 所,区级 10 所,"一校一品"的办学特色全面凸显。

第二节　北仑区区域推进学校文化建设模式

北仑区政府很重视"文化强区"和"港口文化"的建设,北仑区教育局 2007 年出台的文件就是该主题,北仑区教育局对学校文化的重视走在了全国的前列。

北仑区教育局希望通过学校文化建设,引导各学校明确自身的办学目标,并根据学校实际清晰定位发展特色,最终在特色的带动下提升学校自己的文化内涵。在具体的操作中,区教育局把学校文化定义为制度文化、物质文化、精神文化和行为文化四部分,给每个部门制定具体的工作内容,如制度文化对应制度的建设,物质文化对应环境品质和内涵的塑造,行为文化对应学校内学校组织的建设,精神文化对应学校品牌的塑造,最终达到"一校一品"的状态。

在整个过程中,区教育局在教育政策和指向上发挥中心作用,就像车轮的轴心,带动所有"轮子"(区内各学校文化建设)的转动和前进(见图 3-1),以此引导全区的校园文化由传统型向现代型转变,由封闭型向开放型转变,由经验型向探索型转变,以克服区域内存在的校园文化建设的瓶颈问题,促进北仑区校园文化建设和青少年德育建设。

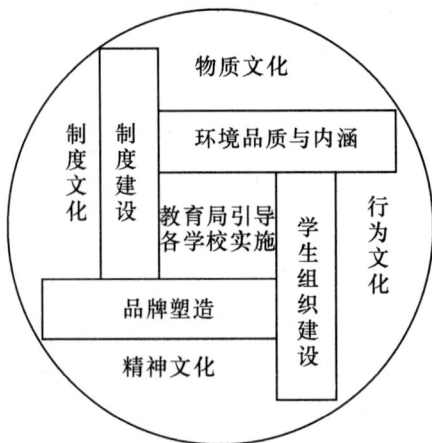

图 3-1 区域推进校园文化建设的"车轮"模型

第三节 北仑区区域推进学校文化建设的主体和理念分析

北仑区教育局位于北仑区行政服务中心内,目前共有 12 个科室,在编行政干部 10 余人。12 个科室各司其职,其中教育业务科负责幼儿园、小学、初中、普高基础教育管理及招生工作;教研室负责学校教学业务指导;教科所负责教育课题研究;督导室负责学校督导评估。这些科室从不同的角度执行着促进所辖区域内各学校的学校文化建设的活动。

一、北仑区教育局领导干部对"学校文化"的认识

本研究访谈了几位北仑区教育局的领导干部,在问到"如何理解学校文化这个词"时,区教育局副局长俞斌感慨道:"学校文化这个词很难说完整,我们国家一般是从精神文明、物质文明、政治的角度去理解。在理论上,学校文化应该是长期积累之后,影响人们的行为,让人们产生认同感的东西。""学校文化它包含多方面,不仅仅限于外在环境。它是一种理念和思维方式,是一种制度,需要强制推行,也是一种课程,能够促进学校特色发展。从主体上思考,学校文化还包括学生、教师、家长、教育部门等,每个主体又存

在不同的差异,需要按阶段分情况对待。"俞副局长对学校文化的理解还是比较全面到位的,这为北仑区区域层面开展学校文化建设工作理清了思路。

二、区教育局内学校文化建设工作的分工

学校文化建设工作目前主要由教育局内的 4 人为主要负责人,党委副书记张培龙担任负责人,副局长俞斌负责业务,教育业务科吴东平主管德育,教科所徐飞负责课题研究。在前期工作中,主要由局内部分人员承担。随着学校文化建设工作的不断深入和展开,北仑区教育局改变分工和工作方式,把学校文化建设工作细分出若干个子文化工作,由各科室根据自身特色,选择负责其中某一项子文化的调研、报告等工作,把学校文化建设落实到教育局内每个部门、每个工作人员,引起全局人员的高度重视和认可。具体分工为:人事处负责教师文化;业务科负责班级文化;教仪站负责网络文化;纪检室负责廉政文化;教研室负责课题文化;教科所负责教师心理;职称教育科负责社区教育;督导室负责现代教学制度;办公室负责学校安全;计财科负责校园生态文化。

三、区教育局和下属学校在学校文化建设方面的关系

1. 指导、帮助者的角色

北仑区教育局经常组织校长培训会议,在会上和文件中多次提到"学校文化"一词,校长们经过培训,对学校文化建设的概念和重要性有了进一步的认识。对于如何开展学校文化工作,区教育局进行课题研究,下学校蹲点调研,探索文化建设的方法并在实践中用于指导各学校。在资金上,凭借北仑区政府充足的财政投入,区教育局对各校的学校文化建设大力支持,对各项与学校文化相关的工程、活动实行申报制度,只要符合条件,就能申报40%～60%的开支。

2. 检查、评价者的角色

区教育局督促各学校制订各项学校文化工作计划,2009—2011 年第 1个三年计划已完成,同时区教育局根据制定的评估标准不定期展开考核督导,最终在调研所在学区内学校的基础之上,评出了第一批校园文化示范学校。2011—2013 年第 2 个三年计划各学校也已上报。

3. 友好共赢的关系

学校文化建设工作是学习发展所需,良好的学校文化氛围可以对师生

产生积极影响,直接提升学校的声誉品位,为其招生等工作带来积极影响。区域层面推进学校文化建设的政策非但不会和学校利益相冲突,反而切实迎合了学习的发展需要。为此,北仑区各学校都比较配合区教育局的工作。

第四节　北仑区区域推进学校文化建设措施和行动

一、北仑区区域层面推进学校文化建设的主要措施

1. 组织校长培训和考察

北仑教育经过不断的改革创新,得到了快速的发展,逐步趋向于形成学前教育多元、义务教育均衡、高中教育优质、职业教育有特色的良好局面。但是,北仑教育的名校创建和名校长、名教师影响力、辐射力等方面还相对不足。目前,我国中小学主要实行校长负责制,校长的观念和管理水平是学校发展的关键。为此,区教育局定期组织校长会议、校长培训和校长外出考察等,通过"请进来"和"走出去"等多种方式,开阔校长的办学视野、提升校长的办学能力,其中就有很多与学校文化有关的主题,这样的培训有利于让北仑的校长深刻认识学校文化,学习如何建设学校文化。

2011 年 8 月 2 日至 8 月 6 日,由中央教科所和北仑区教育局联合举办的全国校长发展学校在北仑开班。一所为培养北仑教育名家的新学校迎来了第一批学员——全区 180 名中小学校长、书记和学校后备干部等将从这里走上专业化发展之路。本届全国校长发展学校首次在浙江省举办,是中央教科所专门为宁波北仑区的校长提升管理能力而举办的高端培训。本期课程设计以《国家中长期教育改革和发展规划纲要》为指引,立足北仑区教育强区建设的需要,以促进教育理论创新和校长队伍建设为着力点,培训主题为校长领导力提升和管理智慧修养。本届第一期课程聘请的讲课专家有中央教科所副所长曾天山,上海市教育委员会副主任、教授、博导等十几位来自全国各地的专家、名校长。

"5 天的培训,既有专家高屋建瓴的理论熏陶,又有一线校长的实践经验,还有专家与我们的互动交流,让我们受益匪浅,为自己如何强校、兴校指明了方向。""下次有机会要带教师深入这些名校进行实地考察,零距离与名校接触,更好地将理论转化为实践。""一场培训是一次沟通交流的平台,更

是一次反思的过程,这个平台给了我很大的惊喜,很大的触动,更多的是反思,我会让这次培训所得在自己的工作中生根、发芽、开花、结果。""一个好校长就得有自己的理念、智慧、独特的领导力,听了一个个讲座,让我深深感受到了名校长们的魅力,真正领悟到了一个好校长就是一所好学校。"与会的校长们纷纷表达了对此次培训的感想。

"做校长得有激情、有想法,得是一名终身的学习者、实践者,还应该是一个战略领导者。我们就想通过'全国校长发展学校'这个平台,借专家、名校长这个资源,培养一批名师名校长,提升一批优质品牌学校。现在第一期培训虽然结束了,但是这仅是个起点,我们期待着今后几期的校长发展学校能给我们带来更多的惊喜,助力北仑教育内涵发展。"北仑区教育局纪委书记张培龙说。①

2. 鼓励课题研究和专业引领

学校文化是一所学校的灵魂,学校文化的建设工作也需要科学理论和教育哲学的引领。目前,北仑各校的学校文化工作普遍还处于探索阶段,理念路线还不够明确。为此,区教育局邀请联系了各高校、研究机构和专家学者,为学校文化建设寻求理论支撑和指导。

2009年,北仑区与浙江大学教育学院合作,开展"区域性推进综合实践活动课程的实践研究"课题,在区内设立若干所实验学校,从课程这一教学基本载体入手,尝试丰富学校发展的内涵,引领各校形成各具特色的学校文化。

2010年,北仑区教育局负责的"北仑区学校教育文化现象的研究与实践"课题被列为宁波市2010年教育科学规划研究课题。

2011年,北仑区教育局再次与浙大合作,开展"区域层面推进学校文化建设"研究。本书的调查与探讨正是其中的一部分。

3. 开展学校文化示范学校评估

通过评比示范学校促进区内各学校的文化发展,相关的评估标准目前可借鉴的地方还很少,基本由北仑区教育局自行制定,按照自愿的原则,让区内所有学校先看到标准,再决定是否申报示范学校评估。评估标准(见附录2)中满分为100分,其中基础建设占80分,特色成果占20分,设置了五

---

① 宁波北仑教科所网站2011年资料,http://www.nies.net.cn/kysjjdblgzdt201205/t20120522_304311.html。

种评估方式,即现场查看、随机抽查、问卷、座谈和查询资料。

基础建设部分由六方面组成:自然环境 10 分、形象标识 8 分、人文环境 6 分、校园文化活动 32 分、班级个性文化 10 分和制度文化 14 分。可以说,基础建设部分的评估内容已经尽可能地尝试涵盖学校文化的各方面,但为了达到操作的可行性和评估结果的公平性,对于"文化"这一深厚而又仁者见仁的大概念,北仑区的评估内容绝大部分都聚集在学校的显性表现上,如校园的布局、学校的形象标识和师生的言行举止等都可被我们看到、听到的内容。虽然评估内容也涉及了学校师生的价值理念和教育理念等"内在"内容,但仅通过单次的"座谈"和"资料查询",并不能有效地反映其事实。

除了统一评估的基础建设部分,北仑区教育局还设置了 20 分的特色评估项目。若从学校文化的本质内涵考虑,学校的特色应指向学校独有的教育理念和体现其特点的师生行为,但从实行的评估标准中看,处于同样的无奈,区教育局更多的是从下属各校已获得的各项荣誉(如学校被市、省、国家级各类媒体转载、报道的次数等)出发,从统计量的角度去衡量特色是否明显与优秀,这种评估虽然也可反映部分实情,但总有许多不够周全之处。

在笔者访谈的过程中,北仑区教育局的工作人员也表达了此方面的困惑。但不管怎样,先从外显的开始、先让区内各学校有一个准备接受评估的心理状态,以评估促进建设,这对区域推进学校文化建设来说肯定是一种有效的方式。

4. 提倡结合校本课程和综合实践课程促进学校文化建设

自 2003 年开始,新一轮的课程改革就在全国开展,综合实践活动课程和校本课程是新课程的重要组成部分,是培养学生创新精神和实践能力,促进学生主动、生动、和谐发展的重要载体,更是促进教师专业化成长、实现学校办学特色的必然选择。为此,区教育局鼓励各校根据开发和设计校本课程和综合时间活动课程,把学校特色精神、特色活动、学生社团等纳入学校课程,使之系统化、常态化。

2009 年,北仑区教育局发布《关于进一步推进中小学综合实践活动和校本课程开发实施的意见》(见附录 3),为区内各校如何开发和设计综合实践课程和校本课程指明了方向。

高质量落实学校综合实践活动和校本课程开发与实施的具体要求如下:

(1)认真编排课程计划。各校要严格执行课程计划,按照要求将课程落实课表。3—9年级综合实践活动每周开足2课时(不含信息技术课时)或者每学期总课时达到36课时。在保证总课时的前提下,课时使用可采取集中与分散相结合、课堂指导与实践活动相结合的方法,合理安排教师课堂指导和学生实践活动的时间比例,保证学生的实践活动时间不少于二分之一的课时。

高中阶段学生三年中需要完成约270个课时的研究性学习活动,前五个学期平均每周应安排3学时。考虑到活动内容和活动场所的开放性,以及指导教师时间安排上的因素,学时安排要在保证研究性学习课时总量的前提下,注意长期规划与短期安排相结合,集中安排与分散安排相结合,并适当增加高一年级的集中安排时间。集中安排时间主要用于了解课程内涵、课题设计指导、开题报告评审、资料搜集指导、数据筛选与分析等系列理论讲座,以及中期小结、报告撰写指导、研究成果答辩、总结表彰、成果展示等活动。此外,开展研究性学习活动还需要由学生自己安排课余时间延伸拓展。在具体操作上,学校可根据具体情况采用多种模式安排时间。总体上,大约三分之一的课时用于理论讲座和集体教育活动,三分之二的课时用于组织学生进行研究、实践、交流与展示。社会实践活动时间以学年为单位,每学年总的活动时间不少于一周(约34课时),高中三年学时总数不得少于三周;社区服务时间以高中三年为单位,不少于10个工作日(每个工作日不少于5小时)。

各年段地方课程和校本课程的周课时量应严格按课时计划执行,并尽可能与综合实践活动课程有机结合。

(2)合理安排实施人员。义务教育段规模较大的学校(18个教学班以上)要落实配备一名综合实践活动专任指导教师,规模较小的学校要安排多名兼职指导教师,并确认其中一名为综合实践活动专业指导教师。普通高中每15个班必须配备一名专任教师。

学校应确定综合实践活动课程各年级负责人、班级负责人。义务教育段要建立"班级固定、年级协作、学校协调"的教师使用机制,保证综合实践活动实施的各个环节都落到实处。高中阶段须根据学生选择的课题类型进行走班教学指导。

在校本课程开发与实施中,要充分发挥教师的专业特长,鼓励各学科教师参与课程开发与实施工作。同时,可根据实际需要聘请校外专家、学生家长或相关人士作为兼职教师。

（3）制订和完善学校综合实践活动和校本课程实施方案。具体可行的课程方案是做好课程开发的首要工作。学校课程实施方案（或学校校本课程开发与实施指南）要对课程目标、课程内容、课程组织实施（包括课时安排和人员落实等）、课程评价管理、课程资源建设等作出具体的说明和安排。学校综合实践活动领导小组和校本课程开发实施领导小组每学年要组织修订并完善学校综合实践活动实施方案和校本课程开发与实施方案。

学校综合实践活动教研团队每学期要组织制订各年段综合实践活动实施计划。在制订实施方案和学期计划时，要协同地方课程、校本课程、学校教育专题的实施，充分挖掘学校资源，在时间和空间上整合科技节、艺术节、读书节、体育节及春游、秋游班队活动、学校传统活动等内容，整体协调、统筹规划各年级每学期的主题活动，讲究系列化。

校本课程开发与实施方案中要体现课程的可选择性，充分挖掘课程资源，发挥教师特长，开发门类众多、结构合理的校本课程，促进学生社团组织建设，满足学生个性发展的需要。

（4）建立教师指导常规。综合实践活动教师指导方案包括每学期指导方案和学生活动主题的具体指导方案。教师要从实际出发制订好学期指导方案，理清思路，安排好活动进度，明确学期课程目标和具体任务。校本课程开发则以设计相关校本课程的指导纲要为主。

（5）加强实践基地建设。各校要分析研究本校实际和条件，充分挖掘和利用地方自然条件、社区经济文化状况、民族文化传统、学校现有基地等方面的课程资源，体现课程资源的地方特色，积累好活动主题的素材，逐步建立较为完整的课程资源库，并因地制宜做好综合实践活动和校本课程的实践基地建设。对已有的投入大、建设全、特色明的学校实践基地要充分发挥作用，做好学校基地开放、有效联动的探索性工作。①

5. 组织会议论坛分享和交流经验

为了给区内各校提供学校文化建设交流的平台，北仑区教育局于 2011 年下半年开始每年召开校长论坛，展开校长办学经验介绍和分享活动。

---

① 仑教研〔2009〕3 号《关于进一步推进中小学综合实践活动和校本课程开发实施的意见》。

二、北仑区教育局促进学校文化建设的特别行动计划

除了以上政策之外,北仑区教育局还根据区域特征,确定了两项特别行动计划,以行动计划为抓手,促进各学校开展学校文化建设。

(一)10100计划

"10"是指创建10所德育特色学校。大力推进校园文化建设,形成区域德育特色,培育学生人文精神。学校在深化校园文化建设方面,要在以下三方面有所突破:一是要结合各校实际,创造出有学校特色的德育模式和项目品牌;二是在建设人文精神养育的校园文化上有所突破;三是在以弘扬民族精神和诚信教育为重点的德育校本课程建设上有所突破。

"100"是指培养百名区优秀德育工作者。一要加强班主任队伍建设;二要加强少先队辅导员和团支书队伍建设,充分发挥少先队和共青团组织的育人优势;三要加强新教师培训,将师德教育、班主任工作列为重点培训内容,重塑教师的崇高形象;四要加强德育管理的队伍建设;五要加强民族精神和心理健康教育教师的培训,全面提高教师的德育教育能力。

(二)结合"体育、艺术2+1项目",促进学校文化建设的具体化

2004年,教育部在我国部分地区试行"体育、艺术2+1项目",旨在让每个学生在九年义务教育阶段都能够掌握两项体育运动技能和一项艺术特长。

2006年,北仑区全面启动"体育、艺术2+1项目"实验工作,认真落实学生大课间活动和课外体育活动,保障中小学生每天参加一小时校园体育活动。北仑区教育局每两年召开一次全区体艺工作会议,每年组织区域性的体育节、艺术节、科技节系列活动,每年对学生身体素质进行抽测并公布抽测结果,每学期对体艺工作进行专项督导,以引导全区中小学走"项目为载体、社团为基础、课程为支撑、资源为保障"的特色内涵发展之路。目前,北仑区内中小学"体育、艺术2+1项目"合格率已达90.1%,拥有国家和省市体育艺术特色项目达30多项。自全面推行这项工程以来,北仑区相继获得"全国中小学阳光体育先进区""浙江省中小学合唱教学示范基地""浙江省合唱协会北仑基地"等荣誉称号。北仑区相关经验受到各方肯定,2011年6月8日,以"让孩子快乐生活健康成长·悦动的童年"为题在中央电视台《焦点访谈》栏目专题播出。

第四章　北仑区学校物质文化建设
典型案例及其分析

第一节　长江小学:以渔文化为特色的校园物质文化

一、长江小学及其校园物质文化建设概况:地处中心,推陈出新——"鱼水文化"落入眼帘

长江小学于 2001 年 9 月 1 日正式成立,是北仑区一所新兴的小学。学校原来地处城乡结合部,属于东海实验学校,随着北仑新区的开发,现在地处北仑区中心地带,紧靠区政府和教育局。学校占地面积 18 亩,建筑面积7000 多平方米。学校现设 23 个班级,有近千名师生。招生范围主要是市中心附近的杜鹃社区,生源中本地人不多,择校的外来户籍学生很多。

一走进长江小学,就会被其崭新的校舍建筑、丰富多彩的校园环境布置所吸引。2008 年四川汶川大地震以后,北仑区教育局、各街道、各学校都十分重视学校建筑的安全。长江小学校舍建筑于 2009 年开始加固,是城区乃至宁波市内最早加固的学校,被评为浙江省学校安全样板工程。加固后的长江小学焕然一新,借加固的契机,学校重新精心布置学校环境,在学校各角落,如墙壁、走廊、窗口都能看到许多"鱼"和"水"的装饰元素。

为什么在长江小学处处布置"鱼水"元素呢? 长江小学李校长为我们道出了其中的缘由:

> 学校文化的建设思路,我们一直在探索。在校舍加固期间,我们提炼出了"鱼水文化",外显上面也体现出了这一点。"长江小学"的"长江"就是水,是指长江小学,是哺育孩子们的摇篮;水中有鱼,鱼就是指

咱们的孩子,延伸开来就是家长、老师;水也可以指小社会。在温暖的水中,孩子们茁壮成长。所以,从外显的建筑、墙面就可以看到鱼和水的元素。

学校文化的第一层次便是物质文化的塑造,长江小学朴实地从自己的学校名字出发,开始打造属于自己的文化印记。

图 4-1　大海航行靠舵手

图 4-2　新校园"鱼水"元素处处见

二、长江小学文化建设思路:"渔文化"与"感恩教育"的结合

学校文化不能仅仅停留在外显和名称上,正如李校长所说的"老的结构就是这样,不能改变,但现在我们开始注重内涵的培养。"而学校的一位老师也谈到:"建设学校文化表面硬件是一块,但更重要的是内涵,对学生素质的培养,注重老师、学生、家长这样一个三位一体的共创共建的过程。我认为一所学校所培养的学生走出去后表现出的素养,包括老师的气质,都是一种学校文化的表现。

为此,长江小学着重从学生和教师两个主体入手,建设文化内涵。

1. 对教师:打造和谐团队

对于内涵建设的落脚点,长江小学将其放在教师发展、凝聚力建设、团队建设、业务能力、责任心的提高上。

对学校来说,团队的凝聚力和团队精神非常重要,所以学校着重从这方面入手,以此为主线,打造"和谐校园、团队精神"。

　　我们学校这几年下来,整个工作氛围都是很和谐融洽的。教师的热情和责任心极强,不管是书记还是校长,都很投入其中。(长江小学李校长)

2. 对学生:倾注感恩教育

小学期间主要是培养学生怎么样做人,懂得感恩是非常好的一种品质。因此,学校每年都搞感恩节活动,家长、学校、社会都会参与其中。(长江小学乐校长)

感恩教育现在从中央到省市都非常重视,现在中央文明办提出中小学生"做一个有道德的人"这样一个活动。这个活动包括三个方面:第一,在家做一个孝敬父母的孩子;第二,在学校做一个尊敬师长的学生;第三,在社会做一个文明有礼的公民。但是起点是"孝",百善孝为先。十七届六中全会也提出相关要求,以后在未成年人道德评估,文明城市建设评估方面都有相关要求,将成为上级考察下级政府的一个标准。所以感恩教育一定要做实。现在社会上已经出现了相关事件,如北大研究生打伤父母亲等。长江小学在这一块做得一直比较好。(教育局吴科长)

我们刚刚办学的时候,在做"孝心教育",后来第三年改成了"感恩教育",内涵更加广泛。(长江小学李校长)

父母是水,哺育儿女;儿女是水,报答父母。教师是水,滋养学生;学生是鱼,感激师恩。感恩教育较好地诠释了教师与学生、父母与孩子之间应有的和谐融洽关系。

那感恩教育具体应如何展开呢?

主要从以下几方面展开:一是主题文化活动,与传统文化节日结合;二是通过校本课程"学会关心",进行课程渗透;三是社团建设、社会实践活动。

长江小学自2003年起开始重视对学生的孝心教育,引导学生体会和感激父母的艰辛和不易,培养学生感激父母的养育之情。2005年,长江小学把"感恩教育"作为一切工作的切入点,使之成为一种"感恩文化",融入了学校工作的各个环节,促使学校全面和谐地发展。其具体做法分为以下几方面。

(1)营造氛围,发挥隐形教育的功能

长江小学校园文化建设突出"感恩教育"特色,让学生在耳濡目染中受到熏陶。根据实际情况,长江小学在教学区、功能区、运动区设置不同内容的墙壁文化。

在教学走廊上,长江小学计划设计文人的感恩语录墙和读书文化墙;在功能区走廊上,则设立一个"星光大道",将学校评选出的感恩小明星、孝敬星、文明星、工作星等展示在这里,并介绍上榜明星的典型事迹,突出学生身边的榜样作用;在运动场长廊上,设计以感恩为主的古今中外人物图片和以故事为主的连环画,例如孔融让梨、孟郊作品《游子吟》等。

（2）编写校本教材《感恩教育》,让感恩教育走进课堂

为了把"感恩教育"真正落到实处,长江小学成立了以校务办、教导处、语文组组成的《感恩教育》校本教材编委会,编委会成员查阅借鉴相关材料,结合学校几年来的德育成果,编印《感恩教育》教材,使感恩教育真正走进课堂。

《感恩教育》校本教材的编写以道德品质教育为主,以学生发展为中心,体现以人为本、学以致用的原则,通过典型事例教育学生凡事心存感激,感激父母的辛劳,常思一粒米、一角钱的来之不易,从而激发学生认真学习的动力;进而感激老师的教育,感激同学的帮助,感激社会的给予……培养学生健全的人格和良好的道德品质。

（3）通过多样有趣的活动实施"感恩教育"

为了使"感恩教育"贴近学生、落到实处,长江小学本着"以学生为中心、以活动为中心、以情景为中心"的原则,开展了丰富多彩的教育活动。

在具体实践中,由长江小学德育处、大队部牵头,将"感恩教育"细化为12项主题教育活动,即劳动教育、心理教育、道德教育、公民意识教育、爱国主义教育、集体主义教育、理想教育、"三观"（人生观、世界观、价值观）教育、环境保护教育、卫生教育、青春期教育和民主法制教育。这些"主题教育"安排在每学年的不同时段,形成各具特色的"主题活动月"。具体安排如下:

　　一月:感悟亲情教育月;

　　二月:文明礼貌教育月;

　　三月:吃苦磨炼教育月（春游、远足）;

　　四月:法治公德教育月;

　　五月:特色文化教育月（感恩节）;

　　六月:珍爱生命教育月（环境保护教育）;

　　七月:社会实践活动月;

　　八月:国防教育主题月;

　　九月:行为规范教育月（传统美德教育月）;

　　十月:文化艺术主题月（英语月）。

通过每月主题活动的体验,长期坚持并形成传统,以达到让学生感动、

感悟并最终形成健康人格的目的。

此外,长江小学大队部还以开学典礼、国旗下讲话、黑板报、橱窗等为阵地,全方位进行"感恩教育"的宣传;以"感恩教育"主题班会、学生在家感恩父母实践、演讲征文比赛、"尊师重道"贺卡制作比赛、"我为同学做一事"等活动为载体,诠释多种人与人之间感恩之情,融洽之意。

如,2012年3月长江小学的感恩活动计划如下(见表4-1)。

表4-1 长江小学的感恩活动计划

学雷锋周	活动主题	3月5日是雷锋宣传日,为了弘扬中华民族传统美德,培养学生感谢他人,为身边人伸出友爱之手的良好品德,特此举办此活动
	活动安排	1. 3月4日,利用广播向全体师生发出"向雷锋同志学习"的倡议 2. 学唱雷锋歌(学校广播中午播放歌曲一周) 3. 我身边的雷锋。参加年级:1—6年级。
	活动要求	1. 组织队员评选本中队"学雷锋标兵" 2. 对全校各中队活动情况进行总结,颁发"学雷锋标兵"奖状 3. 月末进行评比,选出雷锋标兵 4. 讲雷锋故事比赛:在4—6年级开展讲雷锋故事比赛,以加强学生对雷锋事迹的了解,并达到陶冶学生的情操的目的
妇女节感恩活动	活动主题	2012年是"三八"国际劳动妇女节102周年纪念日。通过活动,让长小学生感谢自己的母亲,体会母亲对自己的爱,做一个有孝心的孩子
	活动安排	1. 送祝福:3月8日节日当天对妈妈说一句节日祝福的话,如"妈妈,我爱您! 妈妈,祝您节日快乐!"等等 2. 主题队会:生命的缔造者——母亲:通过主题班会"生命的缔造者"及教师的讲述,了解母亲孕育生命的过程,从而体会母亲的伟大。参与年级:1—6年级(3月16日班队课) 3. 母亲节实践活动:勤劳小卫士,如整理自己的书包书桌、整理自己的房间、洗衣服等 4. 开展一期以歌颂母亲为主题的小浪花广播(大队部)
	活动要求	各班在3月30日前上交反馈表和统计表,并以此评选出三月感恩小明星,每班一位
植树节扮靓教室活动	活动主题	利用植树节,装扮各班的教室,使班级有一定的文化气息和绿意盎然的景象
	活动安排	1. 布置信息角(包含作息表、值日表、课表以及班级公约) 2. 布置植物角(要求班级精选6~8盆花放置靠窗阳台地下。每盆植物要有介绍及养护的方法,分配好养护的小园丁) 3. 荣誉角(整洁、及时张贴)布置,突显本班特色 4. 队角(包含中队口号、中队干部信息) 5. 墙面文化角(四面墙张贴学生作品,各班准备两幅书法作品,四张A3纸大小绘画,下周一上交)
	活动要求	布置完五个角后,开展一期以植树节为主题的小浪花新闻播报

3. 对班级:围绕大主题,开展小活动

长江小学的"感恩教育"是一个大主题,需要辐射到各个活动当中。大主题作为一个主线,以此牵带出各种活动,如感恩小明星、绘画科技制作等。这些活动在具体操作起来,都需要落实到学校各个班级、各个班主任手里。

> 学校在完善基建之后,提出"鱼水情"的大主题。同时,每个班级又都有自己的文化特色,各有各的花样。比如每个班都有植物角、荣誉角、卫生角等,展示每个班学生的风貌。(长江小学教师1)

由生物角、荣誉角、卫生角、班务角、信息角组成的"五星教育阵地",是长江小学班级内特有的布置,它用来展示每个班学生的风貌。"五星教育阵地"正是长江小学各个班级的外显文化。这个教育阵地的具体组成和作用如下(见图4-3)。

生物角——这是人与自然和谐相处的乐园。同学们利用课余时间来观察花草的变化、动物的生活习性,养成爱护动植物,保护大自然的良好行为。

班务角——它是班集体工作的核心园地。班委议程、班级日记、好人好事等都可以在这里找到记录。

卫生角——它是班级卫生工作重要组成部分,是"保洁武器"入库之地。一把拖把、一个脸盆,一只水桶和几块抹布,都向同学们昭示着保持环境卫生人人有责的环保理念。

图4-3　长江小学班级"五星教育角"示意

荣誉角——同学们视它为"丰收乐园"。每位学生都有丰收的机会和成功的可能。它很耀眼也非常吸引人,强烈的荣誉感激励学生在竞争中品尝胜利的喜悦。

信息角——它是学生合作交流的场所,是交换信息、获取新知识的重要渠道。设计这一栏目,给了学生与学生、学生与老师、老师与家长之间进行交流、倾诉和相互理解的空间。

班级文化的特点直接与班主任自身的态度和特长有关,因此班级文化常常会带有些许班主任个人的色彩。

> 他们班级合唱比较厉害,因为她是音乐老师,有优势。(长江小学教师2)

> 在班级文化活动中,班主任扮演的大多是引导者的角色,主体还是学生。

> 像画黑板报,学校是要评比的。原先三年级的时候,我还会带一下,到了四年级,基本就放手让他们自己做了。(长江小学教师1)

4. 引进相关课题

"学会关心"的课题,是区级重点课题,也被评为市级、省级优秀课题;"校园吉尼斯挑战赛"已经结题了,主要是让学生通过挑战赛锻炼身体、从事体育、学会技巧,实施得很好,现在大课间都会开展这些活动。

三、长江小学学校文化建设中与区教育局的关系

1. 学校落实教育局的政策精神

> 咱们教育局在这方面很重视,比如在学生的思想品德、学生规范等方面,校园文化建设方面经常有相关的政策精神制定出来。我们学校的工作很多都是按照教育局的精神展开的,两者的目标是一致的。我们在进行拓展,根据学校实际贯彻好各项政策,力争做得细致一点。局里下来不可能面面俱到,我们的工作就是更结合实际。

> 比如说,去年在校园文化建设上,我们根据教育局的要求,在学校里面开展了"经典诵读"活动,就是让教师读书、学生读书,这也是学校文化的建设。每天早上都有10分钟的读书时间,老师排好班,这个礼拜是谁,下个礼拜是谁,进行美文诵读,各种形式都有。(长江小学李校长)

李校长认为,学校文化工作其实就是学校工作,包括教师、学生等,连后勤工作也在其中。诠释学校文化需要考虑各方面的实际情况,实施学校文化建设也需要各方面的投入。

> 这个东西,牵涉面不单单是一个人的事情,校长、书记、德育处、教导处、后勤、少先队大队、教师培训、教科研等都有涉及。(长江小学李校长)

2. 教育局给予学校的支持

(1)在资金上给予充足保障

按照教育局的规定,只要是有关校园文化的、得法的、对学生有利的,就有 40％的经费可以报销,包括其他的电教设备,乡村学校可以报 50％,长江小学可以报 40％。

> 校园文化支出主要是由教育局报销,学校自己也出了点钱,但学校的钱也是从上级部门划拨下来的。(长江小学李校长)

(2)在实践上进行调研指导

> 教育局的领导会经常带着几个科室的领导下来学校视察,看看学校在校园文化上有什么变化,没什么变化就要提出来,局里要及时进行监督。作为下级学校,我们自己也希望有所改变,主动一些。(长江小学李校长)

长江小学的校长对北仑区教育局的评价很高,对教育局的领导和政策也比较支持。

四、长江小学学校文化建设活动的评估与成效

1. 教育局的评估

2010 年,北仑区教育局开展了中小学"德育工作先进集体""优秀德育干部"等各类先进评选工作。对"德育工作先进集体"的评选条件如下:

(1)办学方向明确,理念先进。加强校园文化建设,文化育人成效明显。

(2)全体教职员工都是德育工作者的意识强,全员德育的氛围浓厚。重视学科德育渗透,把德育任务落实到每一门学科、每一位教师。重视班集体和班主任队伍建设,能够选派思想素质和业务素质好、奉献精神强、有责任心也有能力的优秀教师从事德育管理工作和班主任工作。

(3)积极开展形式多样的德育实践活动。主动争取社会各方面的支持,建立以学校为主导,密切学校、家庭、社区联系的教育模式,形成学校教育的良好环境。

(4)学校的校风学风受到社会各方面的好评。教师有良好的师德,教书育人,为人师表;学生有良好的道德品质和文明行为。

(5)有比较成熟的德育工作经验,德育工作业绩突出,对同类学校有较

强的示范作用。

德育工作和学校文化建设存在交叉之处,从某种程度而言,德育是学校文化的一部分。从北仑对各校德育工作的评价内容上看,办学精神和教育行为是重点,由"德"字而突出的良好师德师风和对教育的责任感又是重中之重。本次评选,北仑区内共有 10 所中小学被选为"德育先进工作集体",长江小学以其踏实的办学态度和扎实的感恩教育位列其中。

2. 学校的评估

具体评选时,各个班级都有提纲,都有相关内容。根据这个提纲,家长先要调查好孩子做得怎么样,然后同学间互评。教师平时都会对其检查,每个班的每位任课老师都会参与评价。

对于评估,有些老师也有自己不同的看法。

> 我觉得,重在参与,重在过程。对学生的要求不是很高,没有要求他们一定要达到什么。对感恩活动来说也没有进行太多评估,有反馈信息就可,不强调好坏。(长江小学教师 1)

教育局的评估有详细的标准和要求。在学校,所有的文化建设工作最终都指向学生,所有的评估都围绕学生开展,学生能有所收获、有所发展,就是最好的汇报,具体的评估数值对许多老师来说并不重要,一方面是由于班级文化活动和教师绩效工资不挂钩,另一方面是因为开展这些活动的目的不是为了评价。

3. 具体案例

> 笔者:你觉得你班里的学生接受感恩教育的效果怎么样?

> 长江小学教师 1:怎么说呢,其实现在的孩子普遍缺少感恩的心。希望通过我们的工作,慢慢渗透,让他们慢慢改变,越来越好吧。通过这几年,效果肯定是有的。比如,我在班级里面,经常要求学生学会说两句话,"谢谢""对不起"。我觉得只要能说这两句话,无形之中也会透露出你感恩的心,不需要做多大的文章,通过小事情就可以展现。

五、长江小学学校文化建设中的困难和问题

1. 家长出于应试考虑,关注学业,不大支持学校的文化活动

因为小学毕业有"三校考试"(民办初中的考试),因此家长对学业以外

的社团活动不是很支持,老师要做很多工作,家长才会同意让孩子参加活动,5、6年级有些同学的体育其实是很好的,学校准备培养其参加运动会的。但是如果他们的成绩在班里很好,家长就不会很支持。

2. 教育局对"三校考试"素质加分标准的改变带来一定负面影响

咱们区的三校考试的素质加分由原来的3分变成1分,新的实施方案刚出来。所以对家长来讲,对于孩子参加文化活动的看法就产生了变化。

今天中午我们体育老师就碰到一个情况,家长认为"反正我孩子1分已经加齐了,其他的就不参加了"。现在的家长、社会人员都带着功利性参加这些活动,"我参加就是为了加分""分数加满我其他的就不参加了"。(长江小学乐校长)

其实这个政策的出台也是几经周折,主要原因是网民的意见。网民反映教育系统中教师子女加分的情况比较多。但是取消这个加分制度肯定也是不对的,素质加分对促进学生素质发展还是有帮助的。(教育局吴科长)

3. 学校活动场地受到限制

学校周围已经全部被小区包围。活动场所过少,晴天时还好,下雨天根本没地方去。没办法,我们只能扬长避短,朝着"精细化"努力,把有效的场地空间充分利用起来。(长江小学李校长)

六、长江小学学校文化建设中未来的工作方向

1. 厘清行动和理念的关系

长江小学学校文化建设的理念和行动衔接得还不是特别顺畅,就像个漏斗一样,里面的沙子都很好,有许多亮点,但中间总有个关卡,没有建立很好的联系和结构,需要理顺和贯通。(教育局吴科长)

2. 朝"港口文化"发展

长江小学的"鱼水文化"和整个北仑区大的文化背景"港口文化"是有密切关联的,把学校文化的打造、外延深入与北仑"港口文化"联系在一起是今后可以考虑的一个方向。

笔者:刚才上来看到校长室门口放着一个舵,感觉和"港口文化"有联系。

李校长:是的,这是第三届感恩节活动时咱们团区委送的,他们也是考虑过港口文化这一点的。

笔者:放在校长室门口也正合适,校长是学校文化的总舵手。

李校长:刚好结合起来。你们今天来很好呀,刚好提醒了我们这一点。本来我们考虑也还比较广,但是和整个区的文化结合我们还没有想到。以后我们就这么打造,呵呵,谢谢你们的提醒。

3. 更专业的理论和更广阔的视野是长江小学未来文化建设急需的两个要素

如果有更多的更先进的理念,比如邀请专家来给我们指导,从理论上启发我们,可能会提升一些吧。我们这边大多都是草根的,如果有专家从理论从宏观角度给我们作指导会更好。这也是我们一线教师在教学、班级管理上需要的。

如果有其他好的校园文化建设经验,像我国香港、台湾地区或国外的等,让我们开开眼界,多一些见识,希望多学习这方面的。(长江小学教师 2)

长江小学特色鲜明的"鱼水"校园环境让人印象深刻,由鱼与水的融洽关系引申出的感恩教育,也做得扎扎实实,贴近人心。笔者在访谈中,感受到了长江小学办学者的踏实肯干,但也有感于"低头干、抬头看"这一老话,建设学校文化不仅仅要苦干,更要善思、活用。目前长江小学的文化建设还停留在较为浅显的外显层面,无论是校园布置还是活动策划,都还仅停留在对"鱼水"和"感恩"的朴素理解上,长此以往,环境始终只是环境,活动也只是活动。埋头苦干的长江小学未来急需一个鲜明教育理念的引领,只有带着特色理念办学才会让长江小学的办学之路走得更宽更远。

在访谈过程中,研究者建议长江小学利用正在开展的"学会关心"课题,结合"关心教育"等教育流派展开理论学习,也可以引入"对话理论"深化感恩教育,在学校物质文化建设已经相对比较成熟的前提下,进一步深化学校精神文化建设。该建议得到了两位校长的认可。

第二节　柴桥实验小学：兰花校园

一、柴桥实验小学概况：农村合并学校，亟待共同价值观的引领——"以兰育人"应运而生

柴桥街道原有中心小学 1 所，完小 6 所。为了实现均衡教育，满足老百姓享受优质教育的愿望，柴桥实验小学应运而生，创办于 2006 年 9 月。新学校位于古镇柴桥的西面，北临异地新建的芦渎中学，南靠筹建中的街道中心幼儿园，和它们一起构成了柴桥街道新的教育热土。学校建成后拆并了原六所完小，接纳柴桥街道 19 个村、社区的孩子入学。

学校占地面积 23976 平方米，建筑面积 16164 平方米，绿化面积 8390 平方米。学校由教学楼、行政楼、实验楼、辅助楼和报告厅组成，设施设备均按照省一类标准进行配备，是北仑东部地区迄今为止占地面积最大的一所小学。学校现有班级 23 个，学生 746 名，教职员工 62 名。

柴桥实验小学的生源比较复杂，学生来自不同学校，大部分来自农村，外来务工人员子女比例高，占到 40% 多，多为农村的孩子，生活性格、行为习惯都存在一些不足之处。教师也来自不同学校，参差不齐，教学质量和其他学校相比有较大差距。合并新建的柴桥实验小学亟待树立共同的价值观，带领全校师生向前发展。

后来学校找到了一个突破口，即从德育入手，打造学校文化，以后逐渐提出了"以兰育人"的校园文化。

2006 年，柴桥实验小学主要从校训、教风、校风、学风等入手确立自己的办学思想。

学校办学理念是文明其精神、丰富其姿势、强健其体魄，简单的理解就是让学生德智体全面发展，只是用一种更加生动点的话表现出来了。办学目标是"打造高层次教师，塑造高素质学生，营造高品位校园"，校训是"尚德至善，求学至今"。学校的教风"关爱学生、严谨教学"，我们学校的学风"健康好学，感恩致礼"。无论是办学理念、办学目标还是校训、教风、学风，都体现了两个思想：一个是以人为本，从学生

出发;第二个是以德为主。(柴桥实验小学刘校长)

根据这些办学思想,柴桥实验小学从 2007 年开始,开展了"实践 3+1"的育人模式,即快乐谷工程、君子兰工程、小天使工程,再加上 1 个家校合作。

第一是快乐谷工程。现在的学生在学校里读书并不是想象中的那么快乐,快乐谷工程让孩子在学校学习的过程中始终感受到快乐,在大课间,通过丰富多彩的社团活动感受到快乐。

第二个是君子兰工程。当时很多学生来自农村或是外来务工人员子女,这些孩子大部分都比较朴素,待人接物缺乏教养,所以柴桥实验小学开展了君子兰工程,让孩子们像君子一样,彬彬有礼。

第三个是小天使工程。社会上孩子最缺少的就是一种感恩,知恩图报,柴桥实验小学举办小天使工程,让学生学会感恩。

"+1"是指家校合作。农村孩子还有外来务工人员子女的家长没有像城市中的家长那么重视教育,实际上家庭教育在孩子的成长过程中是非常重要的,为此我们提出家校合作的想法,当时还搞了一个新柴桥家长学校。(柴桥实验小学刘校长)

让学生快乐、有礼、懂感恩是以上工程的目标,符合柴桥实验小学学生的发展需求。但在真正实施的过程中,不能仅停留在名号上。根据调研,北仑区内所有中小学都有大课间的设置,都会在期间进行学生社团等活动,这是学校办学中的一项常规工作。怎样把柴桥实验小学的大课间活动搞得有声有色、给学生带来别样的快乐,这应是学校开展文化活动时应注意的。

感恩教育在北仑区内除了长江小学多年的重点实施,其他学校也已普遍开展,柴桥实验小学再次推出,似乎已没有发挥独特性的空间了。

家校合作项目,有利于学校与家长保持密切联系,引导家长,尤其是自身文化素养不高的家长重视对孩子的教育,为学生创设良好的家庭教育氛围,这对于柴桥实验小学的学生教育无疑具有十分积极的作用。但家校合作主要针对的还是家长,家校合作项目最终的覆盖面无法涉及整个学校工作和学校文化氛围的培育。

君子兰工程听起来耳目一新,让人有所期待。

"3+1"模式搞下来之后,他们发现真正效果比较好、影响比较大的是这个君子兰工程,后来推广开来,搞得都比较好。小天使工程牵涉的面不是很广,君子兰工程效果较好,孩子们的精神面貌真正地得到改观,所以后面的第三个时期就以此打造校园文化。(柴桥实验小学刘校长)

从 2008 年开始,柴桥实验小学开始着力打造兰花文化。

为什么会想到兰花文化呢? 这和刘校长对学校文化的理解有关:"我们搞德育的啊,德育比较空啦,虽然你也可以说讲文明、讲礼仪,但也比较空,借兰花这个平台,把比较空的东西变得比较适宜一点,应该有个形象化的东西,后来想到了兰花。"

"以兰育人"的提出,正如柴桥实验小学的宣传册中所说的,有天时、地利、人和三个条件:

> "以兰育人"的提出,顺天时。
>
> 兰花,是一种珍贵的草本植物,因其秀美、经典、高雅,而被誉为"花中君子"。兰花不仅仅以其幽香深受人们厚爱,更以她立志坚贞并具有育人善化的功效而载誉千古。孔子以"芝兰生于幽谷,不以无人而不芳;君子修道立德,不为穷困而改节",高度赞誉了兰花的草根生命力和奉献精神。2009 年,兰花成为浙江省省花。
>
> "以兰育人"的形成,得地利。
>
> 宁波是兰花发祥地,柴桥是北仑有名的花卉之乡,兰花已经成为农业新兴产业、朝阳产业。
>
> "以兰育人"的实践,有人和。
>
> 柴桥本地有很多老百姓喜欢养兰花,甚至有靠种兰养兰挣钱的,并且都很有钱。柴桥实验小学内也有一批种兰花的师生。

二、柴桥实验小学文化建设的思路:种兰、赏兰、学兰三步推进

以兰育人的校园文化又该如何实施呢? 柴桥实验小学选择了种兰、赏兰、学兰三个步骤。

1. 种兰

学校要求全体师生必须人人种养兰花,并成立兰花社团来培养一批精通兰花种养的学生,通过种兰让全体师生了解兰花的生长习性和规律,认识兰花的自然美。校园内现共有兰花 2000 多盆,40 多个品种,还专门有一个种植兰花的"馨兰苑"。在柴桥实验小学,兰花可谓是处处可见(见图 4-4、图4-5)。

图 4-4　学生班级门前的兰花

图 4-5　教师办公室内的兰花

对于种兰这一步的具体目标和实施,刘校长给出了自己的定位:"种兰这一步骤的具体目标是人人都会种兰花,校园处处有兰花。"

欣赏兰花的自然美,也分三个层面进行,即学生、教师和学校三个主题。

(1)对学生:首先要求学生在家庭中自己种兰花,其次在班级里面种兰花,最后在学校参加与兰花有关的社团和兴趣小组;

(2)对教师:要求教师在家里养兰花,在办公室种兰花;

(3)对学校:培育兰花讲师团,讲授兰花的校本教材;建造专门种植兰花的"馨兰苑"。

2. 品兰

柴桥实验小学自己汇编的《兰花》校本教材(见图 4-6)已开始启用,有自己的兰花主题词,有跟兰花相对应的学校吉祥物(见图 4-7)。通过种兰和品兰,特别是通过欣赏代表中华文化主流和方向的名人赞美兰花的诗、文、画,来认识了解人们赋予兰花的内在美。

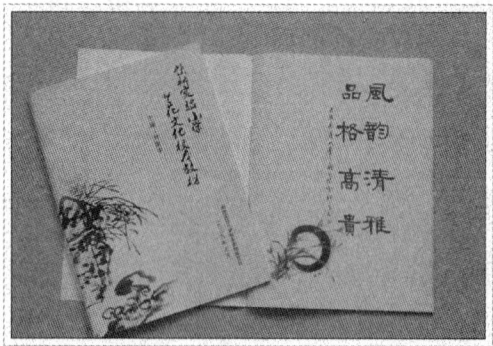

图 4-6　"兰花文化"校本课程

图 4-7　学校吉祥物幽仔

吉祥物命名为"幽仔",其含义为:"幽"是形容清幽的兰花淡雅、高洁,身处幽谷,与世无争,既有品质,又有文化,让我们博学广阔,谦逊有礼;"仔"字就是说吉祥物活泼可爱,蓬勃向上的那一面,他爱玩、爱跑爱跳,就像小孩子一样富有朝气。"幽仔"象征着柴实学子博学多才,严肃活泼,就像一个初升的太阳。

品兰旨在升华师生的情感,发现兰花的内在美,也分三个层面进行:

(1)品赏兰花的自然美;

(2)品赏兰花的内涵美,即草根精神、奉献精神和真善美的精神;

(3)品赏兰花的衍生美,即不求闻达专心致志的人生态度、立志坚定感恩奉献的人格魅力和洁身自律、表里如一的君子风度。

3. 学兰

柴桥实验小学通过学兰实践活动,比如每年举行兰花节、兰花展、摄影比赛、君子兰师生评比等活动,通过宣传窗、黑板报、红领巾广播站、校园网站等宣传学校的兰花文化建设,进一步挖掘兰花的内涵美,教育全体师生做一个像兰花那样追求真、善、美的人。

2008年4月10日,柴桥实验小学首届兰花节在学校展览厅内举行。展览大厅中的兰花分为三个展区:有教师培育的兰花,有学校兰花组培育的兰花,还有各班级自己培育的兰花。兰花品种繁多,多姿多彩。展览期间,各班学生在老师的带领下,纷纷前来参观。兰花宣传员穿着统一的服装,用一口标准的普通话,流利地向各位参观者介绍兰花的品种及特点。

兰花节的举办,弘扬了兰花文化,进一步让每一个学生了解了兰花,不仅了解了繁多的品种,更了解了兰花的特点,即兰花素洁坚贞,不畏严寒;幽香清逸,甘于寂寞;孤傲独标,品位高雅的品格深入人心,为学生赏兰、品兰、学兰创设了平台。

"通过兰花节,希望我们柴桥实验小学的学子,能自觉学习兰花的品格,早日成为具有君子品格的学生。"刘校长说。

学兰的目标是做一个具有兰花品质的校园人,分为两个层面:

(1)文化熏陶:具体通过环境文化、班级文化和制度文化实行;

(2)实践熏陶:一是开展君子兰班集体评比;二是进行评价制度改革;三是举办各类传统的(月、周)教育活动。

学生在校十个月的时间基本上都是有活动的,每年4月份有兰花节,5 月份有十佳君子兰标兵的评比活动,6 月份有篝火晚会,9 月份有"爱在身边"感恩献爱心活动,10 月份有亲近大自然活动,12 月份有书香校园活动。(柴桥实验小学刘校长)

在访谈的过程中笔者发现,刘校长非常善于总结介绍自己的工作,在 12 所受访学校中,柴桥实验小学是唯一一所用幻灯片向我们整齐罗列其文化建设工作的学校,幻灯片的内容既全面又系统,柴实对学校文化工作的重视不言而喻。

围绕"兰花",柴桥实验小学做了很多文章,把"兰花精神"和学校工作的结合点尽可能地进行了挖掘。兰花,一种来自自然的美好事物,开始在柴桥实验小学的各个角落、各位师生中慢慢扎根。这不由得让人想到苏联著名教育学家苏霍姆林斯基在《帕夫雷什中学》一书中对"学校的物质基础及学生周围的环境"的描述:学校的物质基础(包括学生周围的一切陈设)是一个完备教育过程必不可少的条件,它是对学生精神世界施加影响的手段,是培养他们的观点、信念和良好习惯的手段。

苏氏认为,用环境、用学生自己创造的周围情景进行教育,这是教育过程中最微妙的领域之一。参与学校物质环境建设的过程,可以培养学生对自然财富的珍爱态度,使他们爱护和充实已有的自然财富。"当每一个孩子都为美化环境倾注了心血,都有一株自己精心培养的花,校园里随意采花的行为也就自然消失了。学生在参与学校物质环境建设的过程中,可以形成良好的个性。"①

让每一个孩子都亲手种一株兰花,亲自养护它,这比口头上说再多爱护自然的话都有效。

"对周围环境的审美感受是一种主观性活动,它有赖于目的在对现实进行审美认识的积极行动。"对孩子来说,他亲手在泥瓦盆里从幼苗培植起来的那株花草,尽管并无惹人瞩目的姿色,也是无比珍贵的。"环境美,是由能唤起愉快情绪的天然造化与人工创造的和谐促成的。"苏霍姆林斯基在帕夫雷什中学里,竭力使孩子能在校园到处看到自然美,而且感受到,校园是由于他为此付出了辛劳而变得更美。满是学生亲手种的兰花的柴桥实验小学,在无形之中贯彻了苏霍姆林斯基的教育理念。

---

① 项红专:《学校文化建设的理论与实践》,浙江大学出版社 2010 年版,第 140—150 页。

4. 精神影响之外还需强健体魄——篮球教育的开展

"兰"和"篮"同音不同义,一静一动相辅相成。篮球运动是学生喜闻乐见的体育活动,也越来越受到年轻一代的青睐,在农村有一定的群众基础。因此柴桥实验小学将篮球活动作为学校体育改革的突破口,在全校大力开展篮球活动,从而全面提高学生的身心素质。2007 年,柴桥实验小学被教育局命名为"篮球特色学校"。

5. 班级文化的实施:贯彻大主题、配以小特色

(1)文化兰花:贯彻种兰、品兰和学兰三步工作

> 小学年级种兰花主要是参加兰花兴趣小组,由老师带着学生上山采兰,由家长帮忙;三四年级学生加入种花小组;学校有一个专门养花的教师,帮助指导学生种兰花。让孩子学习了解有关于兰花的一些文章,也让孩子画一些关于兰花的图画,从它们的意、形等方面,都让孩子去深刻领会这种兰花精神。我们也编写了一些相应的校本课程,各年级老师都参与了编写校本课程的工作。(柴桥实验小学教师 1)

大部分兰花是老师带着学生上山采的,学校的外面采的,外面的品种是引进来的;也有一些是学校买的。

(2)篮球文化:不同年级实施不同要求

为了实现篮球特色,柴桥实验小学布置了全新的塑胶跑道和操场、球场,增设了很多篮球架,购买了一些篮球,在校园内大力推广这项运动。并将开展运动的工作落实到各班级,班主任又根据实际提出要求。

> 我们根据不同的年级制定了一些相应的标准,比如一二年级学生学习原地拍球,三四年级学习运球,五六年级是投篮。(柴桥实验小学教师 1)

(3)根据班级特色,创设班级文化

> 像我们班的话,一二年级的学生可能外地学生占的比例比较多,相对来说学生比较调皮一点,所以一开始,老师的任务主要是让他们静下心来看书,慢慢地形成一种氛围。养成静的习惯后,再让他们动起来,在我自己班里,我是采用这种方法。(柴桥实验小学教师 1)

> 我们班的绘画比较好,还有主持小品方面的特长。(柴桥实验小学教师 2)

> 班级自己搞的文化活动,校长也很支持,会重点关注、定期检查。

遇到困难可以随时找校长,校长文字能力和管理能力都很强,很支持我们的。(柴桥实验小学教师2)

三、柴桥实验小学学校文化建设中与区教育局的关系

柴桥实验小学的学校文化建设经历了这三个阶段,不断反思,不断地去改进学校文化建设的理念以及各种相应的措施。在这个过程中,区教育局是如何从区域层面推进柴小的文化建设的呢?学习及这一问题时,刘校长指出:"我们学校搞校园文化建设,假如教育局不支持的话,那我们是没有任何信心的。教育局对我们的支持力度是很大的。"

1. 教育局在校长会议中多次强调"校园文化"

几乎每一次校长会议材料中都有校园文化这方面的内容。我们的很多校长哪怕不想做校园文化,多听多听肯定也把校园文化记到脑子里面了,也肯定会去做的。教育局的领导对它的重视是最要紧的。学校校长的认识度高到什么程度,我们就支持到什么高度。(教育局吴科长)

2. 教育局对校长开展培训

教育局里面有一系列的措施,比如说培训,包括跟你们浙大的合作,还有教科所的合作,无论是浙大的合作,还有教科所的合作,每次培训都有有关校园文化方面的讲座,让校长知道这个是要去做的,校长通过几次的培训,知道怎样去做。(教育局吴科长)

3. 资金支持

还有资金方面的投入,局里面拨了有关校园文化建设方面的专项资金,其实街道也很重视,因为我没这个钱,校园文化建设,学校里面的建设,还是要跟街道要一些钱的,如果你搞学校文化跟街道去要钱,街道会给的,街道也很重视。校长跟区里的领导讲,区长听了后,再跟镇上讲,所以我们拿资金还是很方便的。(柴桥实验小学刘校长)

4. 区内文化建设的氛围很好

我们整个北仑区搞校园文化的氛围也是很好的,据说我们的12月份就是以抓校园文化作为主线,这个是我们教育局的工作思路。校园文化建设是作为内涵发展的一种重要尝试,这个是对的。(柴桥实验小学刘校长)

5. 寻求更多的支持:"若能多走出去就更好了"

　　假如从我个人的角度出发,从校长来说希望局里面给我们更多的培训人员的机会,真正的要走出去,如果不能走出去的话,你这个信息是比较闭塞的,自己在单位里面闭门造车的话也造不好的,也造不出什么档次来的,所以要让我们出去。昨天在杭州,杭州这两天在搞文辉论坛,虽然不是跟校园文化很直接,但是很多方面也谈校园文化了,我们校长多出去就是很好的学习营造学校文化的机会。(柴桥实验小学刘校长)

四、柴桥实验小学学校文化建设活动中的评估与成效

1. 教育局的评估

　　笔者:你们学校,有没有成为校园文化示范学校?

　　刘校长:校园文化示范学校? 我们当时确实没有评上,第一届我们当时也很有信心的,结果没有评上。具体的实际情况也是不能评上,这是为什么呢? 因为评校园文化,总的来说,还是要看我们学校学生老师的具体情况,虽然我们做了很多工作,学生也确实改变了很多,但毕竟跟城区的孩子是没有办法比的,近来评校园文化示范学校不仅要看你们怎么做,还要看效果如何,才刚搞起来,学生虽然改过了,跟城区孩子没办法比,所以说我们的目标是第二届要努力把它评上去,呵呵。

北仑区内各校的评比竞赛还是比较激烈的,教育局的评价标准挺严格。同时教育局内的领导干部对各学校文化建设的情况也很有诊断能力。

　　对于柴桥实验小学来说,由于先天条件较弱等因素,"以兰育人"的成效还不够明显,背后的其他原因也值得探究一番。

2. 学校的评估

(1)兰花特色方面的评比

　　在种兰方面,学生家里会栽种兰花,一年一次,每班都要选几盆进行评比。先在班里评好,然后代表班级,送到展览的地方,再进行评选。(柴桥实验小学教师2)

　　在卫生纪律方面,学校实行扣分管理制,大队部的兰花考核其实就跟班级的学生行为是挂钩的,其实就是渗透到平常班级日常管理当中。

(柴桥实验小学教师1)

　　在教学活动方面,地方课里有专门介绍兰花品质的;具体学科里面也渗透着兰花方面的知识。对学科的考核无形中也附带部分对兰花知识的考核。(柴桥实验小学教师2)

(2)班级活动的评比

除了和兰花相关的活动,柴桥实验小学还组织了其他主题活动并进行评比。如:

　　我们每年12月份评"书香班级",每班评两个书香家庭,每个年级都要评书香班级,搞大型的活动,家长也参与的。对书香班级和书香家庭,我们都有一定的物质奖励。(柴桥实验小学教师2)

(3)对班主任的评价:重在交流和分析

班级文化评估和教师的绩效工作、优秀班主任评比并不挂钩,但柴桥实验小学的班主任每月都会召开班主任交流论坛,分享工作经验,这样做比较符合班主任的心理需求。

　　有的东西做得太细,直接挂起钩来,我觉得可能伤到积极性,相互交流一下比较好,你是怎么做的,然后吸取点经验。

　　班主任怎么在做,普通的百姓也好,领导也好,其实也都看在眼里,不一定要把你的成果一一列出来,大家其实也都看得见。(柴桥实验小学教师1)

3. 成效及案例

(1)学生的行为、气质受到兰花精神潜移默化的影响

　　我们的孩子,2006年刚办学时,一走进学校,一眼能看出有很多外来子弟,不论是学生的穿着,脸上的气色也好,现在基本上看不出他们是不是外来子弟学生了。

(2)校园文化活动给了学生一个开阔眼界、培养自信的机会

　　上星期北仑区有个道德标兵模范表彰大会,给我们机会,让我们的孩子去献词,我们的学生能够代表北仑学校去是很不容易的,水平应该是可以的,反响比较好,某种意义上,这都是我们校园文化建设的结果。

　　我们刚刚第一年办学的时候,学校搞活动,正好是10月1日国庆

节,我们当时有 623 名学生,挑两个主持人都选不出来,好不容易挑了两个主持人,孩子在台上一站,都发抖,孩子没有见过大世面。

我们后来为什么会有这么多的活动,就是为了给孩子机会,尽量把活动搞得大气点,机会多了,孩子也就改变了。(柴桥实验小学刘校长)

(3)区层面的嘉奖鼓舞了学校的办学

局里面上半年的活动,我们积极参加并获得了三个一等奖。一个是宁波市篮球比赛一等奖,因为篮球也是我们的一个特色,一个是篮球一个是兰花,一动一静一张一弛;第二个是演讲比赛一等奖;最后一个是区里面的舞蹈比赛一等奖。毕竟我们不是城区学校,也不容易了,孩子们整体在转变,这个可以说跟我们搞的校园文化是有关系的。(柴桥实验小学刘校长)

(4)班级具体改善实例

班级活动的开展需要班主任的细心经营,班主任通过种种特色活动无形之中会对学生产生良性影响,这种影响会让孩子受用一生,甚至改变其命运。

比如说我们班原先的一个女生是家里领养的,智力落后,体质也很差,说话粗鲁,男生都不喜欢她,大家都不愿意跟她玩,她每天一个人在外面跑来跑去。

后来我让她当主持人,和另外一个比较内向、容易掉眼泪的男生做搭档,两个人一组,负责组织一个专门有关学习方面的活动。主持稿写完后,两个人回了家也经常一起对稿,两个人的关系也变好了。这个活动还需要其他人参与,他们俩就去招兵买马,我说你们态度要友好才行,后来其他学生都到他们那里报了名,大家也都渐渐开始喜欢他们俩了。

那个小女生现在性格也变好了,以前她脏话很多,现在跟其他同学相处得比较好;以前孤零零的一个人,没融进这个集体,现在也融进了。那个小男生本来很腼腆,现在能力也很强。本来我打算把他们俩撤了,因为两个人说话声音都太轻了,结果两个人都跑来跟我讲我们还要在一起主持节目,说我们一定会声音响亮的,还专门去借了个耳麦。

有时候我会跟他们讲,你们要学习好才给你们机会,为了满足这个条件,他们也有了学习的动力。这两个孩子应该是班级活动特别大的受益者。两位学生的家长,每次我们搞这种活动也会过来,也会彼此交流,促进还是蛮大的,这些应该都算是从特色方面得益的吧。(柴桥实验小学教师2)

五、柴桥实验小学学校文化建设中的困难与问题

柴桥实验小学"以兰育人"的德育模式,对学校的发展、师生的成长无疑产生了积极的作用,柴实也以兰花为特点,在办学上走出了自己的一条独特道路。虽然成绩摆在面前,但正如刘老师所说:"离我们的目标还是有所差距。"总结思考之下,柴桥实验小学目前主要面临以下五个问题。

1."以兰育人"的校园文化建设和办学理念的达成度问题

柴桥实验小学的办学理念是"文明其精神,丰富其知识,强健其体魄"。"以兰育人"的文化是否能承载和实现这一理念,是校长需要经常思考的问题。

> 我们从一开始就提出这个校园文化和办学理念达成度如何,这是我们要反思的。如果达成度越高,那么就是说我们的校园文化搞得越好。(柴桥实验小学刘校长)

> 兰花精神说得比较多,但怎样让兰花精神影响学生,怎么教育他们、让他们领会,这方面还不够,需要专家指导。(柴桥实验小学教师2)

(1)用兰花隐喻学校文化工作难免会有些牵强

兰花精神的创意很独特。北仑区大部分学校在开展校园文化建设的过程中,采用了一些比较直白的语言,如学校要为孩子提供什么,他们希望培养出来的孩子是怎么样的,都用显性的方式来描述。柴桥实验小学能够把校园文化和一种植物联系起来,并从行为到精神进行隐喻设计,把兰花背后的人文内涵、品质加以挖掘,这是一种十分新颖的办学思路。

但在实施的过程中,用隐喻的方式难免会显得有些牵强,很难把学校工作的各方面和兰花联系起来,这是难点所在。

> 校园文化比较抽象,难把握,兰花精神迁移到实际行动有些牵强。(柴桥实验小学教师2)

（2）"以兰育人"难以涵盖所有阶段的学生

兰花这种高雅的植物，常常被以前的一些文人墨客所钟爱，他们在画兰花、写兰花的过程中体现出君子的精神和风度。对于兰花精神，从年龄层次上来说，更高年级的孩子感受会深刻点，要让低年级的小孩子理解会有点困难。

此外，文化的影响需要长时间的熏陶积累。在小学学习兰花精神的学生，如果升学到了中学没有延续，那兰花文化对他们的影响也就淡化了。

2."以兰育人"的校园文化建设对师生行为的影响

> 到最后校园文化到底怎么好，不是靠我怎么说的。比如优秀校园的评比不是靠说出来的，是靠老师们怎么样做、学生们怎么样做，比方说如果孩子还是很粗鲁的、不文明的，教师的言行都不得体，那么你这个校园文化再好也是白说的。（柴桥实验小学刘校长）

的确，学校文化建设的成效，最终还是要体现在师生的行为上。记得一进柴桥实验小学的校门，笔者就发现了学校大门口的公告牌上这样写着：本周我们努力做到："1.不乱扔果皮纸屑　2.校园内轻声慢语。"

这样的告示与要求，与兰花精神倡导的君子精神存在较大差距，可见柴桥实验小学的兰花精神还需要较长时间的浸透。

3."以兰育人"的校园文化建设对师生价值观形成的影响力

> 这其实是更重要的，学校有没有形成一种共同的价值观，对价值观的影响力到底如何。这三个方面也是今后我们要做的，也是衡量我们校园文化建设做得好不好的一个参照。（柴桥实验小学刘校长）

共同的价值观是柴桥实验小学合并成立之初就追求的，"以兰育人"的路径究竟有没有达到这一最初的目标，需要进行经常的评估和反思。

4.家长的教育理念给教师带来压力

柴桥实验小学地处农村，有些家长对教育不够重视，觉得读书无用，对孩子学习不够关心，对特长发挥也不重视。

> 我要管30多个孩子，每个家长只管一个孩子，如果家长比较重视的话，我也比较重视。如果家长放弃了，那我的工作就比较难做了；有些家长觉得孩子到学校来了就是你们老师的事情，孩子作业没做完也是老师的事情。（柴桥实验小学教师1）

孩子的教育问题绝不仅仅是学校的责任,家庭教育和家长对学校工作的配合非常重要。

家长对文化课的看法呈现两极化,重视教育的家长看重学校,但也会有些不恰当的观念。

现在的家长,你说他不懂教育,他也懂;你说他懂了嘛,又不完全懂,他会给你提很多要求。

> 比如说,像我以前当班主任的时候,只有在这个孩子特别调皮、会影响其他孩子学习的时候,家长才会提出能不能给换一个座位。现在呢,他不仅要求自己孩子旁边的人不吵,还要求同桌成绩也要是好的,有的甚至要求不要跟外地孩子坐在一起。家长也越来越难沟通,有的家长还很自私的。(柴桥实验小学教师2)

5. 对青春期教育的困惑

现在小学高年级段,男女生普遍呈现青春期的特点,心理、身体、健康卫生、性意识方面都需要加以引导,柴桥实验小学的教师对此产生了困惑。

> 六年级是比较严重的。我教过一个成绩很好的学生,考三校(北仑三所名办初中)是非常有希望的,到最后也没考进,后来数学老师跟我讲,他六年级的时候就想着找对象了,很喜欢一个女同学,学习的心思都没有了,可能这方面慢慢地有苗头出来了。
>
> 这方面的东西,家长也不知道该怎么教,老师也是比较担忧的,对班风、学习的情绪都会有影响的。这是我们比较困惑的。该怎么教我们都在探讨,和其他班主任交流。(柴桥实验小学教师1)

对于青春期的教育,学校、教师应该正视它、重视它,否则会给学生带来不良的影响。

> 上星期,我们在开展青春健康的教育沙龙活动,请了省里面的一个专家,他就提出小学五六年级,特别是女生,现在发育都比较偏早的,应该跟学生讲了,而且孩子第一次经历这种事情的时候,如果之前父母没有跟她讲,学校老师也没有给她传授,她会很恐惧的。(教育局吴科长)

六、柴桥实验小学学校文化建设未来的工作方向

1. 从物质、制度、行为、精神四方面全力推进学校文化建设

兰花校园、兰花精神、以兰育人……这些词汇总是离不开一个"兰"字，容易让人对柴桥实验小学的办学停留在"兰花"这一外显特征上。但学校文化的建设远不仅仅限于物质环境的创设，它的内涵包含多方面，具体行动也应有多个维度。为此，柴桥实验小学的下一步工作做了新的安排。

(1)物质文化上，打造"兰香"校园

> 我们已经有很多兰花了，但我们的很多绿化角落，包括走廊等等还不能很好地体现。仅仅把兰花摆在地上，走廊上有一些兰花，这样还远远不够。包括一些雕塑等建筑，在校园总体规划上我们还要进行构思和打造。（柴桥实验小学刘校长）

"以兰育人"的环境不仅仅局限在一盆盆兰花上，学校周边的自然环境、校园建筑的布局、学校的教学设备、室内陈设以及图书收藏上，都可以添入兰花的元素。

(2)制度文化上，重新修订师生常规

> 学校办学第一年我们就已经有了教师常规、师生常规，但这些教师常规、师生常规都是比较大众的，跟别的地方差不多，千篇一律，没有突出我们学校师生的特点，也没有突出我们以兰育人校园文化建设的特点。（柴桥实验小学刘校长）

不同的学校应有不同的制度规范和行为要求，制度文化是学校文化的重要组成部分，也是体现学校办学特色的良好平台。

> 根据学校的实际情况，我们重新修订了老师的常规、学生的常规。比如说老师，我们让老师自己写"作为一名柴桥实验小学的老师，最应该注意什么问题"，通过调查我们共收到了54条建议，我们对其进行整理，理出大概35条建议，再让老师根据重要不重要，最后确定10条作为规范。这样搞出来的东西更加符合学校实际，更加符合我们学校以兰育人的实际。（柴桥实验小学刘校长）

制度是人制定的，最终也是为人服务的。让教师亲自参与制定用来管理自己的规范，充分体现了民主自觉的原则，即尊重了教师的意见，又能有

效保证新制度的落实。柴实的这一举措,值得借鉴。

(3)行为文化上,塑造礼仪课程和班级文化

刘校长是个善于发现问题并积极寻求解决途径的办学者,柴桥实验小学"以兰育人"的软肋在于对学生具体行为的影响上,为此,柴桥实验小学下一步的工作,专门把行为文化提了出来。

> 行为文化,就是用我们"以兰育人"的目标改变师生行为。我们主要搞两个,一个是礼仪课堂,学生毕竟是来自农村或外来务工人员子弟,礼仪方面没有城区孩子那么懂,每天晨会课的时候,我们专门有教材发给他们,进行礼仪课堂学习。(柴桥实验小学刘校长)

> 另一个是对班级文化的关注。班级是学校的细胞,是与学生关联最紧密的集体。学校文化的影响力要真正落到实处,必须从这一细胞入手。在"以兰育人"的大背景下,各班级可以根据实际情况开展各种文化活动,把兰花精神在班级中鲜活生动地加以诠释和传授。(柴桥实验小学刘校长)

(4)精神文化上,进一步提炼关键词

兰花背后有许多精神内涵和诗意可以追溯,但具体到学校办学中,如果不分仔细,一股脑地向师生灌输,难免会有点"消化不良"。

> 精神文化方面已经有主题词了,就是"处幽谷而厚积,经融冬而吐香",但是我们总感觉我们的以兰育人的校园文化对学生来说,这个概念还是比较模糊,好像还是有点太大了。(柴桥实验小学刘校长)

为此,应该在其中提取几个最关键的、对学校文化建设来说最核心的词汇。

> 所以我们打算根据学生的实际情况进一步提炼,比方说诚信、感恩,这样的话学生可能更容易懂,比如说我们的师生如果达到了这个目标,就会是怎样的,比方说很诚信的、很文明的,这样更明确。(柴桥实验小学刘校长)

但诚信、感恩、文明和兰花精神,和柴桥实验小学的联系又如何呢?似乎没有特别关键的契合点,给人一种泛泛的感觉。这是一个瓶颈问题。

要解决这个瓶颈,柴桥实验小学必须找到相关教育理念和理论的支撑。

2. 佐藤学的"倾听教育"是值得考虑的发展方向

根据刘校长的陈述和笔者对柴桥实验小学的观察,我们推荐柴桥实验小学研究一下佐藤学的教育理论,以此作为学校精神文化建设的理论依托,以便使学校现有的以物质文化建设为主要成功之处的学校文化得以提升。作为日本著名的教育学家,他写的《静悄悄的革命》《学习的快乐》和《教师与课程》三本著作在日本影响很大,同时还被翻译成 20 多种文字在全世界发行。在开展课堂教育改革的时候,佐藤学提出一个观念:要让学生学会倾听。倾听就是教室里上课、说话时,大家都要柔和、轻声细语地交谈,要避免大声吵闹、自说自话,或者是很吵大家都听不清楚,特别是在小学,这种情况很容易出现。在这个基础上,大家共同探讨、交流,形成学习的共同体。

兰花香味很淡很远,给人一种高贵、清雅的感觉,这个可以和学生轻声慢步等行为联系起来,如果再把兰花校园精神渗透到除了节日、纯粹德育工作以外的领域,比如学校主要的工作课堂教学里,效果就会更明显,能够建立更加全方位的体系。这样的文化就能阐释学校的各种方面,包括教师的日常教学管理等。

在课堂教学方面,柴桥实验小学已经做了一些实践工作。

> 课堂教学方面我们已经开展了一些尝试。每个学科都有跟兰花文化结合起来的一些案例,比如美术、音乐学科。有些学科,像美术比较好结合,有的学科就不是很好结合,像音乐,我们有关于兰花的歌,但是具体怎么结合是比较难的。(柴桥实验小学刘校长)

课堂教学不仅仅在于内容方面,在教师的教学方法、学生的学习方法上,都可以考虑怎么把学校文化中的某些方面分解、细化出来,和一些学习理论、教学理论相结合。这样的话,对学生发展的影响更有整体性。

对教师,也可实行倾听文化,重点培养教师间相互倾听、轻声细语的沟通文化,让教师结合自己的课堂做行动研究。具体实施上,可以让某一位老师在一学期内挑一个单元,结合学校的核心文化理念进行教学设计,然后彼此交流沟通,这样氛围会比较好,教师的负担也不会很重。有了想法后,还可以用课题的方式拿出校门加以交流和推广,避免闭门造车。

从柴桥实验小学学校文化建设的经验与困惑可以看出,一个小学的学校文化建设,是学校管理者通过对学校的历史、社会环境和学校发展的需求,确定学校文化发展的基调和核心价值观,并以清晰的核心愿景、校训和校歌等表达出来,在此基础上,通过学校的管理、制度、校园环境建设,学校和教师的课题研究、课堂教学与学生活动得以落实的过程。在这个过程中,所议定的学校文化的总体定位和口号,应该是从教育研究的角度可以得到理论支撑的,并且从一开始就考虑到在各个层面可以通过什么方式落实。不然,容易在实施过程中出现理解模糊、难以落实等问题,影响学校文化的长效发展和总体文化氛围的一致性。

第三节　北仑职业高级中学:"三点两廊式人文活动轴"

一、北仑职高概况:立足校情,多维体现——我们都是职高人

北仑职业高级中学是北仑区内唯一的一所职业高中,现为国家级重点中等职业学校。学校前身为"大碶中学"和"区农技学校",创建于 1956 年 9 月。1992 年 2 月两校合并,由区人民政府命名为"宁波市北仑职业高级中学"。2006 年 9 月,学校搬迁到小港红联小浃江南路 108 号,占地面积 115000 平方米。

北仑职高设有机电、旅游、物流、服装等四大类十七个专业,其中机电、旅游和物流专业为省示范专业。学校现在有在校生 4052 人,在编教师 208 人,外聘人员 31 人。学生来源以本区为主,外来学生(来自其他区和其他省份)现有近 900 人。

北仑职业高级中学从职业教育办学特质出发,立足区域经济发展的需要,以"崇德、笃学、精技、创业"为校训,主张"植根企业、提升内涵、服务社会、促进发展"的办学思想和"民主管理、细节管理、成本管理"的管理理念,最终提出了"我们都是职高人"的口号,并从多方面加以体现。

1. 打造校园环境,形成"三点两廊式人文活动轴"

"三点"之一:富勒球——学校标志性建筑。北仑职高在学校正大门最醒目的位置放置了富勒球(见图 4-8)。富勒球是碳的同位素"碳 60"的分子结构模型,这是 20 世纪科学最伟大的发现之一,一种平凡的碳元素表现出丰富多彩的同位素,其所要表达的译意为一种极为平常的物质也能显示出意想不到的生命光华,象征北仑职高的精神——平凡的职高生,只要努力,同样可以创造辉煌人生。垫在球下的是四本书,寓意为学校正在努力营造

良好的读书氛围。下面的长方体基石上书写七个大字"我们都是职高人"。

"三点"之二："恰同学少年，风华正茂"。图书行政楼的一楼照壁，是整个校园人文空间的枢纽核心，选取了毛泽东《沁园春·长沙》手书中的"恰同学少年，风华正茂"作为点题。此创意选取领袖手书的磅礴大气，给人以一种严谨态度、浩然底蕴、非凡气度之感。在此照壁两边延伸，以精致的版式布置，刻上北仑职高的学生自勉十条和教师自律十条。

图 4-8　学校标志性建筑

"三点"之三：行政楼二楼照壁"我们的世界"。这是学生关于自己的职业生涯设计或者关于创业规划、事业创意的表达，也包括学生对于某一种职业和项目的模拟构想。总之，这里是学生充分表达和交流关于职业、事业、人生的意见的平台。

两廊之一：东长廊"职业精神"主题

图 4-9　东长廊优秀毕业生展示

（1）创业理念：以历届优秀毕业生的创业事迹创造职业化的心理环境（见图 4-9）；

（2）职业理念：著名教育家和成功者关于职业、职业态度和职业教育的语录和理念；

两廊之二：西长廊"人生态度"主题

（1）人生取向：以成功的人生格言，创造针对性的激励环境。

（2）标杆人物：选取世界上后来居上的著名成功者的精彩生平故事，激励学生积极向上。

2. 校企合作，共育人才

由于是职业学校，北仑职高和北仑区内多家知名企业建立了合作关系，从教学、管理多方面学习借鉴企业文化，让学生们感受职场氛围，为就业做好准备。

> 校企共融是我们职高特有的。前段时间我们跟三十多个企业进行商讨校企共融的合作方案,和十多家家企业建立了紧密的校企共融的政策,政府还给予了我们一些奖励。(北仑职高林校长)

校企共融既能满足北仑职高的办学需要,又能在很大程度上解决学生的就业问题,对学生、学校和社会来说积极意义都很大,北仑区政府因此大力支持学校开展这方面的工作。

根据学校的专业设置,北仑职高重点和北仑区内机械、旅游、物流、服装几大行业的公司合作,如恒源制衣、海波公司、中国制备厂、美国能源公司、本地四星级饭店等。

> 我们正在和一个马来西亚的公司洽谈合作的项目,马上还要和另一个外国公司商讨合作的事情。(北仑职高林校长)

北仑地处港口地带,经济发达、企业密布,出口加工业务很多,得天独厚的地理、经济区位条件,为北仑职高的办学提供了丰富的企业资源。

此外,北仑职高和宁波海港人力资源代理公司合作密切,北仑学生经常前往各公司参与培训实习,最后被推荐实现就业的不在少数。

> 我们学生是很受欢迎的,素质很好,我也过去考核过,像中国制备厂,也是上市公司,对我们也是非常地支持,欢迎我们随时去参观考察。(北仑职高林校长)

二、北仑职高文化建设思路:引进企业文化,创新德育模式

职高生的学习成绩、行为习惯等方面和普高学生相比,普遍要差一些。为此,北仑职业高级中学采取多种措施,让这些学生在学校期间改变自己的学习、生活面貌,成为适合企业的职业人。

1. 企业文化进学校

职业教育作为一种与社会经济发展联系最为紧密的教育类型,其培养目标的特殊性决定了职业学校必须立足社会对人才的需求,以企业的需要作为办学的目标。为了促进职高毕业生的零距离就业,推动职校与产业之间的结合互动,北仑职高积极加强与企业的合作办学、订单培养,引进生产线到校园,力争实现"产、学、研"相结合。

（1）实行班级企业冠名制

北仑职高70％多的班级现在都以企业冠名，如荣欣物流班、吉利汽车班、华朔模具班等。这些企业的人力资源部主任或干部会兼任班级的副班主任，每周进课堂给学生上课。第一年讲述企业文化；第二年把项目交给学生负责，让其以团体的形式完成；第三年让学生参加实习轮岗。毕业时，表现优秀的学生可直接进入该企业，成为正式员工。

例如，北仑职高2010级机械维修班的冠名企业是力隆公司，该班级的副班主任就是力隆公司的人事部经理李经理。作为副班主任，李经理会不定时地为该班上班队课，介绍力隆公司的概况、企业员工的待遇，企业未来的发展趋势及中职生步入社会进入企业要注意的重要事项。这对于引导中职学生如何对待就业、如何树立正确的择业观并最终准确定位自己的努力方向具有重要促进作用。

用冠名企业的公司制度管理班级，用"订单式"的方法培育人才，可以让学生了解将来工作的要求，提前熟悉和遵守相应制度，同时可以使学生明确未来的出路，了解企业需要什么样的人才，提早作好职业规划。

（2）班级学生进企业

职高学生的课程具有很强的实践操作要求，只在教室内学习，不能切实感受所学专业技能的实用性，为此，北仑职高利用丰富的企业合作资源，带领学生进企业了解本领、学习本领。

2011年12月，2011级服装营销39名学生在班主任的带领下前往班级冠名企业——申洲旗下的国际阿迪达斯工厂参观学习，该企业的负责人屠经理恰好是该服装营销班的企业副班主任。在工作人员的带领下，学生到企业各个车间参观了解。

> 这里的工作环境很舒适优雅，让学生们很向往。同学们看到工人们在包装，只见工人熟练地用仪器扫描包装好的袋子，看是否有针，检验完没有针才包装，封袋，因为在包装中有针是一件很麻烦的事，这让同学们增长了一个服装知识，同时也知道任何一个细微的举动都可能影响到整个企业的声誉。接着同学们又参观了电脑绣花，工人们手指的灵活，动作的熟练让同学们看得目瞪口呆。（北仑职高林校长）

看完这一整套的服装工序，这些学习服装专业的学生受益匪浅，也大长见识。亲临企业参加工作现场，有利于培养学生从基层做起，脚踏实地的良好职业品质,对职高学生的学习与做人给予积极导向。

2. 创新德育模式

(1)开展自信教育

进入职高学习的学生在过去的教育评价体系中处于相对较差位置,这些学生在行为习惯和心态上较多地存在这样那样的问题。为此,北仑职业高中围绕"我们都是职高人"的德育主线,通过班会、军训、礼仪值周、自主管理、心理健康教育等途径,加强对学生的自信教育。

首先,让学生对自己的未来有信心,相信职高生的未来也会很美好。

> 在家长会、学生大会的时候,我们会把合作的企业的资料放给他们看,让大家有信心。在这么多家企业的大力支持下,我们的学生不愁没地方去。(北仑职高林校长)

其次,对学生的心态、人际沟通等进行调适。

2010 年 10 月 24 日,北仑职高针对促进学生、家长、教师沟通和学生自信的培养开展了一场别开生面的"关爱心连心"活动。

"关爱心连心"是源于美国斯坦福大学开创的一种体验式学习活动,它透过一些有主题的游戏、练习以及参与者的分享,让学生、家长、老师抛开平时身份所承受的压力,去学习更好地相互接纳和关心,达到领悟有效的沟通方式,从而把三者的关系拉近,凝聚出互相关怀和热爱的精神,以打造良好的亲子关系和师生关系。这种活动从 2003 年起,已先后在香港、深圳、广州、珠海、北京等地成功举办了数百场,受到学生、老师、家长的一致好评。

北仑职高的这次"关爱心连心"也收到了良好的效果。在 7 个多小时的时间里,在 400 多名上海 CF14 义工团的帮助下,北仑职高的学生、家长、老师们通过游戏、练习、分享、对话等系列活动,互相欣赏、赞扬、关怀、信任、体谅着。他们在"搭长城"中感受着彼此的信任与支持;"转大小呼啦圈"考验着大家的默契度;"敞开心扉"分享、倾诉着生活中最开心、最烦恼的事情;"风中劲草"体会着人与人之间的信任与责任;"蓝丝带的故事"感受着父母、老师、同学间的恩情……

学生发出感慨:"爸爸、妈妈对不起!我太任性了""老师,您辛苦了,我爱你们!""今后,我的存在将是你们的骄傲"……

家长们也感触颇深:"孩子,我们永远信任你、爱你!""特别庆幸我的孩子能遇到这样一群老师"……

　　而老师也给出了种种鼓励:"你永远是最棒的!""老师相信你们一定是最好的自己""为了孩子的一切,我们一起努力"……

　　"关爱心连心"游戏中,不仅使参与各方认识到了合作和协调的重要性,更重要的是搭建了一个学生、家长、老师沟通的桥梁,增强了师生情,加深了亲情,更建立了学习自信的教育情境。

　　笔者在访谈北仑职高学生时,有一幕让人印象深刻。当时正值学校晚间活动时期,所有的学生都在操场上活动,整个校园内一直都在播放各种流行歌曲,但听起来又感觉不是原唱。一到操场,才发现原来是学生在唱。学生们一个接着一个上台拿起麦克风,唱起自己喜欢的歌,台下所有的学生都站着听他/她唱。据学生所述,这样的唱歌表演每天晚上都要上演,只要想唱都能上台。看着台上的学生镇定自若地唱着歌,台下学生不时为其鼓掌喝彩,笔者觉得这也是一种锻炼学生自信的方式,这样的活动一定会在学生的校园记忆中留下浓重的一笔。

　　(2)引入"7S"管理制度

　　"7S"管理方法是源于日本 5S 管理方式的一种管理方法,5S 即整理、整顿、清扫、清洁、素养,6S 在此基础上多了一个安全,7S 又多了一个节约。

　　　1S:整理(SEIRI)

　　　定义:区分要用和不要用的,不要用的清除掉。

　　　目的:把"空间"腾出来活用。

　　　2S:整顿(SEITON)

　　　定义:要用的东西依规定定位、定量摆放整齐,明确标示。

　　　目的:不用浪费时间找东西。

　　　3S:清扫(SEISO)

　　　定义:清除工作场所内的脏污,并防止污染的发生。

　　　目的:消除"脏污",保持工作场所干干净净、明明亮亮。

　　　4S:清洁(SEIKETSU)

　　　定义:将上面 3S 实施的做法制度化,规范化,并维持成果。

　　　目的:通过制度化来维持成果,并显现"异常"之所在。

　　　5S:素养(SHITSUKE)

　　　定义:人人依规定行事,从心态上养成好习惯。

　　　目的:改变"人质",养成工作讲究认真的习惯。

6S:安全(SAFETY)

内容:A.管理上制定正确作业流程,配置适当的工作人员监督指示功能;

B.对不合安全规定的因素及时举报消除;

C.加强作业人员安全意识教育;

D.签订安全责任书。

目的:预知危险,防患未然。

7S:节约(SAVING)

内容:减少企业的人力、成本、空间、时间、库存、物料消耗等因素。

目的:养成降低成本习惯,加强作业人员减少浪费意识的教育。

7S的管理方式主要用于企业,可以有效保证公司的生产和办公环境,良好的工作秩序和严明的工作纪律,同时也是提高工作效率,生产高质量、精密化产品,减少浪费、节约物料成本和时间成本的基本要求。北仑职高将之引入对校内环境设置、物资配备、工具摆放、设备维护等进行一系列的规范管理。

> 其实任何一种管理都是有成本的,管好了以后它会转化为生产力,实现其效益,虽然管理的前期,成本是很高的。(北仑职高林校长)

北仑职高先从要求教师开始做起,所有老师在办公室都实行7S管理,为学生树立榜样和示范作用。到了班级,落实到教室的桌椅摆放、课本的整理、教室的清理整顿等细节;在实训室,要求学生正确摆放零件,养成养护精密仪器的习惯。通过在校内各场所实行7S管理,北仑职高校园内井然有序,干净整洁,学生举手投足彬彬有礼,做事程序清晰高效,体现出北仑职高特有的企业型文化气质。

三、北仑职高学校文化建设中与区教育局的关系

1. 职业教育还需更多理解和支持

北仑区教育局文化建设方面的文件虽然都把职业学校包括在内,但这些政策大多针对义务教育和普通高中,对北仑职高不太适用。对于北仑职高,教育局还是支持以学校自主办学为主,倡导去政府化和校企合作化。和其他类型学校比较,区教育局对职业教育的投入相对较少。

> 我们的职高教育还是一个认识教育,是一个发展不完善的教育,是需要更多人去理解支持和完善的教育。(北仑职高林校长)

目前,区教育局内负责职业教育的科室人员不多,懂职业教育的更少,大多承担行政的角色。无奈之下,北仑职高的发展更多是侧重利用区域资源,比如成立行业协会、请退休员工等来服务职业教育。

2. 师资、经费配备还需改善

2010 年下半年,国家开始倡导职业教育实习免费,但是目前北仑职高的师资队伍和物质经费仍缺乏有效保障。

北仑职高是北仑区内唯一一所职业中学,承担 4000 余名学生的教学工作,但区人事局给予的教师编制较少,师资紧张。教师课业负担较重,没有时间下企业好好调研探讨,不利于对教学的反思和促进。学校采用外包方式外聘教师,但外聘教师的待遇无保障,难以找到满意的教师,保证高质量的教学。

> 我们申请的经费还没到,现在还全部都是赤字,教育局都说不用愁的,一到学校里面就连工资都发不出来,我们职业教育是免费的,既然要提供免费的职业教育,那财政的钱必须到位呀,我们的经费按规定一般是普高的 1.5 倍,去年是普高的 1.5 倍,今年是普高的 1.2 倍,但都是没有的,到了现在为止才 0.5 倍,你说我应该怎样去开展我的工作?经费其实说起来是很重要的。(北仑职高林校长)

一方面是投入不足,另一方面由于职业教育的特点,北仑职高的办学成本较高,实行校企合作之后更是如此。

> 和我们合作的企业有很多,学生也经常去实习,但我们校车只有一两辆,不开车怎么保障这些实习的开展呢?(北仑职高林校长)

四、北仑职高学校文化建设活动的评估与成效

1. 教育局的评估

区教育局学校文化建设的措施主要针对义务教育和普高教育,相应的评价标准也是如此。

> 我们到现在还没有获得过什么奖。上次有什么示范学校的,也没有被评上。标准都跟职高对不上,不可能得高分的。(北仑职高林校长)

这点笔者在访谈的过程中也深有体会,之前访谈提纲的设计主要也是针对义务教育阶段学校和普高,面对北仑职高的办学特点,本研究的提纲也存在多处不适应。职业教育是教育事业的重要组成部分,《国家中长期教育改革和发展纲要》中也专门提出要重点扶持、发展职业教育。在学校文化建设的推进、评估上,区教育局有必要进行单独的区别对待,可以根据职业教育的特点,设置不同的评价标准,前提是引起全社会的重视。

2. 学校评估

对于职业学校来说,毕业生能在未来顺利实现就业、能在企业做到表现良好,就是学校工作的最大成绩。这一点,林校长非常自信。

> 北仑这里有五个国家级的开发区,人才需求量非常大,我们学生的就业率几乎是百分之一百。前两天来了一个保险公司的营业员想招员工,他们底薪也很高的,但是我们的学生几乎已经全部就业了,所以我们只能跟他们说明年早点来。(北仑职高林校长)

3. 具体影响案例

(1)在校时:

> 本来有一个学生几乎可以用奇装异服来形容了,通过学校的教育,他学会调节以后,自己就把头发剪得符合学校的标准,而且学习的热情也提高了很多。(北仑职高教师1)

(2)毕业后:

> 我们有一个学生,原来表现并不太好,现在毕业了自己创业,还到北京去参加一个教育部开展的新闻发布会。还有好几个这样自己创业的学生,而且他们现在还会回来资助我们,资助金额都有130多万元了,这笔钱作为学生的首创基金和慈善基金使用。(北仑职高教师1)

五、北仑职高学校文化建设中的困难与问题

1. 缺乏核心的价值观和办学理念

北仑职高的办学依靠自己的育人目标和学校实际,无论是校园职业环境的布置、校企合作育人还是企业7S管理方法的引入,都无疑有利于学生毕业后的顺利发展。但学校毕竟是学校,不是"加工厂",让学校焕发出文化的气息、影响学生的内心,是办学者应该考虑的问题。

如何让学生在学习期间留下对学校的美好回忆,让学生毕业后带上北仑职高特有的文化印记,北仑职高的校长教师也在探索。

> 我们今天上午和下午都在讨论,我们学校的校园文化到底是什么,价值观是什么,我们核心价值观是什么。(北仑职高林校长)

正如林校长所言,北仑职高目前还缺乏自己核心的价值观和明确的办学理念。

2. 支持力度还不够

相对于其他中小学,职业学校的办学存在种种无奈和尴尬,不仅是在北仑区,全国普遍如此。职业教育的完善,需要政府、社会进一步的关注和投入。

六、北仑职高学校文化建设中未来的工作方向

1. 寻求高质量就业和间接性创业

在顺利实现学生就业的基础上,北仑职高提出了更高的目标,即追求高质量的就业和间接性的创业。

> 譬如说是酒店来招聘,我们也只会优先考虑五星级的酒店,普通职工都是五千(月薪),VIP包厢里是六千三(月薪)。

> 间接性的创业就是能在单位里面成为技术骨干,成为某个部门的领导,或者是持有某一个公司的股份,这就够了,也就实现了我们的目标。(北仑职高林校长)

2. 引入第三方评价

对于北仑职高的办学成绩,学校采用了许多方式进行宣传,无论是在学校向学生展示优秀毕业生资料、在家长会给家长说明,还是为企业推荐人才,都是以学校为主体进行自我展示和自我评价,在评价的客观性上会有所欠缺,为此北仑职高打算推出第三方的评价体系。

> 好不好不能自己说了算。我们想通过"六率一水平",一水平就是工资水平,六率就是就业率、家长的满意率、企业的就业率、社会的满意率等方面来做第三方评估,得出我们的学生是不是高素质的,是不是有吸引力的,这也是我们职高教育是不是有吸引力的一个很有力的证明材料。我们这方面已在建设之中。(北仑职高林校长)

3. 引入课题,打造精品社团

无论是职高生还是普高生,在义务教育阶段接受的都是同样的教育,不少学生都在那时学习了特长,普高学生由于学业压力重,没有太多精力去继续发展特长,职高生在这方面相对而言有更多的机会去保持和发展。

> 我们的学生,我可以说在小学的时候也都是有自己的特长的,比如说剪纸呀,舞龙呀,武术啊,他们中考时没能顺利进入高中,但是他们的特长仍然在,我们要为他们搭建这样一个平台,展示他们的个性。(北仑职高林校长)

北仑职高目前正在开展一个这方面的课题,叫"多彩人生,从职校起步",打算重点培养有特长的学生,引入社会上的能工巧匠、艺人作为他们的指导老师,和学校一起培养,打造精品社团,共同传承文化。同时,也做一些后续的跟踪调查。

> 我们也要调研好这些社团出去的学生对我们的高质量就业有什么影响,我们也要总结一下,我们精品社出去的学生是不是待遇更高,有什么不一样。(北仑职高林校长)

4. 深度推进校企共融

为了深度推进北仑职高和各企业的合作,林校长提出,正思考将企业中的一些体育竞赛项目引进学校,让企业员工和学生一起参与,创造交流沟通的氛围,加深校企共融。

对此,北仑职高计划在校内专门成立一个部门、组织相关人员,依托课题,如"让校企合作枝繁叶茂——北仑职高校企合作的探索",丰富校企合作的方式,培育校企共融的和谐文化氛围。

5. 探索文化立校的道路

北仑职高对学校的办学采取三步走的方略:

第一步:建立各项制度、组织机构,规范学校的办学,保障校园各方面工作和活动有序开展和落实。

第二步:依托学校实际,突出职业学校办学特色。

第三步:丰富学校文化宣传和文化活动,积淀形成学校的文化氛围。

> 一直以来我们都提倡文化立校,我也认为文化是非常重要的,从制度立校到特色立校,最后到文化立校,这是一种螺旋式的发展。我认为

我们现在处于从制度到特色的这样一个阶段,接下来我们要向文化立校这方面发展。文化历来是最高层次的。(北仑职高林校长)

为此,北仑职高详细制订了下一步的工作计划。从 2011 年 10 月到 2013 年 9 月,北仑职高计划分四个阶段实施校园文化建设工程。

● 第一阶段(2011 年 10 月—2012 年 1 月):准备阶段

此阶段主要为前期准备和课题论证,北仑职高将计划拟定《校园文化建设工程》总方案,落实课题实验人员和分工。

● 第二阶段(2012 年 1 月—2012 年 12 月):实验阶段

此阶段北仑职高将通过召开一系列实验研究研讨会,落实实验项目,完成中期研究报告。

● 第三阶段(2012 年 12 月—2013 年 5 月):总结阶段

此阶段,北仑职高各子项目教师负责搜集整体资料,拟写成子工程研究报告和工作报告。

● 第四阶段(2013 年 5 月—2013 年 9 月):结题阶段

《校园文化建设工程》的相关资料将转化汇编成各具特色的校本文化教材、论文案例集锦。

第五章 北仑区学校精神文化建设典型案例

第一节 淮河小学:一切皆有可能

一、淮河小学概况:突破重围,创新办学,一切皆有可能

淮河小学创办于 2004 年,位于北仑城区新碶街道东端,是紧挨北仑港区的一所城区小学。学校占地 15300 平方米,建筑面积 11000 平方米,现有学生 866 名,教职工 58 人。

虽然属于城区小学,但由于淮河小学所处地段偏僻,周边环境较差。学校对面即为北仑港区集装箱堆场,一辆辆集装箱车每天直接从淮小校门口驶过,使学校存在极大的安全隐患。2004 年暑期淮河开办之年,《宁波日报》刊登了一则头版头条新闻:《身陷集装箱卡车流重围,北仑淮河小学无奈定出全国少见的"校规"——家长必须接送孩子上学放学》。这一报道,让很多家长观之却步,淮河小学当年生源流失严重。

淮河小学学生中近三分之一为外来务工人员子女,家长对教育的关注程度不高,子女存在较多行为习惯问题;作为一所新生的、无经验的学校,淮河小学在本地家长心中认同感低,前景不被看好。

若按照传统的办学思路,按部就班的教学、狠抓教学质量,这样一所先天不足的学校最终很可能成为公办的外来民工子弟学校。面对此种局面,淮河小学郑巍巍校长打破传统办学思路,本着"一切皆有可能"的理念,创新性地提出"儿童即可能性"的教育哲学。

可能性教育侧重的是学生综合素质的培养,目前很多研究表明,现代人最需要的是综合素质。但在现实中,很多学生在长辈的精心呵护下,劳动意识单薄、生存能力低下、人际交往能力薄弱……所有这些,都制约着学生综

合素质的提升,不利于未来的发展。在深入分析教育现实的基础上,淮河小学白手起家,采用多种渠道为儿童可能性教育开辟道路,打造出独具特色的学校文化。

1."儿童即可能性"的教育理念

可能性是儿童最伟大之处。可能性、生存性、未来性和创造性,是人的潜能,简而言之,是"还没有"和"将要是"。"还没有"指儿童还没有成熟,还没有确定,还没有完成;"将要是"指儿童预示着未来,意味着可开发。这种可开发性意味着人永远是生成的,永远是可超越的,永远处在打破种种界限和规定的状态之中。生成、创造、超越是可能性的本质。可能性是儿童的特质,对于教育者来说,面对儿童就是面对可能性。教师要从学生的现实性中寻找与发现学生发展的可能性。寻找与发现的过程,本身就是教育的过程。教师应指出学生未来发展的最好可能,并和学生一起为实现这种可能性努力。发现不是目的,发展才是目的。可能性开发需要学校、家庭、社会有效结合,需要有海纳百川的包容性,发现、等待、捕捉、唤醒……需要敏感和敏锐,更需要对儿童的尊重,真正地解放儿童。(淮河小学郑校长)

2."一切皆有可能"的办学理念标识系统

在"一切皆有可能"的教育信条下,淮河小学确定了一系列理念标识。

(1)办学理念:为每个学生的幸福人生奠基

为每个学生的幸福人生奠基,具体体现为"一个中心二个保障三个层面"。具体而言,就是以"为每个学生的幸福人生奠基"为中心,以"为教师的职业幸福服务、为家长的亲子幸福添彩"为两个基本保障点,以"幸福地做人、幸福地学习、幸福地生活"为学校教育的三个层面;核心是培养每个学生的阳光心态,善于"体验幸福、奉献幸福、创造幸福"。

(2)校训:宽　竞　先

"宽",即胸宽,胸中有祖国,胸中有他人,宽以待人,善于与人合作,创设宽松氛围,积累宽厚底蕴。

"竞"即"竞进",引导师生面对新学校的困难各展所长,扬帆竞进,百折不回。

"先"即"敢为人先",要求师生从我做起,敢辟新路,敢立新言,敢为人先。

(3)校风:宽松   高洁   德馨

宽松是指环境宽松,思维开放;

高洁是指志行高洁,旨趣高雅;

德馨是指崇文尚德,德行馨香。

(4)教风:仰望星空,栖居大地

这是要求老师会思考,但还要踏踏实实地回归教育的本身、本质。(郑校长)

(5)学风:异想天开,脚踏实地

对孩子来说,我们首先第一步,要做到的是保护孩子的想象力、创造力,保护他的一种天性,所以我们把异想天开放在前面,然后告诉孩子们,你有你的异想天开,你有你的天马行空,但你也必须要踏踏实实地去做,尤其是在做人这一块,生活这一块,学习这一块,以及以后走上工作岗位这一块,也都是需要这样脚踏实地去做。(淮河小学郑校长)

二、淮河小学文化建设思路:多层推进,亮点频出,打造"阳光校园"

1. 多层推进校园文化建设

办学不到 8 年的淮河小学,跟那些拥有深厚积淀的百年老校相比,历史"贫瘠",但没有历史不等于没有文化,淮河小学以打造"阳光校园"为目标,从深层、中层、表层三个层面推动自己的校园文化建设(见图 5-1)。

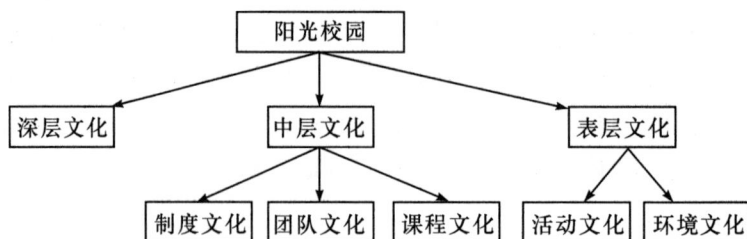

图 5-1   淮河小学学校文化建设层次

(1)深层文化建设(理念文化)——仰望星空   栖居大地   相信一切皆有可能

理念文化是学校文化的灵魂,它引领和支撑着学校的发展。淮河小学听取多方意见,从教师到专家、领导,经过多次的研讨商议,最终提炼出符合自身发展的教育理念——可能性教育理念。

深层文化可以带动和完善中层文化和表层文化。

> 我们学校现在所有的，不管是环境文化、活动文化、制度文化还是团队文化，包括我们现在省教科院、省基教处，特别推广课程文化这一块，都是在这个理念文化的引领下开展的。所以这个是一条线的，不是凌乱的，也并不是各管各的，制度管制度的，团队管团队的。（淮河小学郑校长）

(2)中层文化建设——在传承与创新中追求　在责任与融合中发展

• 制度文化有特色：扎根传统　超越传统　走向自主和谐的境界

淮河小学的制度设计以"学生自主、教师自主、学校自主"为追求，主张"最好的规范是解放，最差的规范是束缚"，在完善实施"一部二中心"（即校长室领导下的校务部、教科研训一体化研发中心和德育综合实践文化开发指导中心）的基础上，推进内部民主协商，学校每学期召开教代会，采纳群众的智慧。

其中，教研训一体化研发中心下设教师文化中心、儿童学院中心、教学实践中心、课程研发中心和学籍管理中心，颠覆了传统的小学教研训体制。德育综合实践文化开发指导中心下设快乐大本营、公益活动、港区活动、心理健康等板块，体现了以任务为中心的管理制度。

• 团队文化有活力：爱与责任　心与信仰　同享幸福的教育生活

淮河小学成长在困境中，学校的发展需要全体教师的齐心协力和共同坚守。

> 我比较喜欢看企业文化的一些内容。有一次偶尔去吉利汽车公司的时候，我看到他们李书福提出的一个冬泳论，其实我们的学校完全也是跟他们一样的，在困境中生长的，我们也完全是"在冬天游泳"。（淮河小学郑校长）

当别人都在单纯追求教学质量的提高时，淮河小学正在做着别人不敢尝试的、有很多障碍和顾虑的事，淮小的办学是一种实验，是实验就会有风险。克服风雨险阻需要团结的队伍，需要集体的力量。

> 在这样的情况下，我们就好像在冬泳，因此我们的团队文化就提出爱与责任、心与信仰，在共同愿景和价值守望中坚定前行。（淮河小学郑校长）

教学始终是学校的核心任务,淮河小学通过校本管理、校本培训、校本研究、校本评价等措施,推进教师专业化发展。同时,通过组织"德馨园"教师营养文化套餐系列活动,让每位教师参与文化讲堂、文化考察、文化论坛等活动,打造团结向上的教师文化。

> 有自我需求的教师,我会积极发展,我们更是毫不吝啬地为他们搭建所有的平台,这可能是在其他学校体验不到的。我每次有校长会议,有外出交流、培训、考察的机会,只要我能带的,我一定要带上几个老师,只要一辆车能坐得下,一定要把一辆车坐满。因为单单是我自己一个人出去吸收,我自己一个人去学习,有什么用呢,这不是最主要的方向,最主要的是让他们自己出去,获得感触。(淮河小学郑校长)

教师文化是学校文化的重要组成部分,"阳光校园"的教师,应有阳光般的心态,对此淮河小学制定了《淮河小学阳光教师文化习惯公约》:

> 教育行为习惯的主人是教师。只要这个主人能够心中有人,心态阳光,心境平和,心思向上,心怀梦想,心理健康,心向往之,就没有养不成的好习惯,没有改不掉的坏习惯。让我们一起来提倡和体现淮河小学阳光教师特有的文化习惯吧!

一、阳光心态好习惯

1. 管理自己的情绪,保持精神抖擞。不把自己的不良情绪传染给学生,更不能把自己的不良情绪发泄到学生身上。

2. 同事间团结和睦不嫉妒;同事有困难,能主动关心、乐于帮助。

3. 欣赏与赞美学生,尊重与关怀学生,帮助与激励学生。

4. 性情稳重,注重细节,语言文明,行为不粗鲁。

5. 乐于帮助同事提高教学水平,同事上研讨课时能课前帮助,课后探讨,共同进步。乐于与同学科、同年级的教师共享教学资源,同谈教学心得。

6. 引导学生在接受知识的基础上尽可能开展探究、体验、交往、实践等学习活动,不要将知识一股脑地倾倒在学生身上,不管学生是否接受。应该学会反思,不断更新教学理念。

7. 乐于帮助学习或生活有困难的学生,做到诲人不倦。不在言语或行动上歧视外来工子女,做到真正意义上的一视同仁。

8. 社会上与人为善,家庭中团结和睦。与家长交流要讲求方法,不要把对学生的不满意发泄在家长身上。学会与家长沟通,向家长传播正确的、有利于学校发展的舆论。

二、遵守时间好习惯

1. 上班时,按需要适当提前,做好办公室卫生、指导学生早读、课前准备等工作。

2. 参加会议,提前 3 分钟等候,确保会议准时开始、准时结束。

3. 课间做好上课准备,提倡 2 分钟候课,确保上课效率。

4. 准时下课,提醒学生课间休息并做好有关准备工作。

5. 因公因私离校外出自觉请假,交代课务,填好请假条。

6. 合理布置作业,作业适量适时,不超出规定时间。

三、认真办公好习惯

1. 保持办公室整洁,物品摆放整齐。

2. 办公时不串岗、不聊天、不吸烟。

3. 办公、会议时,手机改为振动方式。

4. 文明接听手机,说话不大声,不影响他人。

5. 乐于钻研教材,对执教学科知识能融会贯通。

6. 多读书、勤思考、善积累、重反思。

7. 积累教学经验,勤于动笔总结,不断提高教学艺术,做到学而不厌。

8. 开会勤做摘记,书写美观。

四、生活细致好习惯

1. 节约用水、用电、用纸,不浪费粮食。

2. 爱护公物,尽量延长公物的使用寿命,提高使用效率。

3. 讲究个人卫生,保持身心健康愉快。与同事相互理解与支持。

4. 做事情不拖拉,不三心二意,追求办事高效。

5. 有强烈的时间意识和效率意识,今日事今日毕。

6. 参加体育运动,业余爱好健康。

7. 学习养生知识,积极锻炼身体。

8. 爱校如家,顾全大局,主动合作。①

• 课程文化有创新:模块整合　自主探究　从此岸走向彼岸

淮河小学提倡用实践研究创造完善的课程文化,将学生、知识、自然、社

---

① 淮河小学网站,http://www.blhhxx.cn/news_read.php? id=21376。

会融为一体,体现情境化、人格化、系统化的课程文化主张。经过实践,淮小探索出"儿童可能性教育""阳光城综合活动""生态课堂""儿童动漫"等卓有成效的课程模式。

(3)表层文化建设——凸显淮河特色　打造阳光校园

• 活动文化促成长:儿童世界　儿童创造　让儿童回归儿童

淮河小学以培养"现代新小市民"为目标,把传承与创新相融合,扎实开展"立足社区,自主模拟,快乐体验"的德育特色活动,真正落实"养成教育""生存教育""感恩教育"。学校除了坚持利用重大节日和纪念日等开展传统各类主题教育活动,还积极开展书香校园、绿色校园、"阳光城"等创建活动。

• 环境文化显魅力:博古通今　放眼世界　让传承与创新融合

在具备与其他学校共享设施的情况下,淮河小学开设了北仑区第一个开放式书吧,拥有五彩缤纷的一年级特色教室,具有功能独特的"阳光城"演播中心,文化走廊、窗帘上呈现着古今中外的知识艺术……

走进淮河小学,所见之处都能感受各种精心布置的环境文化,校园柱子、橱窗、走廊、窗帘、墙面等都布满了各种丰富的图片文字,驻足观察,发现有许多教育名言名著(见图5-2和图5-3)。

图5-2　窗帘文化　　　　　　　　　　图5-3　墙面文化

2. 亮点1:"阳光城"综合实践活动课程——让大社会进入小学校

淮河小学周边有三个特色非常鲜明的社区:芙蓉社区是环境优美的生态型社区;牡丹社区是极具魅力的人文型社区;北极星港口社区的港区文化突出——临近东方大港北仑港。附近还有吉利汽车等知名大型企业,拥有丰富的人力资源。在充分掌握各方面情况后,淮小依托周边社区的资源优势,根据学生的天性,开发了以"特色载体构建为手段,情景模拟为形式,感恩教育为突破口,生存教育为凸显点,综合素养提高为目标"的"阳光城"综合实践活动课程,为儿童的可能性教育搭建了基地。

(1)"小市长负责制"——我们的城市我们管

"阳光城"是一个将学校和周边社区整合而成的模拟城市,里面有陶艺馆、手工坊、数码港、动漫农庄、车模馆等主题活动中心。"阳光城"采用"小市长负责制",实行公开选聘换届制,由学生自主管理。学校聘请了社区及"阳光联盟"和谐共建理事会的各单位领导和优秀人员担当"小市长顾问""小市长辅导员"等,"小市民"们在他们的培训、指导下,自主策划活动方案,常态化地展开各种丰富多彩的实践活动。

"阳光城"小市长以及各基地的负责人实行选举换届制度,淮小的所有学生都可以根据岗位要求参加应聘和竞争,大有一番"找工作"和"竞选总统"的意味。"阳光城"的各职位要求如下:

● "阳光城"小市长:要求德智体全面发展,有较强的组织策划能力。

● 教育局局长:负责人有良好的学习习惯和学习能力,要会统筹组织策划大家的学习生活,能提出建设性的学习方法。

● 安检局局长:负责人要有很强的安全意识,会组织策划切实可行的针对学生在校安全方面的事项。能培养一支会发现学生在校安全隐患并能制止学生不安全行为动作等能力的队伍。能为阳光城电视台、七色光广播站提供校园安全新闻。

● 城管局局长:负责整个"快乐大本营"日常工作的检查。负责人能够组织城管队队员进行公正、公平的日常工作检查。

● 文体局局长:负责校园文化布置,组织体育类活动。下设"阳光城"演播厅、阳光热线、负责新闻新事采集,关注"小市民"的心理健康问题等。负责人要会组织策划各类文体艺活动,并能做好宣传发动工作,组织大家共同参与。

● 劳动局局长:负责人掌握较好的劳动技能。有能力策划组织小型劳动技能竞赛。能指导帮助大家进行高效率、高质量的劳动大扫除。

● 科技局局长:负责开展科技类活动。负责人要对科技类活动十分感兴趣,能关注校内外的科技类活动。并组织大家积极参加科技类活动竞赛。熟知"阳光城"各综合实践室,能负责接待来宾并介绍各综合实践室。

● 卫生局局长:关注小市民的个人卫生和心理卫生,能做好卫生工作及各流行性传染病的宣传防治工作。

(2)三大德育活动基地:与社区共建,开展活动

阳光城根据周边三个社区的特点,设置了三个特色基地:"生态基地"

"综艺广场基地""绿色港湾基地"。

- 芙蓉生态基地

芙蓉生态基地为淮河小学与芙蓉社区携手共建的德育活动基地,下设新闻社、城管队、宣传队。

新闻社:负责开展各类新闻采访活动、收集新闻信息、进行新闻报道的编辑工作。

城管队:负责组织社区(街道)园林绿化、市容环卫等区域公用设施的管理和养护工作;负责社区(街道)方面的投诉和应诉工作。

宣传队:负责社区(街道)和学校的宣传工作(包括各类的宣传标语、更新橱窗、开展活动摄影或摄像、活动海报等),并与其他组织进行联系和交流。

其具体组织架构如下(见图5-4)。

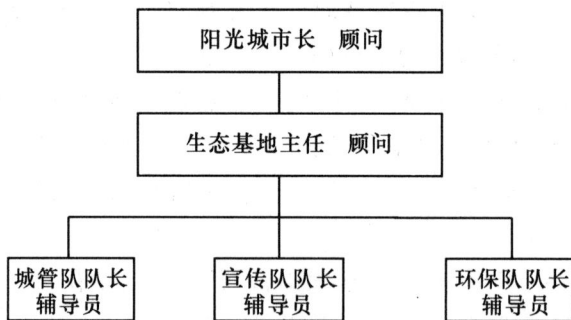

图5-4 芙蓉生态基地组织架构

- 综艺广场

牡丹综艺广场为淮河小学与牡丹社区携手共建的德育活动基地,下设以下几个部门。

体育明星队:在综艺广场开展阳光城体育特色项目,如柔道、武术、跆拳道等;

科技苑:在综艺广场开展阳光城传统活动,如风筝节、航模赛、小制作、小课题、小论文等;

影视厅:旁听各种刑事案件,开展"衙门断案"等自编自导的活动;

"小手拉大手"双语班:在综艺广场让孩子们争当小老师,把阳光城特色项目——"英语新时空""母语阅读"展示给长辈们,用自己的所学带动身边的长辈一起走进文化的时空和素养境界,创设一种良好的文化氛围。

其具体组织架构如下(见图 5-5)。

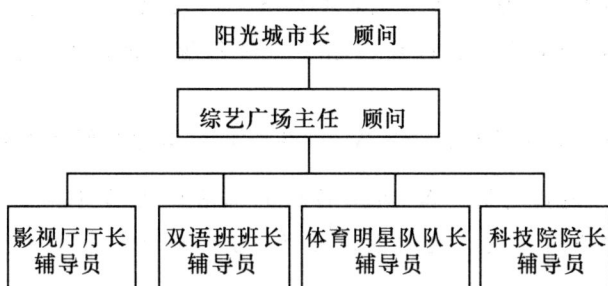

图 5-5　综艺广场组织架构

● 绿色港湾

北极星绿色港湾为淮河小学与北极星社区携手共建的德育活动基地,下设"边检站""海事局""北仑港""吉利汽车公司",学生在各单位领导的带领下开展各种模拟体验活动,不断提高自身的综合素质。

具体架构如下(见图 5-6)。

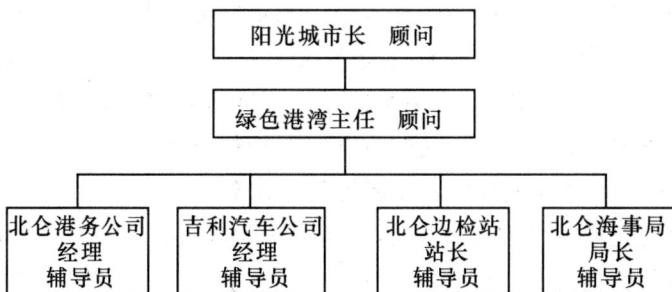

图 5-6　绿色港湾组织架构

(3)快乐大本营

学校是阳光城的快乐大本营,是开展活动的最高领导机构,学生是这个城市中的"小市民"。在快乐大本营有"小市民办公室",有"城管局""纪检局"等各种执法部门,在"小市长""小局长"的管理下,"小市民"的文明素质有了大幅提高。做操时,站得远远的是教师,捧着执法记录本的是"城管局";中午,进行卫生巡视的是"环保局",及时提出整改意见;上课铃声响起,"监督局"第一时间通知教师班级情况,并记录在案。"小市长办公室"举行的"校门口执法"等活动,整顿了某些不良习惯,净化了"阳光城"的空气。

"阳光城"综合实践活动的实施,推进了学生对自然、社会、自我三者之间联系的整体认识,发展了学生的创造力、实践能力,克服了长期以来学习书本知识的枯燥与乏味。在童话般的世界里,"阳光城"为儿童播下无限可能的种子,这对于学生学科课程的学习乃至其他方面的发展都带来了积极深远的影响。

当时有不少老师感到忐忑不安:这些活动与学习之间是否存在矛盾?

> 随后,我们的第一届、第二届和第三届学生陆续毕业,给这个问题交出了漂亮的答案。他们成绩出色,名列北仑区前茅。(淮河小学郑校长)

小学阶段的知识量单从书本来看真的不多,这一时期最关键的还是培养学生对学习的兴趣、需求、渴望和期待,培养学生日后成长必需的良好品性和习惯。淮河小学的孩子们在"阳光城"的活动过程中,不仅获得了愉悦,自信心、责任心、行动力等方面也得到了培养。校园里到处都是快乐健康、充满想象力、充满探究力的学生。

3. 亮点二:儿童动漫校本课程——让异想天开成为可能

富有好奇心、想象力和创造力是少年儿童的心理特点,若能充分挖掘和利用这种心理,可以为儿童教育创造无限美好的可能。教育的实施最终要依托课程加以实现,为此,淮河小学抓住北仑区教育局打造"数字教育"和新课程改革的契机,在数码艺术教育教学上不断探索创新,最终设计开发了能有效承载、发挥可能性教育的儿童动漫校本课程。

在动漫课程的开发与设计上,淮小从中国动画技能等特点出发,结合中国传统文化的教育资源,分三大体系进行编写,赋予不同的课程内容(见表5-1)。

表 5-1　淮河小学儿童动漫课程内容设置

课程体系分类	具体课程内容
基本技能类	写作技能、拍摄技能、Flash 动画技术、动画的基本原理及制作、手制图画本、陶艺、木艺等
历史文化类	动画的历史(中国和世界动画行业的发展及前景)及三字经故事、山海经故事、百家姓故事、千字文故事、百家文故事、历史英雄故事、三国演义故事、水浒传故事、西游记故事等
动漫创作类	电脑绘画、动画起飞、网页制作、剧本创作、卡通陶艺创造、木艺创作、场景创作、动漫音乐创作、手制图画创作等

为了将动漫元素融入所有三级学科,淮河小学还对综合学科教学作了如下调整和设置(见表5-2)。

表 5-2　淮河小学动漫元素融合综合学科课程设置

学科名称	提取课时	"动漫元素"教学内容
信息技术	各年级全部课时	重点为动漫课
语文	一、二年级周课时 1～2 节	动漫作文课(写作、阅读、识字):从三字经、西游记等故事中选材加工,创作出系列动漫剧本
数学	各年级周课时 1 节	数学研究性学习课
美术	各年级月总课时 2 节	动漫陶艺(手制图画书):利用陶艺、木艺技法,把正常的动作夸张变形,创作出让人忍俊不禁的形象
音乐	各年级月总课时 2 节	动漫音乐:进行京剧、地方戏剧(越剧、甬剧、黄梅戏)的创编,学习民族乐器,为动漫作品配乐
英语	各年级月总课时 2 节	英语情景剧教学等
体育	各年级月总课时 2 节	学习小动物的本领,如单双脚跳等
科学	各年级月总课时 2 节	"时间在流逝"等
综合实践	各年级月总课时 2 节	"弄堂里的游戏"等,利用调查访问等多种方法,了解祖国的优秀传统文化

动漫元素融入以后,其他学科都会变得有趣。在学习方面,课堂效率的真正提高,对学生会有一种真正的减负的效果。(淮河小学郑校长)

淮小的儿童动漫校本课程有针对性地为学生提供适合个体特点的可能性教育,尽可能地促进了学生体能、智能、活动能力、道德品质、情感意志等素质自主、和谐、有益的发展。2009 年 3 月至 4 月,淮河小学成功承办了由中国动画学会、北仑区人民政府主办的中国首届儿童国际动漫节。此次动漫节历时一个多月,是一场专属于孩子的动漫盛会。不论是在课堂上、舞台上还是新闻发布会上,淮小学生的表现都十分优秀。

4. 亮点三:四大板块推进主题大单元文化课程

所谓"主题大单元",是指以某一问题为核心,将多学科内容及教学方式整合成一种独立的教学样态,并与课堂教学形成联系。每个大单元都由四个板块组成:阅读板块、教学板块、活动板块和环境板块。四个板块之间相互联系、优化组合,共同挖掘、演绎大主题(一学期一主题)的文化内涵,并与家庭、社会整合成为一个富有特色的文化工程,让儿童的可能性生根发芽。

例如,2011 年下学期的主题是"感恩亲情文化节",为此,淮河小学按四个板块总体设计了活动方案:

(1)阅读板块:主要由教科研一体化文化研发中心、语文教研组、阳光联盟新家长学校具体负责。具体活动方案为学校阅读和亲子阅读推荐书目,各班根据阅读情况选择一到两本书籍,利用午间自助餐、语文校本课程等时间在班级内开展阅读活动;各语文教师制订合理的阅读计划,请学生积极撰写读后感。

> 这学期,我给孩子们推荐的书都是跟感恩亲情有关的,学生要读,老师要读,家长也要读。包括我们的文化鉴赏,让他们看韩国的影片《母亲》等,这些都是跟这个主题有关。然后我们的教师节、重阳节等节日,都围绕着感恩亲情展开。(淮河小学郑校长)

(2)教学板块:无论是课堂内的各学科,还是课外的实践活动,都要围绕"感恩亲情"展开,主要负责部门为"教科研训一体化文化研发中心"和各教研组。

我们刚刚搞了区教研活动,它给我们的任务主题是作业设计,但我们就是要让老师选择的内容跟这学期学校的大主题"感恩亲情"有关。

> 有一个语文老师上《学会看病》一课,这里面就是母亲对孩子的一种特别的爱;还有一个老师上《风筝》一课,这个是小动物之间的一种情感。

> 那数学教研组怎么样去准备感恩亲情的有关内容呢? 我说我们数学教研组不是纯粹地教给学生一种计算的方法、解题的方法,也需要有对孩子的情感的渗透,那么我们数学教研组发挥大家的智慧,一起去探讨在我们的数学课堂中怎么来渗透感恩亲情呢? 我想智慧会来的。(淮河小学郑校长)

(3)活动板块:主要负责部门为"和谐共建理事会"、"阳光联盟新家长学校"、淮河小学德育(综合实践)文化开发指导中心。

> 这一块更加不用说了,这是一系列的活动,而且我们的内容都是非常有意思的。(淮河小学郑校长)

(4)环境板块:主要负责部门为总务处,需设计艺术橱窗展示学生作品,还要利用柱子文化、墙面文化在校园内形成一个系统的"主题环境"。学生因此会对"主题"有更深的体验。

包括到这学期最后元旦前,我们 12 月 28 号会搞一个动漫音乐会,除了表演、合唱、动漫内容以外,还有颁奖过程,如十大孝子的颁奖、十大优秀家庭的颁奖,还有感动淮小十大人物的颁奖,这一系列都是与本学期的感恩亲情有关的。(淮河小学郑校长)

在学校老师里面我们会评出最爱微笑的老师,最有奉献精神的老师,最宽容的老师等等。11 月份评完后,12 月份我们会完成他们的视频拍摄,最后展示所有感恩亲情的成果,这台演出的重点将在于提炼学校的活动精神,表达对师生的一种认可、鼓励,最后是感谢。(淮河小学郑校长)

5. 亮点四:"阳光七彩卡"评价机制——让成功体验尽情释放

孩子的快乐成长需要不断的肯定和激励,需要积极导向的评价体系。单纯以分数为标准的、终结性的评价方式早已被许多人所诟病,淮河小学以"激励"为宗旨,重视学生的情感、态度和价值观变化,独创了"阳光七彩卡"评价机制。

按照彩虹的七种颜色和评价内容,"阳光七彩卡"分为红色德育卡、绿色学习卡、黄色体育卡、蓝色美育卡、白色体育卡、紫色心理卡和代表最高荣誉的"阳光七彩卡"。每位学生通过自己的努力,获取单类卡各 1 张,即可获得更高层次的"阳光七彩卡"。凡获得的卡都可以兑换成"阳光币",以虚拟价值参加"阳光城"内所有相应的活动,比如去动漫农庄参加劳动,去图书馆借书,在"六一"节换取自己心仪的小礼物等。

这种评价机制在主体上采用了自评、他评、家长评和教师评结合的多元主体评价,不同主体在评价中占有不同的权重。在评价标准上,又采用了单向评价和综合评价相结合的方法,

"阳光七彩卡"打破了以智育定优劣的评价思维,将德、智、体、美各种教育的地位平等化,使学生的表现不局限于学业方面。"小市民"有了成功的目标后,自然有了好好学习、认真负责、帮助他人等优秀品德养成的土壤。每到学期末,淮小少先队大队部会根据阳光七彩卡的累积量,在学生中评出"阳光好市民"。

6. 亮点五:唯一的自动化班级——外来务工人员子女班

2010 年,北仑区的一所外来务工人员子女学校——新新小学,由于拆迁合并,学校学生被分流到北仑区各公办小学。淮河小学接纳了其中的 27 名

外来务工人员子女,这些孩子即将升至小学五年级,学生成绩很不理想。

> 他们学习这一块,考试到我们这里来时都是 5 分、10 分、15 分(百分制),都是个位数了。(淮河小学郑校长)

同时,这些孩子还存在行为习惯、个性素养等各方面的问题,在考虑诸多因素之后,淮小并没有将这些孩子插到其他班,而是为他们单独成立了一个外来务工人员子女班,并让学校资深、优秀的班主任丁老师带班。

> 当时我对丁老师说,不要有太大的学习压力,让他们快乐,他们难得到我们这里来,要让他们的童年快乐。我们不能保证他们上初中以后会怎样,至少到淮河小学以后,我们要像对待其他孩子一样对待他们,不要想着跟并行班比较教学质量这一块,不要给他们压力。(淮河小学郑校长)

对这些孩子,淮小同样让他们参加了"阳光城"的活动,把儿童动漫课教授给他们。一年以后,这个班给了所有人惊喜。

> 一年后,我们全区五年级统一考试,试卷统一批阅,这个班的孩子成绩超过了另外两个班,在 5 个平行班已经排到了第三位。

> 我可喜欢上他们班孩子的课了,很率真很天真!孩子美术课画的东西,多有创造力想象力啊!他们来调研儿童动漫课程的时候,我专门挑这个班让他们来听课。电脑软件要做的 Flash 动画、引导线什么的,所有这些软件,一年中,他们从原来一点都不会用到现在是熟练得不得了。我们也没有另外多的时间让他们上机操作,一周就这么 2 节课时间,但他们在动漫课上制作的作品,十分精神,让老师们都很感慨。(淮河小学郑校长)

这个外来务工人员子女班不仅在学习上展现出无限的潜力和可能性,一年时间下来,他们在行为习惯、个性素养上也大大改善,成为了淮河小学唯一的自动化班级。

> 吃饭不要老师带,做操不要老师带,老师不在纪律也很好,作业都会自己布置,甚至老师不在他们还会自己上课了,真正的先学后教。老师怎么上课他们都已经知道了。(淮河小学郑校长)

这个带有传奇色彩的班级,是被怎样的班主任带出来的呢?带着好奇,笔者访问了该班班主任丁老师。

> 笔者：您的班级是学校里唯一的外来工子女班，同时还是一个自主管理的班。您在带班的过程中遇到了哪些困难和问题，又是如何解决的呢？

> 丁老师：怎样的困难？我好像也没感觉到太大的困难。

> 接到这个班级以后，首先第一个，是要让孩子们感觉很自信。我这么对他们讲："你们到了一个很美丽的学校，一所团结奋进的大家庭，从老师到校长都特别地关爱你们"。然后，我向他们介绍一下我是怎么样的一个老师，"我是因为爱你们，所以来接你们这样一个班级"。让孩子们感觉到，我们班级这一群是很好的好孩子，来自祖国各地，将来都要回家乡的，将来都要回去建设家乡的，肩上担负着很多的责任，让他们自信。

> 他们的家长很多都不识字，家庭作业我从来没让他们去签字，我只对家长提了这样一个要求：在家里跟孩子讲一句话——你进了一个好学校，遇到一群好老师，捕捉到这么一个机遇，不要白白浪费。我跟家长说，你不了解我，虽然你感觉不到我是怎么样的一个老师，但是我现在希望你们配合我的就是讲一句话，跟孩子们讲，你遇上一个好老师了。至于我最后是不是一个好的老师，最后你自己来决定。

丁老师是个友善、负责的老教师，面对这样一个班级，她用自己的爱心和真心来感化教育孩子们。

（1）通过课堂给孩子充分的自信和肯定

丁老师对学生的影响主要是从课堂入手，结合教学进行。通过细致观察，看到学生有什么动态，寻找合适机会加以阐发。

> 他们讲课错误蛮多的，但在我眼中，只要他们能讲，能大胆地，不管讲的什么，我都会特高兴。

> 学生回答问题错了，我也会表扬。"我打个比方，比如说有好多路，四五条路，有条路可能是捷径，但是你走的这条路可能是荆棘，这个路可能是不通了，但是你去走过了，别人就不用走了，你回来告诉老师那里都是荆棘，别人就不会去走了，那你不是立下功劳了吗？后人为什么能走出一条捷径呢，就是因为你探索了这条路，你是一个勇敢者，我们对勇敢者为什么不欣赏不赞美呢？这条路可能是荆棘丛生的，这条路

可能是小溪挡路的,这条路可能是大山挡住了,你勇敢地去探险,我们就抱着对探险者敬佩的、羡慕的眼光去看你,所以孩子们,你们都是很勇敢的,首先我丁老师就很欣赏。"

　　我课外作业布置得很少很少,唯一要求学生的就是上课的时候眼睛必须要看着我。我的关注点也蛮多的。我有的时候稍微提醒一下他们:"眼睛看老师",当然他们的眼睛就会看我了,目光集中到我身上。学生回答问题讲完以后,我会马上表扬他,"同学们我们要谢谢谁啊,邓子祥,他提醒了老师,太棒了,很好。"有学生眉头一皱,我从他的表情上马上发现这个问题,马上说,"告诉老师你在思索着什么?"学生可能只想到一半,回答不下去了,对这个问题还有疑问存在,我就把问题放开,让同学们一起讨论,就是一直不断地解决问题⋯⋯

正是用自己的教学智慧和循循善诱、充满感染力的语言,丁老师激发了孩子们的学习兴趣、培养了孩子们的学习习惯。

(2)密切关注学生的心理动态,寻找适当机会给予回应

外来务工人员子女除了学习方面的困难,在心理、个性上会存在一些不完善的地方,需要教师细心加以引导调整。

　　比如说我们班里的一个女孩子。她在文章里面写到,她恨她的母亲,说她妈妈身体不太好,好像是不太好治的病,爸爸的身体也不是太好,但妈妈的病比较严重,一直在做化疗。她家是外地打工来的,父亲收入也不多,母亲还这样,所以当她知道以后她恨妈妈,"为什么不早点说,为什么不早点去治⋯⋯"我在她作业里面看到后,没有直接去找她,而是在一次讲课文的时候,我把这样一个内容渗透了进去。我讲了我自己的例子,我说我也是在我不知道的时候失去了母亲,失去母亲以后我才真正感觉到这种思念亲人的痛苦,我说的时候蛮动情的,眼泪都流下来了,那孩子坐在下面也含着眼泪。我知道那一次对她触动很大,我讲到一点:"尽孝要趁早。""有的时候要理解父母的这一片爱心。"她蛮懂事的,在那里听着,眼睛看着我。

(3)对学生耐挫能力的培养

丁老师认为孩子毕竟最后要踏上社会,可能不会一帆风顺,可能会遇到挫折,应该早早给他们作一些铺垫。

我现在考虑我们班的孩子日后可能会有一个比较大的落差。他们现在有一个这么优越的环境,小学一毕业到初中,他们可能会回家,也可能到哪个民工子弟学校,又是截然不同的一个环境,他们又要从这个环境当中转过来去适应,所以我趁早给孩子们作一些铺垫。有时候我就跟他们讲,如果你进入中学后,感到迷茫,失意了,要及时回来和我联系。

还会慢慢教给他们一些踏上社会后的能力,比如自学的能力,让他们自己去学。原来要选个班干部选也选不出来,现在选班干部,有一大批同学都可以当,慢慢地组织能力也提高了。

其实也就是这样点点滴滴地给他们灌输,慢慢地一步一步做,看到学生的表现后及时地表扬,及时地鼓励,诚心把他们当作自己的孩子。

外来务工人员子弟班级和其他班相比,有着各种不同和劣势,但丁老师凭着自己的爱与智慧一一克服,用真情欣赏孩子,用真情换取了孩子们的信任和进步。

三、淮河小学学校文化建设与区教育局的关系

1. 与区教育局的政策不谋而合,有些甚至超越了政策

在访谈淮河小学的过程中,郑校长清晰、创新的办学思路和出色的总结表达,让人佩服。在她的引领下,淮河小学的学校文化建设无论在环境、制度、教学、综合素质活动还是其他各方面都始终贯穿着"可能性教育"的主线和灵魂,使淮河小学成为北仑区教育局学校文化建设的窗口学校。

区教育局政策的出台很多是和淮河小学不谋而合、通道并驰的,淮河小学在有些地方还超越了政策层面,郑校长带领团队按照自己的教育哲学在探索实践。(教育局吴科长)

2. 学校的难处得到区教育局的关心和帮助

(1)经费方面的支持和协调

我们搞一个活动,政府部门、街道、教育局都会给我们一些资金,企业也会给予支持。(淮河小学郑校长)

虽然经费来源挺多,但学校文化建设是一项耗资的事业,淮河小学大力打造的阳光城、动漫城更是如此。

你去看我们的"数码港",搞一下可能需要四五十万元,我们的一个"动漫农庄",搞一下可能需要七八十万元。说实话,我们都是先欠着钱做事情的,包括今年暑假做的事情,资金到现在还没有到位。现在我们的报账员经常会跟我说,"校长,学校的账户上又出现红灯了,中心说不能再报销了,没钱了",所以施工的人每天到我这里来讨钱。

那我心里的定位是这样的,这块东西资金到最后还是要到位的,最主要的是要为学生搭建自己的平台。(淮河小学郑校长)

淮河小学是北仑区学校文化建设的典型,区教育局对淮小的发展十分重视,在经费上积极与街道等协商,努力为淮河小学争取充沛的办学资源。

(2)解决学校选址问题上的努力

学校门口来往的集装箱车,让家长始终对淮河小学有安全上的担忧。为此,北仑区教育局也尝试解决这个问题。

我们教育局对我们这一块是非常的支持。我们胡局长来的时候都会打电话给相关部门说,"你们来看看,用什么方法解决……"我们也曾经尝试通过人大等来解决。(淮河小学郑校长)

虽然目前淮河小学的这一困境还未改变,但教育局积极寻求解决方案的诚心鼓舞、感动了淮小。

我非常非常感谢我们的老大,我们胡局,我非常地敬重他,因为学校有这样那样的一些困难,提出以后,他都是非常支持的。(淮河小学郑校长)

在这里,校长对教育局局长的称呼"老大"体现了一种发自内心对教育局领导的感谢,这也体现了北仑区从区域层面对学校开展学校文化建设的重视、鼓励和支持。

四、淮河小学学校文化建设活动的评估与成效

1. 教育局的评估

(1)成绩斐然,区级、省级、国家级奖项不断

在北仑区教育局组织的各个评比、展示中,淮小都积极参与,并获得了令人钦佩的成绩。

这些对学校的发展很有用,各个活动比赛,获奖了,至少对老师这

个团队当中有精神的鼓舞,对学校的评价方面也是有积极的作用。(淮河小学郑校长)

去淮河小学调研之前,笔者就对这所学校有所耳闻。除了北仑教育局领导干部对它的一致认同外,各种报刊新闻中也都报道过它。浙江省创新型学校、浙江教育厅教科研孵化基地(浙江教育科学研究院)、浙江省数码艺术培训基地、浙江省示范学校(第五批)、"可能性教育"被列为国家教育部重点课题……淮河小学的名气早已越过北仑区的范围。

(2)发展的目的不是获奖,是培育具有淮小文化特质的儿童

随着学校的进一步发展,淮小对评估得奖的看法也在改变。

> 原来的时候可能有定位,就是非要得奖,成绩方面比较看重,这个也是因为作为一所新生的学校,希望有这样的一种认可,希望社会能够对学校有一种认可,在兄弟学校和这个圈子里,淮河小学也需要这样的认可。
>
> 但是现在慢慢的,我的心态调整到:我们要参与,我们要认真地做,有了这个过程之后并不是非常看重成绩。因为非要看重成绩的话,老师也会很累。
>
> 所以现在参加任何评比活动,我对参与的指导老师这样说,通过了就可以,比原来进步的话更好。(淮河小学郑校长)

现在淮河小学的重点开始回归到对学生的发展与影响上。

> 像儿童动漫这一块,可能原有的时候会参加各级比赛,去获奖。现在我对指导老师说,你当中的过程必须要关注创意性和儿童性。我要看学生每一堂课的作品,我要看学生在平时、社团里面的作品,我要看老师的作品有没有儿童性,有没有创意性。去参加比赛,我们现在可以把它放到第二位。
>
> 我们最主要的目的是通过这样的课程建设,通过这样的活动,能够凝练出具有我们淮河小学文化特质的儿童。他/她具有独立精神、创造精神、观察能力等各个方面的能力。我们希望我们的孩子出来都能落落大方,自主大胆、有创造力和想象力,这样的一种儿童文化特质,才是我们最终的目标。(淮河小学郑校长)

的确,学校文化建设的目的不应是为了某项政绩或评奖,在独特学校文

化的影响下,孩子身上被赋予的优秀文化特质及未来的可持续发展才是文化建设应该追求的成果。

2. 具体影响案例

　　建设学校文化,要把一些散落的珠子全部串起来。这些散落的珠子有学生、有老师、有家长,还有社会上的和谐贡献理事会、共建单位。(淮河小学郑校长)

通过师生、家长、社会、企业的共同努力以及对困难的共同应对,淮河小学的办学成果不断呈现,各界在参与淮河小学可能性教育共建的过程中也受益很多。

(1)共建企业

　　淮河小学阳光工程实施以来,对我们企业来说,双方有一种互动。我们企业以阳光工程为平台,让学生从小了解、接受整个钢铁冶金工艺的过程;同时,我们企业通过阳光工程的实施,也在为社会承担一些社会责任。(宁波钢铁有限公司来先生)

(2)共建社区

　　阳光城综合实践中心不仅仅是淮河小学作为学校特色教育的一个亮点,其实也是我们社区作为社区教育的一个亮点。它是我们市民素质社区教育点,因为在阳光城综合实践中心,不仅仅让孩子学到了书本以外的知识,也更多地让我们社区居民、学生家长学到了很多的知识。(芙蓉社区党委贺书记)

(3)家长

　　从这六年的学习中,我们的孩子真正得到了阳光教育,包括他们的学习、生活和素质的培养。阳光教育不仅仅是在学习上、学科上,在这所学校里,我的孩子参与了学校举办的所有活动,如动漫、陶艺、劳技课等。孩子不是死读书,他收获的不单单是学习上的成绩,更是生活上、成长道路上的一份财富。(淮河小学家长1)

　　我的孩子是从一年级来到这所学校的,到今年已有四个年头。在这所学校里她学到了不少的东西,自从来到这所学校后,她的自信心慢慢增加了,平时也会帮我做做家务劳动,比如拖拖地、洗洗碗,有时还会帮我洗洗衣服。因为我的脚曾经受过伤,在我受伤的时候,是她每天在照顾我。因为她说"妈妈,老师在学校里已经教过我很多东西,要爱爸爸、爱妈妈……"作为家长,孩子能有这么大的发展,我很感动、很开心。(淮河小学家长2)

> 我是低年级孩子的家长,我的孩子到这里已经快两年了,我最大的感受是我的孩子一天比一天快乐,我也会经常问他:"你在学校里面愉快吗?"他就告诉我:"我们学校有阳光城,我可以在那边玩很多东西,可以学到很多东西。"他觉得跟同学在阳光城里很快乐。(淮河小学家长3)

从刚办学时的生源流失和普遍不被看好到今天的一致赞同,淮河小学这几年的发展得到了社会各界的见证。富有哲学的办学理念和创新踏实的建校举措,使淮小短短几年间扭转了被动局面,赢得了家长和社区的支持与信任,并成为学生学习和成长的乐园。

五、淮河小学学校文化建设中的困难问题

1. 选址问题和安全隐患永远是一种艰难和挑战

> 当时建校这一块,是房地产公司搞的,比较仓促,在学校选址方面完全是一个错误,门口是集装箱的通道,具有很大的安全隐患,到现在为止家长都很害怕。

> 对于区政府来说,考虑到北仑区的经济,集装箱通道搬走会影响到北仑的经济发展。因为毕竟集装箱通道建造在前,学校建造在后的,所以很多东西我们也要理解体谅。

> 无法改变就只能适应,淮河小学要在这样的困境中成长发展,必须比别人付出更多,才能获得在社会的影响度、认同度。(淮河小学郑校长)

2. 绩效工资的出台影响了教师工作的积极性
在绩效工资改革之前,淮河小学对于教师绩效有一个独立的评价机制。

> 比如在教师"精神营养套餐"、教科院孵化基地,我们专门有个文化创造内容,教师参与这块内容会有物质和精神上的鼓励,奖金额度是比较大的,教师都能积极参与学习文化这一块。(淮河小学郑校长)

绩效工资改革出台后,情况发生了改变。教师出现了这样的心态:"每

多做一份工作都需要物质上的保障","我干吗要比别人多做事呢?"

> 绩效工资唯一的错误就是把工资分成了70%和30%,应该把70%的这一块作为百分之一百,让每个人都能享受到,你没请假或者怎么样都能享受到;另外30%,应该是作为一百以外的。现在老师认为,这个70%和30%是作为一百以内的,我都要拿,你多拿了的部分就是在拿我的钱。(淮河小学郑校长)

对于绩效工资,笔者在采访中多次听到校长们的抱怨,大多数教师由于新的工资改革制度影响到了工作积极性,但教育局也很无奈,国家这个制度的出台,本身初衷是好的,是为了提升大家工作的积极性,就像为了提升学生综合素质培养的学生素质加分制一样。但一旦加以落实,便出现了"参加活动就是为了加分""做这份工作就是为了绩效"等心态,背后的原因有很多,政策的制定者、政策的执行者、指向群体的心态、整个社会氛围等会牵扯其中。

3. 对于学校文化建设,教师团队内部也会有分歧

> 有的老师认为,我这样平平淡淡地教教书就可以了,这些是属于出现高原期的老师,但这样的老师可能在教学质量上把关还是蛮好的,在班主任管理的经验上也是蛮好的,也是我们自己校内的骨干教师。我们也不可能非要让他/她参与到学校文化活动中,所以并不是全体的老师都要参与到我们这个孵化的内容当中来。(淮河小学郑校长)

教师群体中总是存在着不同的年龄层次、文化背景和教育理念。按照传统的评价要求,学生的学业成绩是学校发展的根本立足点,同时随着课程改革和北仑地方教育政策的实施,学生的综合素质、学校的文化内涵等也被日趋重视,学校本身就担任着多重育人任务,教师群体存在不同的育人倾向也很自然,有的侧重教学质量,有的侧重学生素质发展。作为校长,在用人上应采用多种智慧协调好教师的任务和关系,整合、带领团队朝共同的办学目标前进。

4. 在中国教育大环境下,对应试教育、分数至上的无奈

虽然现在整个社会、相关教育部门对学生综合素质的培养日益重视,对学校文化建设的关注也开始增多,但从整体来看,长期的应试教育还是主色调。

> 现在从上到下,到高中到大学,评价一个人的方法最终也是脱离不

了分数两个字。这方面我们学校还是很薄弱的，因为我们学科先天不足，学生生源方面不是很好。（淮河小学郑校长）

淮河小学的综合素质教育特色鲜明，成效显著，但是在目前的教育大环境下，学生发展的关键还是取决于学业成绩而不是综合实践能力，现有的评价体制、升学体制也主要关注分数。

这种应试教育给许多学校带来无奈，包括我们学校，学生上了六年级就跟原来不一样了，上综合实践课就开始没那么完美地完成作业，心里面想的是考试分数、考重点初中，这不仅仅是北仑的现象。（淮河小学郑校长）

对此，很多人都与郑校长一样无奈，但不一样的是，淮河小学仍有自己的坚持和追求。

很多社会盲目的、物质性的现象，不是我们一个学校、一个小环境能够改变的，我们只能做着一些微薄的事情。我们无法改变一个教育的大环境，还是要尽自己的所能去改变自己教育的小环境。（淮河小学郑校长）

六、淮河小学学校文化建设未来的工作

1. 更新学校环境布置，希望能更大气

北仑区教育局对各校学校文化建设的推出实行三年发展计划，三年间各校的环境文化、活动文化等方面必须有新的更新和成果。上一个三年，淮河小学出色地完成了任务。下一个三年，淮小对自己提出了更高的要求和设想。

在过程中，我们一步步对自己的环境文化觉得不满意，现在如果有资金支撑的话，我们想让环境文化能够像我们的活动一样，一年改版一次，那样对孩子来说会有更深的印象。

我们的柱子文化、墙面文化、窗帘文化有时候也在改变的，但是在整体的设计上可能改变一下需要很多的资金。

综合楼这一块，我自己感觉不喜欢了，最好是能够更加大气一点，能够重新布置下。但是搞一搞，经济上面还是有蛮多的牵制的。（淮河小学郑校长）

2. 下一个三年的重点是沉淀与思考

淮河小学前几年的发展取得了引人瞩目的成果,每年来淮小参观考察的省内外学校、机构、学者、社会各界人士有很多。面对越来越多的参观团,淮河小学开始婉拒,打算在办学的第 3 个三年沉下心,着重长时间的沉淀与思考。

> 我们希望能够静下心来,把前几年的东西沉淀后,思考怎么样能够做得更好、更扎实。我们打算在原有的基础上生成创新,而不搞其他新的花样。所以第三个三年,是时间的沉淀。淮河小学办学到现在,有三个三年,各有不同的变化,第一个三年是属于摸索的过程,由生长到创新;第二个三年是从创新到超越,第三个三年我们要进行一个时间的沉淀。(淮河小学郑校长)

从淮河小学的学校文化建设的历程可以看出,淮小的学校文化建设过程是一个校长和教师不断开展教育行动研究的过程。学校初创时期,淮小的学校文化建设主要侧重于以阳光城为特色的物质文化、制度文化和相关的行为文化建设,并在此基础上增加了动漫城的建设。在运作一段时间初见成效之后,校长和教师们经过学习和思考,结合儿童哲学,提出了"一切皆有可能"的儿童可能性发展哲学,并将它打造成为学校的精神文化的核心理念。这一精神文化通过学校校长和教师们的努力,又与学校的物质文化、制度文化和行为文化的变革紧密结合起来,使之渗透到学校文化的各个方面,并促进课堂教学的变革和课程文化的变革,最后落实到学生的多方面发展和教师的专业成长。

在淮河小学,可以看到学校的整个氛围是一体的,学校做的每一件事情、每一个课题、每一节课堂、每一个活动都和它的精神文化交融,形成了一股震撼人心的力量和对学生形成潜移默化影响的教育环境。

访谈临近结束时,郑校长对我们说:"凡是进入淮河小学的学生,我们都要尽自己所能,给他一个快乐的童年,这是我们必须要做到的。"正是出于这个简单而又崇高的教育理想,郑校长带领着淮河小学全体师生走出了一条创新的办学之路、智慧的办学之路。

第二节　蔚斗小学:"适性"教育

一、蔚斗小学概况:历史悠久,理念先进——全面发展、培育素质的传统流传至今

蔚斗小学创办于1927年,是一所有着深厚历史、人文底蕴的学校。

1. 蔚斗校史

1927年秋,同盟会成员、革命爱国人士唐爱陆得到地方开明士绅的赞助,将小港蔚斗庙庙产征作学校基金,筹资创办了初级小学,学校命名为"小港私立蔚斗小学"。为了更好地管理学校,唐爱陆组成由地方人士以及一部分旅沪实业家参与的第一届校董会,亲任董事长,并聘请唐盛全先生为蔚斗小学第一任校长。办学之初,唐爱陆就明确提出,要把蔚斗小学办成一所有特色的学校,要培养学生成为有理想、有才能、有爱国思想的青年。因此,他所聘请的教师多为具有爱国思想和革命理想的进步知识分子。

创校之后,蔚斗小学逐步建立了一支以共产党员为骨干的进步教师队伍。历任教师中不少是中共党员,大部分教师倾向革命,业务水平较高,如吴沛宁、阎季平、周鸣宇、王玉清、张起达、贺灏群等,左翼作家林淡秋也曾任教师。在1936年抗日救亡高潮中,前后两届毕业生多数奔赴抗战前线。1938年8月,中共镇海县工作委员会在蔚斗小学建立。

正如蔚斗校歌中唱的,"砥砺品学,锻炼体魄,深功从蒙养"。自建校以来,蔚斗小学一直重视学生德、智、体全面发展,新中国成立前在全县会考、学科竞赛、运动会中蔚斗小学均名列前茅。抗战前期,蔚斗小学学生在抗日宣传、组织群众识字等活动中都极为活跃。抗战后期,蔚斗小学培养了一大批青年学生直接投身革命,学生汪波、乐秀逵等还为革命事业壮烈牺牲。新中国成立后,蔚斗小学校友又为保卫祖国、建设新中国继续作出贡献。

1949年5月25日,小港解放,蔚斗师生夹道欢迎人民解放军。同年9月3日,蔚斗、伏波、养正3所小学合并,定名为小港小学,此后校名几经改换,1987年5月正式复名蔚斗小学,时任国防部长的张爱萍将军题写了校名。2003年9月,蔚斗小学迁至今天的鹰山路新校舍。

现在的蔚斗小学占地面积21497平方米,建筑面积13332平方米,现有

32个教学班,教职工99名,其中专任教师69名。

蔚斗小学建校80多年来,虽几经多次历史变动,但学校的文化传统一直保存完好并得以传承。

> 到现在为止,蔚斗小学的最早的小学的校园还在,它是宁波市的文宝基地。我们30年代的校歌还传唱至今,是文言文的。现在蔚斗小学一楼大厅陈列着整个学校的校史,每个孩子都知道创办人是谁,他有哪些故事,蔚斗小学为什么叫蔚斗,蔚斗小学有哪些故事,蔚斗的校歌,校歌的释义等等都知道。我觉得这个也是蔚斗小学比较有特点的地方。现在拆迁比较厉害,北仑区的许多小学经过了多次的分割,分分合合。而蔚斗一直没有分过。(蔚斗小学严校长)

2. 蔚斗教师的风格传统

此外,蔚斗的教师群体一直流传着独有的处事风格和问题思考方式。

(1)实在

> 在蔚斗小学,只要是留在纸面上的事情那一定是做过的。唯一有可能的是,我们做了事情没留下痕迹,这是有的。但是一旦留下痕迹了,那就一定是做过的。(蔚斗小学严校长)

(2)团结、顾大局

> 这个我做校长感受非常深刻。比如说现在某个老师对我意见可大了,很不理解校长的某种做法。他就跟我来谈怎么样怎么样,但是一旦有客人来,他就会说:"哦,校长那你忙,我赶紧去了。"他觉得学校的事情最重要。(蔚斗小学严校长)

如敬业、实在、团结、顾大局、廉洁(不接受家长宴请),一直如此没有改变。"文化大革命"出现历史的断裂,历史不清晰,20世纪80年代以后重拾原有的文化传统,并发扬光大。

(3)清廉

> 我们学校的老师从来不接受家长的宴请。他们会觉得,"我不能跟你坐在一张桌子上,我跟你坐在一张桌子上了,以后我就不能好好批评你家孩子。"这个真的是不用校长多讲。可能是受我们前几任校长的影响,我们的前任校长汤老师,就是一个典型的文人。(蔚斗小学严校长)

3. 蔚斗的育人传统

蔚斗小学办学以来,一直秉承学生的素质培养,注重学生的全面发展。

> 我看了下我们的校史。蔚斗小学初办的时候,聘请的专职教师全是上海师专、上海体专、上海艺专、江南师专毕业的,所以它的音体美教学是非常强的。这样一个规模不大的学校,在当时的运动会里可以年年拿第一名。(蔚斗小学严校长)

蔚斗校歌中提到的"砥砺品学,锻炼体魄",表明这所学校从一开始就制定了全面育人的目标,而全面发展的目标是培养学生良好的素质。

> 在人的素质发展的过程中,首先人的品性要良好,第二要有健康的体魄,此外还要有很好的审美情趣。这是蔚斗小学多年来一直在坚持的。(蔚斗小学严校长)

随着时代的变迁,蔚斗小学的学校文化,中途因为一些历史原因("文化大革命"等)出现过断裂。

> 我不知道那个历史是怎样的,到现在为止也没有去研究过。从我们的历史沿革中可以看到,那一段是不清晰的。(蔚斗小学严校长)

20世纪80年代以后,蔚斗小学开始重拾自己的学校文化和内涵,不同时期蔚斗的办学理念也出现了变化。

(1)1997—2000年:"全面发展"

> 1997年的时候,贺校长提出要全面发展。他认为上好每一门学科,让每一个学生都有所发展,这就是素质教育。

> 当时我记得有人问他,你们学校的特色是什么,他很有底气地说没有。人家就很奇怪,你怎么就没特色? 他说我真的没特色。但是你要说学校什么很薄弱我倒也真的没有。我觉得每一个地方都应该做好,每一个学科都应该建设好了,这就是我做校长的责任,他就是这样理解"全面"。(蔚斗小学严校长)

(2)2000—2008年:"全面+特长"

时代在发展,如果学生很全面但是没有特色、没有特长,可能到社会上也会不够自信,于是学校开始通过培养每个学生的特长来促进学生的成长。

(3)2008年至今:"适性教育"

当时我接手以后就提出一句口号,"让每一个孩子有一个值得回味的童年"。那么这个"值得回味"应该怎么去定义呢? 那就是自信的、快乐的、幸福的吧。

当时我们学校有一个社团活动,每天有 40 分钟时间让学生自由选择,到自己喜欢的社团中去活动。我们学校搞得很彻底,名气比较大。搞了社团以后,家长、社会对我们的评价很好。因为现在的家长也不一样了,他们觉得孩子应该有适合自己兴趣发展的一方面,这个最好不要在家里完成,而是在学校里完成。我们的老师也是这样,他们觉得在学校里应该有一块时间是学生自己可以选择的。学生选择了以后,兴趣爱好得到了发挥,就自信了,也就喜欢学校了,喜欢学校就喜欢学习了,成绩也好了。就这样我们一年一年走下来,最后提炼出了"适性教育"的理念,到现在为止,是提出的第二个年头。(蔚斗小学严校长)

蔚斗小学校长的教育理念烙有明显的时代印记。20 世纪 80 年代,整个国家都非常注重学生的学业成绩,每一门功课的成绩对所有学校来说都非常重要,因此蔚斗把"全面发展"理解为上好每一节课,也在情理之中。

到了后来,国家教改又逐步提出"素质教育",学生各方面的发展都很重要。在此背景之下,各个学校开始关注学生学业以外的发展,提出了发展特长等理念。

党的十七届六中全会"文化大发展"战略的提出,对学校文化建设的重视已成为大趋势,北仑区教育局推出的校园文化文件政策正符合这一大方向,有些甚至在走在了前面。作为区内学校,蔚斗小学积极探索自己的文化灵魂,"适性教育"的提出是传承的结果,也是新时代背景下的应时之举。

二、蔚斗小学文化建设思路:适性教育的多维实施

"适性教育"就是教育要眼中有人,不能光看成绩。每个孩子在天性、个性上都是不一样的,学校是学生天性探索、个性张扬的一个空间,因此没有最好的教育,只有最适合学生发展特点的教育。开展适性教育,应该渗透到学校的方方面面。(蔚斗小学严校长)

以此为引导,蔚斗小学本着"弘扬个性、挖掘潜能、适性成长",从多维度入手,演绎"适性教育"。

1. 合适的课程

学校应该提供给学生适合的课程,这个课程不是说我改变国家的给我们的教材,而是在使用教材的过程当中学校应该有自己的创造性。发挥教师的创造性的作用,让教材适合于我们的学生。为此,我们实行国家课程校本化,地方课程主题化和校园课程多元化。(蔚斗小学严校长)

(1)国家课程校本化

国家课程体现着国家意志,校本化则体现着学校理想。蔚斗小学的国家课程校本化将国家课程的实施和学校文化定位、教师个性发展、教研团队创建、课堂教学改革有机融合,针对学校学生特点和优势,挖掘教学资源,关注学生学习兴趣和需求,使教学过程成为师生共建课程的过程。

比如在语文课程的校本化实施中,蔚斗小学首先以过关的形式对语文课程标准化进行校本化处理,将语文国标的阶段目标细化到具体年级段,每学期进行相应的语文基础知识和技能过关,一年级有拼音、朗读、握笔姿势等过关,二年级有写字、识字、朗读等过关……其次,蔚斗以集体备课、教研会诊、骨干展示、同课异构等教研方式对语文教材进行了校本化处理,主要包括对教材进行诸如补充、拓展、重组等适当性的处理及教学方法的加工,使之更适合学生的需要和能力的形成。最后,结合校园文化,蔚斗对语文资源进行整合,开展经典诵读、图书漂流、校园文化推广等,把校内外的各种学习资源有计划地、及时地引进语文教育教学之中。

(2)地方课程主题化

地方课程是地方各级教育主管部门根据国家课程政策,以国家课程标准为基础,在一定的教育思想和课程观念的指导下,根据地方经济、政治、文化的发展水平及其对人才的特殊要求,充分利用地方课程资源而开发、设计、实施的课程。综合实践活动课是新课程计划中规定的一门实践性的必修课程,它是由国家设置、由地方和学校进行开发实施的,具有整体性、实践性、开放性、探究性和自主性。

我们将地方课程、综合实践活动有机整合,以主题形式呈现,从学校的层面统一规划和落实综合实践课程内容,通过与学校德育工作、校园文化建设、社区少先队等有机结合,扎实有效地促进学生综合能力和素质的提高。根据学校的实际,把学校的地方课程整合成四大主题,开

展综合实践活动:分别是"学会感恩""传承历史""关爱自然"和"珍惜生命"。(蔚斗小学严校长)

具体到实践,蔚斗小学每个年级都有符合该年龄段的相应活动,主题的深化呈螺旋式上升。

(3)校本课程多元化

校本课程的开发是相对于国家、地方课程开发而言的。国家、地方课程主要是针对全体学生的共性,难以照顾到学生的层次性、差异性。校本课程以学校为课程开发的基地,以学校特色为课程开发的活动基础,以学校教师为课程开发的主体,由学校自主规划、设计、实施和评价课程,以达到与学生个性发展需要相适应的目标。

从学校的实际出发,根据人的个性发展的需要,我们开发了适合儿童个性潜能发展的社团课程70多个,参与的学生达到100%。(蔚斗小学严校长)

把社团课程化是蔚斗小学一个十分出彩的办学特色,丰富多彩的社团为学生们的适性成长提供了良好的舞台。随着经验的积累和制度的逐步完善,蔚斗小学已形成、确定了一套严谨系统的社团课程开发和实施制度。

• 社团课程内容设置:满足学生多元化发展需求

学生的发展是课程的出发点和归宿,决定社团课程内容设置的重要因素是儿童的兴趣与需要。蔚斗小学以"兜乐苑"为大本营,按照加德纳的多元智能理论开辟了五大门类的社团(见表5-3)。

表5-3 蔚斗小学"兜乐苑"社团课程分类

兜乐苑	洋洋爱心坊	绿色小卫队、心理沙龙苑、天天广播社等
	乐乐阳光营	红领巾电视台、阳光站、绿色养护、编织社等
	美美俱乐部	彩虹舞蹈队、"越韵"戏剧社、丝竹民乐队、雪花合唱队、飞扬电声乐队、笙乐队、墨香亭、水墨社、塑形苑、篆刻室、七彩阁、光影社等
	思思研究社	生物馆、南鹞北鸢、English Valley(英语谷)、飞向蓝天、编程社、机器人室、围棋室、象棋社、扬帆碧海、无线测向、七巧板等
	动动俱乐部	快乐乒乓、娃娃腰鼓队、"动感"机械、欢乐鼓点、小小球星、田径队、羽翼飞翔等

●社团课程运作管理:在规范中体现自主

(1)成立组织。蔚斗成立了两个组织,一个是以校长为核心的社团校本课程开发与实施领导小组,由学校中层领导共同参与课程总体决策和管理建设;另一个是学校社团课程审定委员会,以教导部门为中心,由各学科骨干教师组成,审定各门社团校本课程的申报、确定校本课程开发项目等。

(2)课程申报。在对学校内外资源、学生需要、教师兴趣特长等全面调查分析的基础上,蔚斗制定了社团课程开发指导纲要。

教师根据纲要,面对五大课程分类思考"我能开出什么课? 我开的课学生需要吗,喜欢吗? 适合哪些学生参加? 开设这门课的意义和目的是什么"等问题,在分析之后,教师可填写《社团课程申报表》,交由学校社团课程审定委员会审定通过后实施。

(3)选择课程。每一个蔚斗小学的学生都有自主选择社团课程的权利。鉴于低年级学生兴趣广泛、对个人需求不明的实际情况,可以让孩子和家长一起参观各社团活动情况,使其在充分了解的基础上达成个人意向,自主选择合适项目。学生还可以根据需要提出申请选择"退社"或"换社",学校社团课程审定委员会可根据实际情况进行调配。

(4)招新互动。社团成员的确定是双向互动的,当学生达成选择课程的初步意向后,对照社团招聘要求,为能进入该社团进行充分准备。学校统一安排时间,举行大规模的"社团招新会",各社团指导教师、社长大力宣传本社团营造氛围以吸引社员,而孩子们带着自己的申请单奔向心仪的社团应聘,如果第一志愿应聘不成功,立即转向第二志愿喜欢的社团。

(5)场地调配。确定社团项目和人员后,学校要为每个社团提供场地和设施。本着集中管理、充分利用的原则,蔚斗把专用教室开辟出来作为社团活动大本营——兜乐苑,添置每个社团必需的设备。社团教师和成员发挥自觉能动性,齐心协力把社团教室装修得充满特色,发挥环境文化的隐形教育作用。

(6)课程实施。社团课程属于选修课,蔚斗小学打破班级授课制,为兼顾"满足需求"和"培养特长",设置了"草根式社团"和"精品型社团"。"草根式社团"以兴趣爱好组团,满足学生发展需求;"精品型社团"激发学生潜能,让有特长的学生更优更特。在社团活动时间安排上,要根据各社团特点,安排有些社团天天活动,如体艺社团;有些社团每周一次活动,如心理活动,护绿小卫队等;也有些社团是在特定时间临时组织并活动的,如小导游队、马灯队等。

　　●社团课程的评级激励:在全方位中体现过程性

　　形成和创新基于儿童适性发展的社团评价和激励机制是社团保持持久生命力的保障,全方位的社团课程评价包括对各门社团课程建设和发展的评价,对社团指导老师的评价和对学生适性发展的评价三部分。

　　(1)对课程的评价

　　看一个社团课程建设,除了横向比较外,还要对该社团的纵向发展进行比较分析,除了看该社团的比赛成绩,还要看该社团课程的受欢迎度,从学生的学习反馈、成果展演的效果等进行全面评价。

　　(2)对教师的评价

　　主要是对社团式校本课程教师开发与实施的评定,包括开发方案、教学准备、教学方式、教学成果等方面评价,这有利于促进教师自身专业的发展。评价以教师自我评价为主,同时重视学生、家长、教师同行、校长对教师的评价。评价方法有调查问卷、现场观看和案例评析。

　　(3)对学生的评价

　　学生评价要遵循分散渗透性和形式多样性原则——评价不仅要关注活动的成果,更要关注学生活动的过程。要注重分析学生在活动过程中不同体验和活动后的感悟以及对活动的建议和新的认识,将终结性评价和过程性评价有机结合。评价的目标要力求多元化,评价的手段要力求多样化。鼓励学生自我评价、小组互评、全班互动、教师评价,同时,还可以有成长档案袋、展演展评等评价方式。

　　蔚斗小学的社团课程系统和大学的社团活动几乎类似,自主选择社团、组织社团、对社团成员的管理等,但仔细分析,大学参加社团是在个性特长"已成形"的情况下进行的,在大学社团更多的是发挥已有的个性特长,重新学习、培养某种兴趣、特长的可能性不大。而蔚斗的社团课程,则为孩子们根据自己的性向选择未来发展道路打下了基础。

　　2. 合适的校本教研制度

　　　社团进入课程之后,还要有人去实施。我们只有通过教师专业的提升,才能真正把这个合适的课程落到实处,所以我们就提出要有合适的教研制度。(蔚斗小学严校长)

　　(1)从"会诊式行动研究"到"三人行"合作研究

从 2009 年起我们一直在思考:如何将我们的主题研究更深入? 如何让更多的教师参与? 如何发挥每一位老师的特长? 基于我们学校教师良好的合作氛围,我们推出了"三人行"合作研究。(蔚斗小学严校长)

所谓"三人行"合作研究,是从教师的专业化发展需求出发,由 3~4 人组成教学研究小组,根据研究主题(即小课题)开展理论学习与课例研究评析研究。通过"群体预设—实践验证—交流反思"三个环节,打造出一支具有高专业素养、独特教学风格的教师队伍。"三人行"合作团队的组成,加强了教师之间的交流与对话、沟通、协调与合作,让不同年龄结构、不同认知水平、拥有不同理念的老师共同成长。

(2)立体化实施的教学常规

2010 年,我们正式提出了教学规范的立体化实施,即通过"在线交流,行为改进—课题调研,过程监督—年段过关,质量监控"三部曲来优化学校教学常规管理方式与策略,将校本教研贯穿于教学活动的全过程。

●在线交流,行为改进

为使教学常规行为进一步得以改进和落实,2010 年蔚斗小学试行利用教育博客这个平台,以"在线交流"的形式研讨部分教学常规。活动分为观点陈述—体会交流—行为改进—实施总结四步骤。几位青年教师承担一个主题,从发起议题到总结,认真主持好研讨活动。其余老师积极参与,以跟帖或发布日志的形式对专题发表自己的意见或介绍经验,在研讨及实施过程中,改进教学常规行为。

●课堂调研,过程监督

蔚斗小学领导班子有一个约定俗成的规定:每周至少进一个课堂,听一堂常态课,了解一个班级学生的学习状况。校长更是将每周三定位"课堂交流日"、让每一位听课者都手执一份《"课堂常规调研"记录表》记录课堂行为,对教学目标的定位、教学内容的选择、学生的课堂表现、教师的课堂调研等做真实的记录、客观的评价。

●年段过关,质量监控

为了更好地推进学校教学改革,更多地关注学生学习活动,蔚斗小学将过程质量调研纳入工作视野。以过关活动为载体,结合学校实际,在原有语数学科的基础上,蔚斗小学把英语、科学、音乐、体育、美术等学科纳入过关范围,考查学生必须掌握的基本理论知识与相应的实践技能。

(3)为教师搭建"适性成长"的平台

新教育认为,让学生快乐学习的前提是教师快乐工作,只有自信的教师才能培养出自信的学生。为此,学校要努力帮助教师寻找闪光点,搭建各种舞台,促进教师获得成功、塑造自信。

> 来我们学校参观的专家和教师一直赞赏:一所农村小学竟能开出70多个社团,而且每天坚持40分钟! 同时也有疑问:这所学校的教师为何如此多才多艺? 没有报酬,教师为何有如此高的热情?(蔚斗小学严校长)

答案很简单:在社团课程的打造中,教师的个性发展需求得到满足,职业成就感得到提升,社会地位得到认同,这一切都有利于教师自我价值的实现。蔚斗小学不仅积极鼓励教师报名申报社团,还尽一切可能为他们提供资金和平台支持,学校采用"自己寻找、教导处搭桥、学校买单"的方式送教师外出培训学习。

> 比如送合唱指导教师参加全国及省里的合唱培训,送陶艺指导教师到江苏宜兴学艺,帮助戏剧指导教师加入区越联会……(蔚斗小学严校长)

合适的教研制度有利于为学生提供合适的学法,蔚斗小学全面系统的校本教研制度,为教师的成长提供了动力,为学生的发展提供了支撑。

3. 合适的校园文化环境

学校是一种文化存在,每一个角落都应该具备教育的功能、传递文化的气息,在赏心悦目的浸润中实现文化的内蓄。

> 我们认为校园环境文化也是一种课程,应该和学校所有的学科结合在一起。我们的每一个地方都可以说出是基于哪个社团建设的,或者说是基于哪一门学科的。陶艺作品是陶艺社团的,摄影作品是摄影社团的,你刚才看到的小菜园是我们生物社团和园艺社团的。在学校里每个孩子喜欢的学科是不一样的,有的孩子喜欢体育,有的孩子喜欢语文。我们应该为每一个孩子在学校里创设一个自己喜欢学科展示的地方。所以每一个老师都应该充分地把这块地方利用起来,为自己的学科争夺领地,争夺粉丝。(蔚斗小学严校长)

无论是静态还是动态,外显还是隐性,蔚斗小学校园通过精心布置校园环境,为学生打造"自信校园""宜学校园"。

(1)自信校园

在蔚斗小学一楼大厅,除了校史陈列室还设置了"小荷尖尖"和"一池春水"(见图5-7)静态展区和"豆豆小舞台",为孩子们的个人风采和社团活动提供展示平台;每个楼层设置了"校园红黄蓝"展区,作为学生行为习惯评价及社团展示窗口;在各个楼道,都能看到学生的作品(见图5-8)。通过这种多样化的物化平台,蔚斗小学让学生在校园文化中找到自己的身影、培育自信,并且因为自信而喜欢学校,爱上学习,爱上老师。

图5-7　"一池春水"展示学子风采

图5-8　楼道学生社团作品展示

(2)宜学校园

为了创造适合学生学习的校园,蔚斗小学的很多环境布置都别具匠心。

在蔚斗小学的花坛里,我们看到了各种农作物的身影,学校的绿地也成了一门课程(见图5-9)。

在蔚斗小学的楼道里,我们看到了一个开放式的书吧,各种各样的书本陈列在书架上,学生可以随时拿来看(见图5-10)。

　　笔者:这样书本不会丢吗?

　　严校长:也会有丢的情况,但是不能因为一两个学生的问题而因噎废食,对吗?所以,我这就是给学生一个机会。

　　那天宁波教育学院的教授过来,他说:哎呀,你们每个教室的门怎么都是打开着的?很多学校,比如说社团的教室里面有很多很好的展品,门都是关着的。但是你去我们学校的社团教室楼,整幢楼的每个教室都可以打开,我们都是开放的。那么他说你们教室有这么多陶艺作品没有学生来拿啊?我说大家习惯了,每天都开,习惯了就好了。

　　这些举措体现了学校对学生的信任和包容，校长认为，教育的前提是对学生抱有善的念想，相信孩子是好的、是可以发展的。这样的理念、这样理念下的环境会让学生切切实实地觉得学校是学习的地方，是充满爱的地方。

图 5-9　花坛里的蔬菜

图 5-10　开放式书吧

4. 合适的班级文化

(1)合适的班级活动

　　以学校"适性教育"大理念为主线，蔚斗小学各个班级以班队课为主要载体，积极开展适合本班的主题活动，形式上既有周期性的大活动，也有一次性的小活动。

　　例如，2012 年 3 月，蔚斗小学 605 班举行了为期一个月的"书香班级，阳光少年"主题活动，活动内容丰富，形式多样。

　　首先，在班级美化的布置上，班级专门设置了"浸润书香，品味经典"的好书推荐角；墙上挂起了世界地图，让同学们放眼全世界，胸怀大志；第一期的黑板报更以"中国少年儿童幸福成长宣言"为主题，让同学们明白什么是真正的幸福成长。

　　其次，班队课的开展更有主题性、计划性和可操作性，围绕"书香班级，阳光少年"这个主题，605 班班队课策划小组制订了五周不同的班队课活动方案。如，第一周班队课为"我们的梦想"，旨在让学生通过制作书签，把自己的理想写在上面，以这种形式展望自己的未来。接下来几周分别为"回忆幸福的童年""阳光少年启动仪式""阳光少年竞选活动"和"给母亲的问候"。

　　经过一个月的活动实践，605 班级"书香班级，阳光少年"主题活动目标得到一步步落实，在总结活动经验的基础上，主题活动还可不断反思和创新。

　　相比较高年级活动的系统性和目标的深刻性，低年级主题活动的形式更加简单与生动。2011 年 12 月 202 班的一堂班队课以"我爱早晨，天天健康"为主题展开。

这次活动前,小朋友们事先借助各种工具,查阅了一些关于早餐的资料,并在班级里开展了关于自己早餐问题的调查活动。

班队课上,学生通过自己表演小品,拍摄吃早餐的不良习惯的视频录像等形式,进一步了解了吃早餐的重要性,以及怎样搭配早餐更有营养。活动中,班主任还启发提醒了学生吃早餐时应该注意保护环境,少食油炸食品,拒用一次性盒子和爱惜粮食。

各种形式的主题活动,让蔚斗小学的孩子们学到了许多课本以外的知识,在锻炼实践动手能力的同时,也受到了潜移默化的品德教育。

(2)合适的班级制度

> 任何事都要经过制度的规定,制度的落实才能真正地达成,我们现在就提出要有适合的制度。(蔚斗小学严校长)

学校制度涵盖的范围很广,从事务上有教学、后勤、办公等,从主体上有教师、学生等。学校的主体永远是学生,和学生在学校的成长关系最密切的是班集体,建立合适的班级文化制度是蔚斗小学适合制度的关键。这方面,蔚斗已作了很多探索,涌现了很多亮点。

• 独一无二的班级中队名

> 我们的班级不是101、202这样的,我们是什么中队什么中队什么中队。比如说小蚂蚁中队,从一年级到六年级都不会变。(蔚斗小学严校长)

不同的学校有不同的文化内涵,不同的班级也有不同的特点,用自创、独一无二的、反映班级个性的名称代替传统的数字编号,可以让孩子们更容易对自己的班级产生认同,日后回顾小学时代时,学生也更会有归属感。

603班"威威虎中队"(见图5-11):

> 威风凛凛、虎虎生威那可都是属于我们的形容词,从虎头虎脑的小娃娃到现在生龙活虎的少年,我们渐渐地长大,但不变的是一颗属于603中队的心,真是"团结友爱无人比,互帮互助须记牢"。

> 班主任寄语:花季的年华,花样的笑容,放飞无瑕的心灵,为我们的青春添上鲜亮的第一笔。我愿意快乐着你们的快乐,幸福着你们的幸福,在第二个"家"里因为彼此而感到骄傲!

506班"小海鸥中队"(见图5-12):

图 5-11 威威虎中队(603 班)

图 5-12 小海鸥中队(506 班)

浩瀚的大海上,有 41 只勇敢的海鸥在拼搏,广袤无垠的大海就像蔚斗温暖的怀抱,将托起明天的太阳,让我们不断前进、前进⋯⋯

班主任寄语:41 名孩子就像 41 只勇敢勤奋创新、团结乐观、顽强拼搏的小海鸥,充满朝气、充满灵动。在这里,有知识的甘露任你吮吸,有思维的天空任你翱翔,有智慧的宝库等你开启;在这里,让我们共同留下前进的足迹,留下深刻的思考,留下深厚的情谊。这里是我们放飞梦想的乐园!

● 合适的班级规章

我们要求班级布置的时候必须要有足迹的班规,这个班规必须是学生制定的。只有学生参与了,他们的民主的意识才会得到锻炼。我觉得我们在学校教育过程当中要非常注重培养学生的民主意识,否则我们的学生会缺乏独立的人格。(蔚斗小学严校长)

蔚斗小学某班级班规:

小小约定

懂得用嘴角微笑

学会用耳朵聆听

知道用小手帮忙

体会用心灵理解

（3）合适的班级环境

合适的校园环境文化应该渗透到每个教室当中，为此蔚斗小学推出了班级环境文化评比活动，引导班主任根据本班特点，布置"自信班级""宜学班级"。

蔚斗对各班环境文化的评比分为两块，首先是班牌的设计，即班级吉祥物图案、设计意图、集体照和班主任寄语；其次是班级的室内布置，包括墙报黑板报、对角布置和教室生态绿化等。学校评委将从班级物品整洁有序（2分）、生态绿化（2分）、队角规范性（2分）、内容的教育性（2分）、书香氛围（2分）等这些因素去考虑打分各班环境文化状况，共计10分。在此要求和指导下，各班班主任带领学生发挥智慧，精心布置属于自己的"适性教室"。

例如，蔚斗小学二年级5班就有一个专属于学生自己的"平面舞台"。这是二（5）班班主任为了展示学生个人才艺所设置的，就在教室的墙壁上。"平面舞台"展示着学生的书法、美术作品、优秀日记、手工制品等等，还有个人专栏板块用以介绍班内优秀学生的作品和个人事迹（见图5-13、图5-14）。

通过这个展示平台，学生们发现了彼此在学习、艺术等方面的优点，有利于他们相互欣赏，相互学习。（蔚斗小学严校长）

图5-13　205班学生书画作品展示

图5-14　205班学生美术优秀作品展示

三、蔚斗小学学校文化建设与区教育局的关系

提起北仑区教育局对学校文化建设的支持，严校长口中满是赞叹。

我说句实在话，我们教育局的领导真的是非常好。我刚刚从北师大回来，可以说接触了来自全国各地的校长，各地学校呈现出不同的分类，我觉得北方学校非常注重统一，南方学校强调个性，东西地区又形成经济背景下的文化差异。很多校长和我说起办学时遇到的种种困难,我说我从来没有遇到像你们这样的事情,我觉得我们教育局非常好。(蔚斗小学严校长)

1. 教育局制度公开透明

在北仑教科所的网址上,笔者看到很多区教育局出台的校园文化政策制度,非常有规范性和操作性,给学校的具体实施做了公平公正的导向。

> 比如说我们的奖励经费,你配电脑报百分之多少,每个学校都一样的,我不用跟局长去搞关系。(蔚斗小学严校长)

在学校特色项目建设上,北仑区推出了50%的报销比,只要符合特色项目建设要求,就可以申报,这个大手笔的财政支持政策大大促进了区内各校创设学校文化特色的积极性。

> 学校的社团建设现在要造一个北仑区的基地,这个算我们的特色,我校现在已投入了大概30多万,报告打好给局长看,"那这个是不是我们的特色啊,成绩也出来了,学生也培养了,都上了焦点访谈了。"局长说算,那我比如用了50万他就会给我25万。(蔚斗小学严校长)

公开透明的政策,有利于各校埋头干事、踏实办学。

2. 教育局领导充满教育家的情怀

> 我们教育局的科室长真的很有教育家的情怀,让我们觉得不这样做都对不起局长。(蔚斗小学严校长)

领导的魅力对于下属工作和团队建设具有潜移默化的作用,作为教育局的领导,教育局领导具备的教育家情怀可以为校长办学提供精神激励。

> 每次开校长会,我们的胡局都会对我们的理念进行一次次提升。有些时候我们想懈怠,不想搞了,胡局一通讲话我们就好好干了,就积极有激情了。(蔚斗小学严校长)

正如约翰逊所指出的:"在变革过程中,教育局长……是变革过程的参与者,要提出担忧的问题,表达期望,询问问题,鼓舞士气,提出建议并坚决主张进行变革。"①北仑区教育局长在学校文化建设方面，就扮演了这一积极的角色。

> 我们很多活动的操办，教育局科室长都会给我们提供一些思路、建议。比如上次学生要搞社会实践活动，我们让领导帮忙叫人，他很好心地一个个打电话帮我们联系好，这其实是学校大队部的事情，他都很积极主动地帮我们。（蔚斗小学严校长）

3. 教育局给予学校充分的实践自主权

北仑区教育局虽然有公开透明的制度，但在具体操作上并没有硬性规定每个学校必须在文化建设上做什么，重在以政策鼓励学校，为学校提供相对宽松的办学环境。

> 我觉得我们教育局这一点是比较好的。教育局领导在主题思想上、理念上会对我们不断地进行引导，但是在具体实施过程中又给了我们相应的权利。我觉得教育局对我们很支持，也很宽容，所以我觉得在北仑做校长很幸福。（蔚斗小学严校长）

4. 希望多给予学校"走出去"的机会

如果说需要改善的话，我觉得局里面还可以多组织我们校长外出到名校参观学习。我还是出去比较多的，我都不好意思老去啊。人家就想你怎么这么爱跑，又到什么地方去了，其实我都是有组织有目的地去的。（蔚斗小学严校长）

通过多走出去看、多走出去听，可以对学校文化的建设有更深层次的了解，也可以少走些弯路。

> 毕竟说见多识广真的是很重要的，否则我们就是闭门造车了。我们自己去有时候联系不到好的名校，人家也不愿意接待我们，所以还是需要局里出面组织。（蔚斗小学严校长）

---

① 转引自［加］迈克尔·富兰著：《教育变革新意义》（第3版），赵中建等译，教育科学出版社2005年版，第179页。

四、蔚斗小学学校文化建设活动的评估与成效

1. 教育局评估

(1)校园文化示范学校评选

三年一计划、两年一评估已经成为北仑区教育局对各校学校文化建设情况的主要评选方式。蔚斗小学以其扎实新颖的"适性教育"文化,被列为北仑区教育局第一批校园文化示范学校。

(2)"可看可听可参观"的标准

> 我们局长天天在大会上讲,每个学校都要可看可听可参观。局长每个学期都回来好几次,前几天刚来过,他每次来都仔仔细细看一遍。他觉得有变化了,就"蛮好蛮好"这样讲,没变化他就要说,怎么三年都没变化。(蔚斗小学严校长)

通过亲身参与,区教育局对各校学校文化建设进行细致的考察和温馨督促。

> 局里领导不会在大会上或考核评价上对你进行批评,这个我觉得蛮好的。他会亲自到你们学校来提醒。(蔚斗小学严校长)

2. 学校评估

开展"适性教育"的学校文化建设之后,蔚斗小学的办学出现了多方面的改善。

(1)教师教育理念的提升

严校长指出,开展学校文化建设的最显著成效是教师的理念发生了变化。

> 首先是更加尊重学生了。比如以前哪个学生语文成绩不好,语文老师会在体育课的时候,把这个学生留下来给他补课。以前在老师的印象当中这种行为是很好的,我都牺牲休息时间给你补课,再好不过了吧。但是现在我们老师不是这样的,他们会觉得把学生留下来是一件不好的事情,这个不应该。因为对学生来说这节是体育课,他应该上体育课去,这是他享有的权利,你不能剥夺。
>
> 第二是开始全面地看待孩子。"可能他的特长恰好在体育上没在语文上。你补一辈子语文都补不出一个刘翔,但是让他去上体育课就

说不定就成刘翔了,对吧。"(蔚斗小学严校长)

在开展"适性教育"的过程中,蔚斗小学一直强调这样一个理念:每一个孩子都有自己的行为方式,每一朵花儿都有盛开的理由。在丰富多彩的社团课程中,学生们不同的特长在不同的社团里都得到了精彩发挥、物品,教师们在过程中对学生的看法发生了改变,对学生的激励方式也发生了变化。

> 现在他可能会说:"你跑步既然可以跑这么快,为什么作业不能好好做呢?"原来是反过来说的,"跑什么跑,就只会跑……"现在是激励性的语言了。(蔚斗小学严校长)

教师用赏识的观点看待孩子,也和蔚斗小学对学生评价方式的改变有关。

> 我们制度里规定:要确保每一个孩子一个学期有一张奖状,就是要让每一个孩子都发现自己的优点,也要让老师看到每一个学生都有闪光点。同时我们也让老师注意到,其实一味的指责是不起作用的,你只有欣赏他了,也就是心与心之间的距离近了,我们的教育才会眼里有人。(蔚斗小学严校长)

教师的教育理念直接影响教育行为,教师的教育行为直接影响学生,蔚斗能在应试教育仍占主导的现实下,把"适性教育"的理念如此深刻地灌输到教师心中,实属难得。

(2)学生的学习成绩不降反升

> 那天有个校长跟我讲,那成绩怎么办?我说你为什么老盯着成绩啊,成绩当然要,不是说我开展这个活动就不要成绩了,但是你有没有想过,难道开展了这些活动就一定没有成绩了吗?你好像就不愿意往前迈一步,就觉得开展了这些活动就生存不下去了?你就不会考虑置死地而后生吗?(蔚斗小学严校长)

目前中国的教育正慢慢开始转型,随着《国家中长期教育改革与规划纲要》的推出和新时代家长育人观的逐步改变,相信应试教育的局面最终会改变。作为办学者,要敏锐地捕捉时代的变革,找准新教育的方向。

> 没有一个老师是不要成绩的,这是他们的底线,这是你做校长首先要明白的一点。我今天和老师们说要去搞野炊,每个老师都拍手赞成。

难道他们会想,校长这么爱搞活动,我上课就可以抛掉了吗?绝对不会。他会加班加点把课堂搞好,不让成绩落下。(蔚斗小学严校长)

实际上,通过"适性教育",蔚斗小学在丰富多彩的社团课程中更自信、更快乐了,这种自信和快乐会自然地迁移成为孩子对学习的热爱,对学校的热爱。这样的孩子怎么可能学不好呢?这点从近几年蔚斗小学招生的火爆情况就可以看出,许多家长想方设法把孩子送进名气越来越大的蔚斗小学。

3. 具体影响案例

蔚斗小学的班级活动十分丰富多彩,而且每个班级各有特色,这些活动在充实学生业余生活的同时,也丰富了他们的精神世界,还能借此培养学生的自信和能力。

(1)班级达人秀的表演明星

我们班有一个达人秀节目,我看电视有这个节目,觉得理念挺好的,可以让学生展示个性,那我就说提出班级达人秀活动,举行了两场,即初赛和决赛,效果很好。

有个小朋友叫冯家伟,他在节目里特别突出。他家里父母是做生意的,没有时间管他,对他完全放任自由,原来他在寄宿学校读书,一年级在混合寝室里经常受人欺负。刚转学过来时性格有点怪,他嘴巴特别贱,一张一张嘴皮子就是老师讲一句我讲一句的那种类型,后来他在班级的一次相声大赛里脱颖而出,那会儿学校又刚好搞一个课本剧表演比赛,然后他就当了男主角。这学期的达人秀,他就积极报名,表演是他的特长,让他发挥特长,他在班级也有了一席之地。

本来他在学习方面、上课纪律方面是经常受批评的人,他现在知道自己也是有一定能力的,跟他关系好了以后也好说话了,不会一张嘴就抵触了,跟班级慢慢融合了,我的班主任工作也好开展了。(蔚斗小学教师 1)

(2)科学课的实验操作能手

像我们班科学课是这样的,有些学生平时成绩一般,但是凡是做实验什么的动手活动,他就比成绩好的同学做得还要好。这就充分说明这些同学虽然平时作业习惯、学习习惯不好,但动手能力是很强的,其实脑子是很聪明的。所以像我们科学课的话就多展开实验,多让这些学生发挥下动手能力。可以在做实验中通过鼓励啊、表扬啊,让他们通过实验再去学习理论知识什么的。

成绩好的人也会发现自己在这方面有不足的地方。他平时认为的差生其实这方面的能力比他强多了,所以也可以起到一个相互激励的作用。(蔚斗小学教师2)

这几个鲜活的案例,充分体现了"适性教育"的魅力。每个孩子都有自己的闪光点,教师的任务就是发现这些闪光点并不断放大,照亮孩子的成长之路。

五、蔚斗小学学校文化建设中的困难问题

1. 学校文化的理论提炼还可加强

蔚斗小学的"适性教育"已经积累了丰富的实践经验,在大量成功事例和素材的基础上,进一步提炼其中的文化内涵可以为下一步的办学指引方向。

我真的是非常希望有专家、教授对我们进行点拨、提炼。说句实在话,我们一线的教师不怕吃苦,苦一点、累一点都愿意,都是为了学生。但是我们很怕我们做的事情是无方向的,飘来飘去的。我作为校长应该考虑这一块,我现在也很想提炼,可是我现在虽然能讲,但是让我写,我写不出来。那天他们说你应该把自己的想法写下来,去冲刺什么什么的,可是让我写其实是有困难的。(蔚斗小学严校长)

在北仑新区,有一所像蔚斗这样历史悠久、文化传承至今的学校是很难得的,蔚斗小学的发展变迁不光源自中国的教育史,还和国际课程理论发展相接轨。杜威的课程论思想倡导以学生为中心,他的思想直接和学科中心的课程论流派想抗衡。1919年至1921年杜威访华,他的思想对中国教育产生了巨大影响,初办时的蔚斗小学正是杜威思想在中国的印记。蔚斗非常可贵的一点,是把这种学生为本思想一直传承下来,虽然中间也出现出类似流派之间的斗争,但对杜威思想的坚持是历任校长的办学主导线。"适性教育"背后的根本基础就是以学生为中心的思想。蔚斗的校长若能在实践的基础上,深刻认识、把握杜威课程论的思想,并以此为办学指南,相信未来的办学之路会更加宽广。

2. 团队管理问题

　　学校的老师和校长站的位置不一样,他会按照惯性去工作,延续原来的方式多好,你现在要这样搞那样搞多累啊。还有一个,校长也是普通人,在处理事情的过程当中难免也会犯错误,我是无心的他可能就有心了。所以会产生一些矛盾,这个矛盾可能往往来自于中老年教师。(蔚斗小学严校长)

青年教师一般个性较强、有上进心,比较认同创新思维,对于学校文化内涵建设等"新工作"比较容易接受。中老年教师年龄和校长相近,比较容易认同前任校长的做法,容易对学校改革产生抵触情绪。

　　前几天有位年纪大的老师就跟我讲,校长你不考虑我们老教师。我心里想想:真郁闷,我怎么不考虑老教师了,我对老教师很尊重的。我有一次就跟他较真了。我说我哪儿没考虑老教师,这个活动老少皆宜啊。然后他又说你不能够今天想到了明天就做。我说我哪儿今天想到明天就做了,我星期一想到的,星期六做的,还自愿报名,而且这个活动还是给你们讨论过后说要搞的,我都尊重你们的呀。你老是说要校长考虑你们老教师,那你能不能换位思考啊,你们也替校长考虑考虑,校长也不容易,年纪那么轻,多希望你们支持我,他马上不乐意了。

　　整体来说我们的老师还是蛮好的,学校在管理的过程肯定会出现这样那样的问题。今天他出现问题并不代表他不好,有问题我觉得不可怕,关键就是校长要动脑筋,艺术化地去沟通、去解决。(蔚斗小学严校长)

3. 丰富的活动有时让教师个人特长受限

蔚斗小学的学校文化活动十分全面,从开设的 70 多个社团课程就可以看出,这对于普通的教师群体来说,教授如此多样化的特长技能,难免有难度。对此,笔者访谈的两位老师都有这方面的难处。

　　我擅长的会强一点,有一些我可能不擅长,不擅长的就会弱一点。(蔚斗小学教师 1)

尽管蔚斗小学积极为教师创造了各种培训特长的机会,但毕竟他们不是专业出身,培训效果也有限。社团课程的师资力量建设,将是日后蔚斗小学社团活动进一步发展需要解决的瓶颈问题。

六、蔚斗小学学校文化建设中未来的工作方向

1. 建设全方位的适合学校的制度
（1）适合学生的制度

> 我今天刚在跟大队部商量，我们哪些制度的出台是适合学生的，我们现在不是所有的规定都是适合学生的。比如吃饭的时候不许讲话不一定适合学生，还有这个规定你高年级适合，对低年级就不一定适合。所以我们现在就在考虑一个问题，既然学校的教育应该眼中有人，那么应该从孩子的视角去制定相应的制度，这样我们的制度才会适合于儿童。（蔚斗小学严校长）

（2）适合教师的制度

> 在制定学生制度的同时，我们还要相应地辐射到教师，要为学生和教师，为学校全体人员提供这样的一个教育环境。那要有怎样的一个制度来制约我们呢？我们现在正在做这个，这个事情做起来涉及方方面面，能把整个学校的文化拎起来。但是，这样事情太多了，忙不过来。（蔚斗小学严校长）

教育活动包含的角色和内容有很多，"适性教育"的视角不应该仅仅停留在学生身上，从整个学校环境、全体学校人员出发打造适性教育，可以为蔚斗小学开辟更宏伟的教育蓝图，提炼更深刻的教育理念。

2. 依托学校历史，学习借鉴民国时的教学思想

蔚斗小学是在民国时期创办、成长起来的，因此民国时期的教育思想和制度曾对蔚斗小学产生过重要影响。

1922年壬戌学制是中国现代教育史上影响最深的一次变革，它创造性地提出了"多留各地方伸缩余地"的弹性教育理念。壬戌学制的多项指南都以学生为中心，关注学生自身的发展，如强调"发挥平民教育精神""谋学生个性之发展""注意生活教育"等。壬戌学制的推出深受美国实用主义教育家杜威的影响。1919年杜威来到中国，见证了中国的五四运动，在中国社会发生巨大转型的时刻，他为中国教育带来了崭新的思想，"科学与民主"在他的教育哲学中也深刻体现，这在当时为许多中国学者接受，并尝试付诸中华大地。

时至今日,当我们重新回顾这个未完全彻底实施的学制时,不难发现它对于今天中国社会的学校教育具有重要的借鉴意义。

> 那个学制改革我觉得在今天还是值得去学习的,包括那时候的开明国学教材,真的很值得一看。(蔚斗小学严校长)

中国的基础教育应该是一脉相承的,过去的很多做法没有必要一股脑全抛弃,中华文化本身就具备很强的延续性和包容性,中国基础教育历史中的许多办学经验值得今天的后人重拾借鉴。这方面,蔚斗小学有着得天独厚的先天条件。

> 每一个孩子都是天使,每一个孩子都有自己的幸福方式,每一个孩子又是那么的与众不同。我们要做的,是尽量尊重他们的天性,施以适当的教育,让他们适性地成长,用生命的润泽让每一个生命感受到幸福。(蔚斗小学严校长)

在爱孩子、欣赏孩子的基础上教育孩子,蔚斗的"适性教育"既充满人文情怀,又充满育人智慧。

第三节　霞浦小学:"融合"教育

一、霞浦小学概况:平实办学、朴实育人——同心同德的新农村学校

霞浦小学地处北仑区城乡结合部霞浦街道,是一所历史悠久的农村小学。

霞浦小学前身为霞浦学堂,创办于光绪三十三年(1906)。1926年秋新校舍落成,易名为私立霞浦国民学校,王赞襄(中共党员)任校长。1927年张敏思、邬保润、金适畅、袁仁奎等进步教师先后来校任教,建立中共党小组,宣传革命思想,团结国民党左派和进步青年,游斗土豪劣绅。1939年迁址瑞岩寺,1940年迁回原址。时镇海抗战流动施教团(系共产党外围组织)以霞浦小学为活动据点,开展抗日救亡工作。宁波籍的第一位中共党员,党龄与党同岁的革命先驱张人亚烈士,在霞浦小学的前身霞浦学堂接受了启蒙教育。

作为一所百年老校,霞浦小学历经清王朝、中华民国、抗战和新中国百年风雨洗礼。百年春华秋实,百年风雨洗礼,赋予霞浦小学深厚的革命情结与文化积淀。

学校现有两个教学点,其中霞浦小学教学点占地面积 8520 平方米,建筑面积 6500 平方米,有 19 个教学班,学生 782 名,教职员工 53 名;大胡教学点占地 6280 平方米,建筑面积 3200 平方米,有 17 个教学班,学生 780 名,教职员工 42 名。霞浦小学是一所"服务北仑经济发展,面向新北仑人"的公立学校,学生来源主要以外来务工人员子女为主,约占 70%,家庭普遍困难,本地生源较少。

一走进霞浦小学,简单朴素又不失整洁大方的校园环境,让人自然地感受到农村小学的淳朴特点。

我们学校的核心精神比较朴实,就是平实、团结、友善。为什么这样说? 我们学校是一所农村学校,如果说有什么亮点可以展示,比如说教师宁波市名师,高级教师有几个,说实话,我们很难拿出来。但是我们这个团队真的非常敬业爱岗。(霞浦小学刘校长)

教师队伍的团结、敬业直接影响着学生的发展。

我们也是这样去影响学生的,希望他们在我们霞浦小学六年读下来,每个人都有团队意识以及平等友好的意识。(霞浦小学刘校长)

由于生源的特点,霞浦小学本地生和外地生的相处问题是学校德育工作的重点,为此霞浦小学本着平实、团结、友善的精神,着力打造"同心结"文化,倡导学生同心同德、教师同心同德、师生同心同德、家校社会同心同德,并将这种理念推广到学校工作的各个角落,把霞小建成和谐幸福的大家庭。

二、霞浦小学文化建设思路:打造学生为本、幸福至上的融合教育

1. 校园环境上,建设 VI(学校形象识别)系统

霞浦小学地处老街道,属于拆迁地段,学校环境比较陈旧,从外显层面上看,缺乏明显突出的文化标识。在学校文化建设中,校园物质环境是其中的重要内容,对其北仑区教育局也提出了明确要求。为此,霞浦小学大力投入,在改善原有学校环境基础之上,整体规划,设计了一整套校园文化 VI(学校形象识别)系统。

- 校训:快乐生活,兼容和谐,善行感恩,拥抱未来;
- 校徽(见图 5-15):霞是朝霞,浦是水,教育就像植物生长需要阳光和露水;
- 霞小吉祥物(见图 5-16);
- 校风:勤学,守纪,尊师,爱校;
- 学风:诚实,好学,健体,进取;
- 教风:敬业,爱生,合作,创新;
- 校树:雪松;
- 办学理念:一切为了师生的幸福。

图 5-15　霞浦小学校徽　　　　　　　图 5-16　吉祥物:小霞(左)和小阳(右)

在"一切为了师生的幸福"这一办学理念的引领下,霞浦小学力求通过人文管理的落实、高尚师德的塑造、专业素质的发展、多彩活动的开展,营造幸福学习、幸福工作、幸福生活、幸福发展的环境氛围,打造以"幸福"为核心的校园文化,提升学校的办学精神和文化品位,提高师生的精神生活和学习生活质量,让学校成为学生成长的乐园,让教师过一种幸福完整的教育生活,为学生的幸福人生奠基。

2. 课堂教学上,紧抓规范,突出特色

(1)扎扎实实上课:课堂紧抓行为规范

霞浦小学内的学生大多为外来务工者子女,由于这些孩子居住环境特殊、父母管教较少、经常流动,在学习品质和学习习惯上存在较多问题。因此,对他们良好道德品质和学习、行为习惯的养成教育成了头等大事。

为此,霞浦小学教导处提出"狠抓学生学习常规的养成",根据学生年龄阶段的不同,制定了学生课堂常规,还有针对性地提出了重点:

1—3 年级的低段学生,主要是"写姿、坐姿、课前学习用具的准备和整理、听课、发言、阅读"等学习习惯的培养;4—6 年级的中高段学生主要从"课前预习、课后复习、课堂摘笔记、阅读习惯、独立作业"等这几方面进行重点教育培养。各班在具体操作中,可以结合本班学生实际情况,有计划、有目的地实施。[①]

(2)突出特色教育:巩固古筝项目,创建足球项目

加强学校特色建设,是学校文化内涵建设的必然要求。根据实际情况,2011年,霞浦小学从创建学校特色课程出发,巩固古筝特色、创建足球特色。

古筝是中国传统特色乐器,承载着许多传统文化元素;足球是风靡世界的运动项目,在各国备受热捧。设置古筝与足球特色教育项目凝聚着霞浦小学融合中国传统文化与世界风行习俗的匠心,也体现着霞浦在城乡融合的实践上,走向中外融合的更宏伟的办学之路。

霞浦小学的古筝特色教育由来已久,2002年学校组建"叮咚小溪"古筝社,分低、中、高年级组成古筝兴趣小组,传承发扬古筝艺术。至今,霞浦小学已培养百余名"小琴手",在各类比赛中屡获佳绩,2005年被北仑区教委命名为首批特色项目,2007年霞浦小学被评为市级艺术特色项目学校。

在已有的基础之上,霞浦小学未来将进一步完善古筝课程的内容体系、组织系统和评价系统,设计出符合学生特色、促进学生发展、操作性强的"古筝教学活动""古筝竞赛"和"古筝表演"。同时,从古筝文化特色教育的角度,建构古筝环境文化、古筝课程文化和古筝师生文化。

足球运动是目前全球最具影响力的体育运动,有世界第一大运动的美称。在少年儿童中推广足球运动,一方面能使学生的动作协调能力、反应能力以及身体素质明显提高,身体形态、生理机能都得到很好的发展;另一方面,足球作为一项竞技运动项目,既需要整个团队的通力合作,又需要队员们遵守一定的球场规则,使学生养成遵守行为规范、积极向上、团结合作、相互帮助的良好品质。

2011年,霞浦小学成立"快乐足球"社团并组建学校足球特色项目管理领导小组,统筹规划足球特色教育发展思路,并制订了足球特色创建的两年规划。

● 第一年(2011年)目标

A.通过对足球的宣传,让学生及学生家长了解足球。霞浦小学拟在体育课堂教学中让学生多接触足球,发现、选拔条件优秀的学生组建学校足球

---

① 霞浦小学《课堂常规强化重点》,http://www.blxpxx.net.cn/show.aspx? nid＝2188。

队,安排固定时段进行练习,以营造学校足球教育的特色氛围;

B.加强与上级部门的联系,请求给予技术和硬件设施支持。足球运动的开展有相应的场地要求和设备要求,为此霞浦小学计划加大资金投入,积极寻求上级部门支持,做好足球运动的硬件配备。建立以校长为组长,分管校长为直接负责人,体育组教师为成员的管理机构,制订详细的训练计划,积极参加比赛,主动宣传,扩大影响力;

C.抓好基础训练,根据学生身心规律抓好意志品质、专项技术和一般身体训练。

● 第二年(2012年)目标

A.开展体育课程的校本化研究,逐步开展以足球为特色的体育教学;

B.通过比赛取得优异成绩以扩大影响力,提高学生竞技水平以锻炼学生的心理素质;

C.进一步在校内外宣传营造足球氛围,将此运动上升到文化的高度,争取申报北仑区体育特色学校(足球)。

3. 课题引领上,以融合教育为主线,开展多彩"同心节"活动

这里的融合教育,是指在经济全球化、城市化、社会现代化背景下,针对进城小公民教育的实际,依据现代化教育理论,通过教育活动各个环节的有效实施,使城乡学生、城乡文化有机融合,使学校教育与家庭教育有机融合的一种教育模式与理念。

霞浦小学毗邻北仑临港大工业基地及国际物流园等众多工厂、企业,汇集了大量流动人口。在本地新出生人口逐年递减的趋势下,非本地户籍学生在霞浦小学总数中所占比例从2006年的29.5%、2007年的39.4%、2008年的48.9%、2009年的53.7%、2010年的60.8%,一路攀升到2011年年底的近70%。

霞浦小学曾在所在社区的两所小学中组织过一次问卷调查,其中以257名三到六年级的外来学生作为调查样本。结果显示,有19.8%的人感觉不适应新环境,原因分别是"想念老家和在老家的亲人朋友""听不懂本地话""他们(本地人)看不起人"。可见,在这些孩子眼里,流入地依然是"外在的""他们的",而并不认为是"我们的",这种心态正是缺乏社会认同和归属感的表现。对于这些孩子来说,与同龄伙伴的交往是他们感受和认识流入地社会的重要途径,同伴群体对自己的接受程度成为他们理解社会是否接纳的参照物。然而由于衣着、口音、知识面特别是学习成绩的差异,让他们更容易陷入自卑,对老师和同学的态度也更敏感,一句正常批评教育的话或者同

学之间无恶意的玩笑都可能引起强烈的反应。这对于他们的正常学习和健康人格心理的形成极为不利。

为了解决这些孩子在北仑的教育适应问题,霞浦小学成立了"依托社区少先队平台开展融合教育的实践研究"课题,旨在通过挖掘、利用社区少先队教育资源,为学生创设一个从校内到校外和谐统一的融合环境。该课题的提出符合霞浦小学的教育现状和需求,并为全国普遍存在的外来务工人员子女异地就学融入问题作了探索,被全国少工委列为2011年重点课题。

明确了办学思路和文化建设之"魂"后,霞浦小学围绕融合教育这条主线,开展实施了一系列活动。

一是对融合教育的标识定义。同心结是中国古老而寓意深长的花结,在现代生活中被广泛应用,如:奥运会标识、文学作品等。霞浦小学取其"结同心"之意,将其作为融合教育的标识,象征"城乡少年携手同心,共同成长;家校社会同心同德,共育新人"。

二是对融合教育的具体实施。"同心节"是"同心结"的谐音,霞浦小学在学校原有活动项目基础之上,利用社区少先队平台进行拓展延伸,塑造了霞浦德育活动的特色活动品牌"同心节"。

(1)同是中国娃,同心爱中华:打造民族风情长廊,感受祖国大好河山

无论是本地学生还是外来务工人员子女,都是中国的孩子,作为中华儿女,应共享祖国灿烂文化。为了培养学生的爱国意识,霞浦小学在校内设置了民族风情长廊,让学生了解彼此的家乡,了解共同的祖国。

霞浦小学民族风情长廊位于学校兆庆楼一楼。长廊顶上垂挂着一张张椭圆形的美丽图片,每一张图片便是一个省份:浙江省、河北省、河南省、山西省、青海省……共19个省份,因为霞浦小学的学生恰好来自这19个省。图片的正面是各省形象宣传图片,反面是一段介绍各省的地理位置、著名的旅游景点、当地的特色、民风等的文字(见图5-17、图5-18)。

> 当有同学看到自己的家乡时,便会发出一声欢呼。他还拉着别的同学一起来参观。此时的孩子们,心中充满了喜悦和自豪。(霞浦小学教师3)

虽然霞浦的"同心"民族风情长廊占地不大,但每一张图片都能让学生感受家乡的风情,体味各地的特色。这样的长廊让大家领略到了祖国的大好河山,感受到了"同是中国娃"的自豪。

图 5-17　民族风情挂图

图 5-18　民族风情墙

(2)同是北仑人,同心爱家乡:基于地方文化,设计《和谐乡情》校本课程

一方水土养一方人。地方文化是个体生长、发育的摇篮,对于北仑本地的学生来说,它们真切生动;对于来自全国各省的外籍学生来说,异地的文化也别有一番魅力。霞浦小学以引导学生认识北仑文化、培育地方归属感为突破口,设计开发了《和谐乡情》校本课程(见附录4),让"新老北仑少年"在了解北仑地域乡情的过程中,培育对共同家园的热爱,积极互动,走向融合。在具体实施中,霞浦小学依托综合实践活动课程,通过知识与技能、过程与方法、情感态度与价值观三个维度实现"乡情育人"的目标。

该课程面向三、四、五、六年级4个年级的学生,每个年级设置不同的主题、知识目标、技能目标、情感态度与价值观。如三年级课程的主题是"品位乡情",知识目标主要定位为霞浦的地理、风景、语言、饮食等基本信息,技能目标是向学生传授基本的生活技能和观察调查手段,根据三年级学生的特点,情感态度与价值观上的定位是引导学生养成基本的自理能力和文明礼仪习惯。随着年级的升高,目标要求逐步提升,到了六年级,课程主题调整为"打造乡客",要求学生掌握气象测绘、理财、节能环保和调查访谈等技能,突出强调学生的动手能力和实践能力。

(3)同是好伙伴,携手共成长:打造五条"同心"线

一是快乐系列,如"同心节之游戏乐翻天""同心节之成长不烦恼"等活动,通过这些活动引导学生做乐观的"你""我";

二是社团活动系列,通过社团活动引导学生个性的"你""我";

三是集体生活系列,如"同心节之军事夏令营""同心节之友谊中队会"等活动,通过这些活动引导学生做友好的"你""我";

四是文化融合系列,如"同心节之美食 PK 赛""同心节之民俗展示周"等活动,通过这些活动引导学生做包容的"你""我";

五是社会实践系列,如"同心节之北仑游""同心节之志愿者行动"等活

动,通过这些活动引导学生做感恩的"你""我"。

4. 融合教育在班级内的实施:与课程相结合,与活动相结合

(1)与课程相结合

　　在语文课上,比如讲到自己的家乡这一方面,我就让孩子们介绍自己的家乡的特色,民俗,孩子们都会七嘴八舌地讲,大家互相了解,其实这就是一种沟通。(霞浦小学教师2)

(2)与活动相结合

　　霞浦小学的教师还将融合教育与各类活动例如大队部活动结合起来进行,我们大队部开展的是观故乡风情廊活动,挂了19块牌子,19块牌子里面的各个省,就是我们学校的孩子来自的地方。我那天就是带着孩子们一个一个看过去,让他们每个看过、讲好,并对他们说:"你们找自己的家乡。"于是大家都分开了,然后又跟他们说:"你可以带着你的好朋友,把他们拉过来,来参观你的家乡。"学生很喜欢,他们找到自己的家乡很兴奋,"这是我的家! 我的家!"

　　他们低段年级一般是由老师全程介绍,我们高段年级的学生还会有自己的一些想法。(霞浦小学教师2)

三、霞浦小学学校文化建设中与区教育局的关系

1. 教育局多方投入,街道亦提供保障

　　推进力度是非常大的,特别是我们顾局长,亲手抓,今天教科网上放了一个年度会议通知,主题就是加强校园文化建设,提升教育现代化内涵。(霞浦小学刘校长)

这两年北仑区教育局陆续推出了一系列学校文化方面的政策、文件,各科室时常下学校进行各项有关学校文化建设的调研。学校文化建设已成为整个北仑教育工作的主线和重点。

教育局领导的重视直接转变了各校长的办学思路,霞浦小学近两年在文化建设方面投入很大,光经费就达100万元,主要由街道支持。

　　霞浦这个地方经济还是可以的,包括整个北仑,学校有什么需要的话,上面基本都会满足。(霞浦小学刘校长)

学校的建设绝不仅仅是教育局和学校的事情,教育作为社会事业,关系到每一个公民的福祉,北仑区雄厚的财政实力和对教育的极大重视,是北仑区各学校文化建设的有力后盾,在北仑做校长是幸运的。

2. 教育局的制度要求是压力也是动力

通过文件、政策、会议等手段,北仑区教育局竭力唤起各校长对学校文化建设的意识,但具体到实践操作,需要强有力的行动要求和指南。

为此,北仑区教育局发布《关于进一步加强中小学校园文化建设的通知》,对区内各学校物质文化、精神品质、制定体系等作出了各项要求,并开展"校园文化建设示范学校"的申报评比工作,教育局督导室负责监督指导,切实推进了区内各校学校文化工作的展开。

> 有时候我们真的是有想法但是没在实施,但是现在有了这些制度要求,督导也给我们校长带来压力,那我们只能在现实里完成,不完成不行,制度的督查对于我们学校的实施推动还是比较大的。(霞浦小学刘校长)

2011 年 1 月,区教育局针对各校校园文化建设落实情况,分层召开座谈会议,要求各校做好今后校园文化建设的三年行动计划。

> 刘校长:我想原来的文化很多都是结合在学校的某一点上面提一句或者是学校三年规划里面带上一句,很短的。现在是教育局要求我们每个学校都要有文化建设三年的行动计划,以专题形式,比较有长远性。
>
> 笔者:那您作为校长觉得是压力还是动力?
>
> 刘校长:对我来说是动力。因为通过校园文化建设,一个是实实在在可以增强我们老师工作的幸福感,老师确实很辛苦,文化建设可以给老师以精神的支持和环境的改善。学生的学习环境好了,老师的精神面貌好了,最终对学生的学习带来正面的影响。

学校文化是学校发展的必然要求,教育局的政策和区内各校的利益是一致的。

四、霞浦小学学校文化建设活动的评估与成效

1. 教育局的评估

通过访谈,笔者感觉霞浦小学的学校文化建设做得是比较踏实、有内容

的,融合教育的主线也非常符合学校自身发展需求和北仑大环境下的教育现状,但在 2011 年区内第一批校园文化示范学校评比中,霞浦小学并未榜上有名。当时,刘校长还没有上任,学校文化工作由老校长担任。

> 我们老校长对学校的视觉建设上面不是很重视,所以关键问题是出在这个地方。因为检查评估主要是靠看的,因为你到我们学校就一天时间,也感觉不到我们学校的文化,如果可看的东西多了,那么就会觉得这个学校的文化搞得还可以。因为评估很多都是直观的,第一批没评,是因为很多指标上面都是可视性的东西,直观性的指标老校长在的时候没有这么做。也不能怪他,因为说我们霞浦镇这个地方十年之内要拆迁的。所以说投入太多的话,就感觉浪费了。(霞浦小学刘校长)

每所学校都有自己的特殊情况和难处,而教育局的标准制定又必须面向全体、指向可操作化,这一对矛盾是以评促建方式中绕不开的难题。

> 我们刘校长是新校长,刚上任一年,去年的评比我们也反思了,所以我们刘校长这一年花了大力气在这个地方,真的是改观了很多。(霞浦小学教师 1)

> 再过几年,拆迁的问题估计就会得到大改观,因为我们隔壁是霞浦中学,霞浦中学要整体搬迁,搬迁以后这个霞浦中学就要匀给我们霞浦小学。(霞浦小学刘校长)

不断的行动、反思、行动、再反思是教育行动研究的基本要求,也是学校办学的基本要求。

2. 学校的评估

(1)环境上得到改善

> 现在走进学校环境比较幽静,这一点体现得还是比较明显的。(霞浦小学刘校长)

在环境文化的标识上,霞浦小学也正在逐步强化。比如,一走进霞浦小学,就能看到学校主教学楼两侧墙面有两块大型的融合教育主题展板:一是"北仑一家人",上面是中国少先队工作学会傅忠道的题词:"同住一座城,同享一份情,同结一颗心,同爱一家人,同担一份责",朴素简练的文字道出了学校同心同德的理念。二是"情系同心结",选用了孩子们喜爱的动画片主题曲歌词,"一起分享,一起分忧,手牵手;守望相助,不离不弃,不斗争;手足情深,咱们好朋友",以此营造友爱团结的氛围。

(2)外来学生的行为习惯、文明素养得到有效改善

学校文化建设的成效如何,最终要看其对学生行为产生的影响。

> 像现在至少有一个感觉,在教室里你就分不出他是外来工的还是本地学生的,因为他的行为习惯、穿着、个人卫生等方面,学校都比较重视教育。像前几年的时候,一走路就能看出来,你是外地来的,你是本地的。我想这就是文化对他们的影响。

> 而且我们学校的学生获宁波市十佳竞争小公民、十佳少先队员,还有省的地球小卫士,很多先进、典型涌现出来。这些孩子就是一个缩影。(霞浦小学教师1)

(3)老师的幸福感增加

> 虽然我们学校的老师平时工作很辛苦,但心态都比较好。如果一件事情需要共同面对,都会尽全力去做,不会推来推去。(霞浦小学刘校长)

"同心节"的文化不仅会渗透在学生间,也会透射到教师中,学生文化和教师是密不可分的关系。

(4)学校课题得到多方认可

霞浦小学"依托社区少先队开展融合教育的实践研究"课题得到了教育局、全国少工委、浙江省团委等多方的肯定认证,该课题的提出切中了目前我国外来人口教育的大问题,霞小的探究路径具有较大的现实意义,可以为全国其他地区、学校提供借鉴。

> 这个课题是我们学校经过十年的积累才提炼出来的,我们有很多实实在在的东西在支撑着它,很多专家来了,对我们这个课题也比较认可,我们自己也很开心。作为这样一个地段的学校,能做出这样一个课题很不容易,这对于激发老师的信心作用很大的。(霞浦小学刘校长)

3. 具体影响实例:转学生的融入过程

> 我们班有一个孩子是五年级转过来的,叫蒋鑫。他是贵州的,来的时候不声不响的,刚读了几天书,然后他就不来了。那天我把他爸爸叫过来,孩子看见我靠近几步又走开几步,有种怵的感觉。那个孩子其实

在老家是当班长的,但层次和我们这边真的相差很大,本来是班长,到了这里变成了最差的,一时接受不了,他跟同学基本上不讲话的。

后来我对他多花了一些精力,多跟他交流。我让一个细心、温柔的女孩子跟他一块坐,然后特别叮嘱她还有我自己的孩子:"蒋鑫小朋友虽然不说话,但是可善良了,你跟他多去玩玩。"孩子在我的这种的授意下,会刻意地和他接近,蒋鑫就发现这里的孩子原来是差不多的,并没有看不起他,班里的孩子也更发现了蒋鑫的优点,除了善良,他也挺会讲的。在我们老师面前可能话少了一点。两个学期过后,他有一次在作文里写道:"以前我很怀念自己的家乡,有时很想回去,但是现在我已经喜欢上了这里。"

蒋鑫到现在尽管已经基本融入了,但还有那么一点点不适应,因为他融入比较晚,但我相信六年级一过,他还可以跟孩子们玩得更好。一年还不到,变化还是挺大的,笑容很多。(霞浦小学教师2)

五、霞浦小学学校文化建设中的困难问题

1. 让全体老师都接受学校文化建设工作理念,还需要一段时间

不同的老师因为不同的知识背景、层面、个人经历等原因,对学校文化建设必然会有不同的理解,支持的声音和不理解的声音并存。就像北仑区教育局不断对校长发布各种政策文件、召开各种会议论坛一样,各学校的校长也需要做大量工作唤起全体教师对学校文化建设工作的重视。

全体老师从接受、消化、扎根这个方面还是需要再做一些工作。
(霞浦小学刘校长)

2. 学校 VI 系统还需技术支持和完善

现在最大的一个困难就是,我们学校想做的物质环境形象识别系统,社会上能把它制作展示出来的专业公司很少,技术支持缺乏,我们的想法很多,但是具体制作出来都不理想,效果大打折扣,这方面的专业人才还需要更多一点。

3. 班主任:和家长的沟通存在一些问题

外来务工人员子女家长的习惯、理念和北仑本地的家长的区别较大,和他们的沟通总会多多少少存在些不畅。

最最普通的一个例子是,他们的电话号码要么停机,要么就经常换。今天我的一个学生,满脸通红,发烧了。我就赶紧打电话,结果"您所拨的号码是空号。"我就找不到,他只有一个联系方式。我就问他:"你爸爸的号码呢?"他说:"我不知道,我爸爸没有告诉我。"那我就没办法,我就给他十块钱,让他坐三轮车回家去。(霞浦小学教师2)

在学习习惯上也是一样,我把作业布置下去,有时候是需要家长帮忙改一改的,有时候背书,我说你先到家长那个地方过一过,有的家长是不会配合的,这就是城乡差别吧。(霞浦小学教师2)

给本地家长和外地家长说话的时候也要注意。外地家长想得比较多,他们觉得你看不起他,有的时候一句话,可能理解方式不一样,他就觉得你在侮辱他。所以,我对外地家长特别客气。(霞浦小学教师2)

融合教育是一个漫长的过程,需要双方的包容、理解和付出。对外来务工人员子女,教师们需要付出更多的爱才能得到回报;对于自己孩子的教育和适应问题,外来务工者也必须承担起作为家长应有的教育责任。

六、霞浦小学学校文化建设中未来的工作方向

1. 外显环境上,继续投入改善

我们做了一个详细的学校 VI 系统,一共花了 3 万多元,现在才设置大半年,以后要慢慢地在学校环境上面渗透进去。像楼梯上面的一个标志、垃圾箱等等。(霞浦小学刘校长)

霞浦小学的网站刚建立不久,笔者在点击访问霞小官网时,发现其中许多设计比较粗糙,我们在调研过程中发现北仑大部分学校走的是先外显、后内涵的道路,因为外显物质文化相对好把握、成效也快,而霞浦正相反。仔细品味后觉得,也许这就是霞浦小学的文化特点吧——埋头苦干,脚踏实地,做内涵如此,做外显也是如此。

一下子全做压力也很大,忙不过来。而且做得太仓促的话,考虑不周到,整体感觉就没有了,所以只能一步步推进。(霞浦小学刘校长)

相信本着实干、沉稳的作风,相信霞浦小学的校园环境和外显宣传不久后定会给人耳目一新的感觉。

2. 改变家长学校模式,提升家长教育理念

针对外来家长在理念、习惯上的差异及由此带来的沟通、教育障碍,霞

浦小学下一步试图推出新举措,进一步密切、完善家校关系。

> 从今年开始尝试改变家长学校模式,要形成一种制度而且每个月都要举办。加强计划性、系统性,给家长理念上的引领,包括教育孩子的方法上面、家长自身的素质、知识素质、文化素质的提高,然后过几年看看,这批学生到底怎么样。以后成绩出来,我们可以再设计一个课题。(霞浦小学刘校长)

在教育孩子的"同心节"活动中,也可以引入其中。

> 我们今后还要这样做,把所有家长动员起来一起参加"同心节"活动,组成临时家庭,比如本地的家长和外地的孩子组成临时家庭搞一些活动,打破学生之间的硬界线,这样融合在一块。(霞浦小学教师1)

3. 深入研究学校文化对人影响的评价

> 学校文化建设最终还是服务于学生的发展,这种育人建设不是一两天的事,学生最终的结果怎么样,需要一个长时间的过程。(霞浦小学刘校长)

跟踪调查是一方面,但对于学生在学校内如何受到文化的影响,办学者需要给出一个客观的评价标准,以提供强有力的说服力,为学校的文化建设工作提供底气。这方面的探究是一个难点,许多学校都需要并值得为之投入。

第六章　学校制度文化建设典型案例

第一节　泰河中学:三维德育管理模式

一、泰河中学概况：有限资源下打造"小而精"品牌

泰河中学始建于 2006 年,是在北仑区顾国和中学高中部的基础上,整体迁出并扩大规模后成立的。学校建筑面积 28485 平方米,位于北仑城区泰河路以西,庐山路以南的重要区域,道路四通八达,交通便利。泰河中学现有 18 个教学班,学生 890 人,教职工 72 人。

1. 办学资源有限

总体来讲,泰河中学的办学条件还可以,但是和北仑区内其他几所普高相比,资源条件相对有限。主要表现在以下几方面。

(1)经济收入

> 因为我们不是重点高中,所以学费收入比较少,每学期也就 800 多元的学费,跟 1000 多元的学校还是有很大的区别。(泰河中学李校长)

虽然北仑区教育局对区内所有学校都有专项资金支持,但不同于义务教育阶段的学校,学费是普通高中办学资金的重要来源。高中学校学费的高低类似于遵循市场规律。学校的升学质量、口碑直接决定招生热度和学费高低。这方面,非重点中学和重点中学相比,存在先天差距。

(2)师资条件

> 跟其他学校相比,我们学校特级教师比例低,师资力量比较弱一点。(泰河中学李校长)

泰河中学目前仅有 1 名省特级教师，具有研究生学历或硕士学位以上的教师也只有 7 人。优秀的教师由于福利待遇等因素，也更愿意到优秀的学校从教。

（3）生源

泰河学校面向全区招生，由区教育局统一组织报名、考试、录取工作。泰河中学的学生一般是被区内重点中学北仑中学、柴桥中学筛选后的第二批、第三批生源。学生总体的中考成绩在全区属于中等偏下，学生素质也存在一定差异；大多数学生来自农村及一般城镇家庭，家庭经济状况一般，相当一部分属于困难或相当困难家庭；家长对子女教育的重视程度及家长本人的文化素质多数属于一般或偏下。[①]

（4）学校硬件

　　原来设计的时候，这个校区和对面的泰河学校是一体的，原来对面是小学，这里是初中。后来因为种种原因，一所学校的高中部搬到这里。所以在硬件设施上原先这里是按初中要求设计的，没有达到普高标准。比如说跑道，普高是 400 米，我们的是 300 米。还有寝室，原来我们学校是没有寝室的，现在在食堂上面加盖了两层作为寝室。食堂和寝室同一幢楼，看着是方便，但管理起来有很多安全隐患，生活上比如卫生，也肯定没有单独的寝室楼好。还有，我们的体育馆设施是初中的设施……（泰河中学李校长）

在初中的硬件条件上办普通高中，的确为难了泰河中学的师生。

2. 实事求是，打造"小而精"品牌

条件有限不能成为放弃追求卓越的理由、在资源不足的情况下，泰河学校历任校长带领全体师生艰苦奋斗，走出了一条适合自己的"小而精"的办学之路。

（1）踏实肯干，提升口碑

　　我们是一所新学校，从表面看资源比较少，实际上还有很多深层次的东西，比如，我们的前身是一所有 50 多年历史的顾国和中学，我们的老师很多都是从这个老学校过来的，他们有很多工作积累，很多老师在这里工作了一辈子，非常地踏实肯干。虽然校名改了，校址迁了，学校

---

① 　泰河中学 2007—2009 年发展规划，http://www.blthzx.net.cn/news2175.aspx。

结构变了,但是学校的人脉还在,这是我们的一个文化资源。(泰河中学李校长)

在前几任校长的带领下,本着肯干和苦干的精神,泰河中学不断加强学生管理,积极探索有效教学实践,树立良好正派的学风、教风。

我是今年7月份刚调过来的,在前几任校长的带领下,这里老师的工作状态还是不错的,因此学校的校风、学风得到了家长和社会的认可。今年新的一届高一学生,生源结构得到比较大的改善,家长也愿意把孩子送过来读了,这是前些年工作成果的体现。(泰河中学李校长)

(2)不求大而全,只求小而精

在努力提升教学质量的同时,泰河从本校实情出发,努力发展自己的特色。

因为学校本身不大,所以前任校长刘校长主打"小而精"的品牌,提出了"精致、和谐、质优"的理念。(泰河中学李校长)

这个标语,在泰河中学的校门口和校园中反复地出现(见图6-1、图6-2)。

图6-1 泰河中学校门口

图6-2 泰河中学校园角落

在这一办学目标下,泰河中学力求遵循教学规律,"尽最大努力关注每一位学生,尽最大可能让学生获得成功"。

二、泰河中学文化建设思路:从校园文化走向学校文化,在原有基础上做加法

笔者访谈时,恰逢泰河中学新旧校长更迭不久,对于原先几年的学校文化建设,笔者无法从新任校长处得到完全了解,但翻阅查询相关资料之后,

发现泰河中学在文化建设上的投入还是挺多的,但在方向上,可能就像李校长所言,侧重于校园文化。

> 我想学校文化和校园文化还是有一定区别的。校园文化着重学生活动、环境布置这一块,而学校文化从大的层面来讲应该是师生的价值追求,比如这个学校的理念、师生共同形成的价值观,这个直接影响学校的发展前景。(泰河中学李校长)

对于校园文化和学校文化这两个词的概念和区别,目前学界存在着不同的界定和讨论,有的认为校园文化和学校文化是同一概念,有的认为校园文化是学校文化的一个子系统。笔者从学生角度出发认为校园文化是以校园为主要空间,以校园精神为主要特征的环境布置(如标语、雕塑、网站等)和一种群体文化(如图书节、戏曲节等)。

校园文化与学校文化的相同点是以文化为主体的反映学校面貌、制度规范和学校精神特征方面的内容。不同点有两点:一是校园一词更多指的是一种空间维度内的区域。学校则更多指向的是培养人、教育人的组织机构。二是校园文化常用来指学生的活动,而学校文化是涵盖教师文化、学生文化、课程文化、组织文化、环境文化等。因此可以说,校园文化可以看作是学校文化的一个子系统。

李校长的理解也基本遵从该定义,泰河中学在校园文化上已做了不少文章。

1. 泰河中学原有的校园文化建设

(1)"小而精"的校园环境布置

●园林般精致的校园

泰河中学面积不大,但笔者在逛校园时,有一种"麻雀虽小,五脏俱全"的感觉,校园内很多地方都做了精心的布置,感觉像一个个景点,让人有游览苏州园林的感觉(见图 6-3、图 6-4)。

连廊一旁是教学楼,另一侧是操场,连廊的柱子之间连接着木凳,学生们早上可以在这里晨读,体育课休息时,可以直接从操场上过来小憩一会。连廊下可以避雨,两侧翠绿的灌木、竹子还可以提供阴凉。

图 6-3 美丽的连廊

图 6-4 开满鲜花的外墙

泰河中学的外墙上都开满了鲜花,花的鲜艳让人赏心悦目,花的芬芳布满校园。

• 信息齐备的图书和电子资源

泰河中学图书馆内的征订报纸杂志已达 120 种以上,生均纸质图书已达 50 册以上,其中工具类、教学参考书种类达到 3000 种以上,且图书年增 2 册/生以上。图书馆保证学生正常的借阅流量和阅览室开放时间,每生平均每学年借阅图书不少于 15 册,泰河中学每年还举办读书节活动,引导学生读好书、好读书,提高学生的文化内涵与品味。

例如,第二届读书节时,泰河中学就开展了为期一周的读书活动,形式丰富,分为主题班会、文学综合知识竞赛、征文评比、黑板报评比、校歌征集等。

泰河中学的校本网络资源不少于 3000 条目,供学生共享的电子图书不少于 3 万册,形成了优良的网络学习环境。近 80% 的教师都有博客,通过博客平台,师师间、师生间加强了沟通与合作。

(2)丰富多彩的群体文化活动

• 科技文化艺术周活动

为了把教育融于科技、艺术和文学活动中,为学生提供展示自我、提高素养、增强集体荣誉感的平台,泰河中学开展科技文化艺术周,这一活动已成为学校惯例活动,传承至今。2011 年 12 月 5 日至 10 日,泰河中学第六届科技文化艺术节在校内举行,艺术节活动内容多样,有学生会劳动部负责组织的爱心跳蚤市场、创意制作大赛,文艺部组织的合唱、舞蹈、器乐表演专场,还有学生社团负责推出的书画比赛、歌唱比赛等。丰富的活动,让泰河中学全体师生都浸润在艺术节的愉悦气氛中。

• 学生社团活动

社团活动是丰富学生课余生活、培育学生个性特长的有效载体，为此，泰河中学根据学生爱好和学校实际，开设了 12 个社团，分别为舞蹈社、吉他社、话剧社、广播电台、英语角、文学社、摄影社、乒乓球社、羽毛球社、篮球社、足球社和排球社。各社团活动在课余时间展开，大都安排在周五下午或周日下午，每个学生社团都有相关教师担任指导老师。

（3）三维德育管理模式

除了布置环境和开展活动，泰河中学为了落实"德育为首""全员育人"的理念，还特地制定了以"点、线、面"为核心的三维德育模式（见图 6-5）。

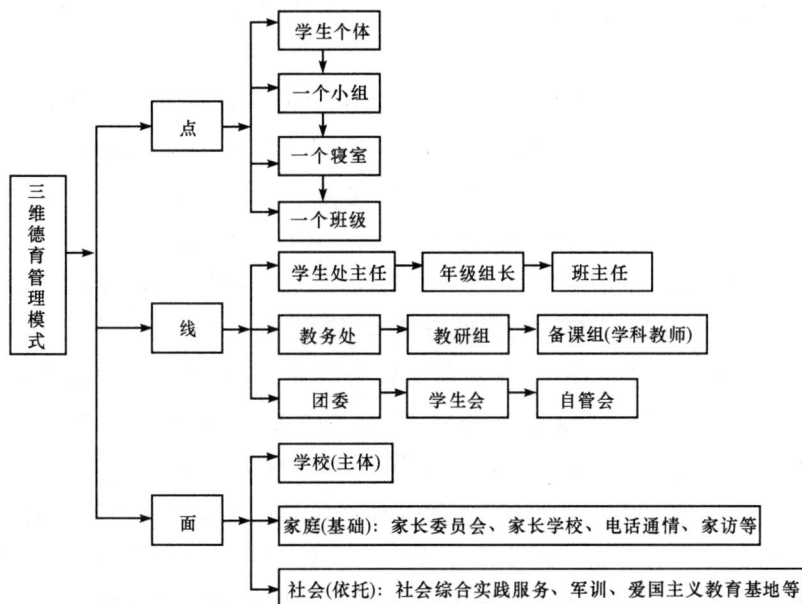

图 6-5　泰河中学三维德育管理模式

第一维："点"

"点"是学校德育的基本单位，特指学生个体、一个小组、一个寝室和一个班级。对学生个体，泰河中学要求其努力做到"三自"教育——自我管理、自我约束和自我评价，并逐步将其内化为一个小组、一个寝室甚至是一个班级的自觉行为，形成正确、向上、团结的班风和学风。

第二维："线"

泰河中学建立了以校长为组长的德育工作领导小组，实行校长负责制领导下的三级管理措施，并形成有效的考评和激励机制。三级管理为：校长室—学生处—年级组,又可以纵向形成三条线:第一条线是学生处主任—年级组长—班主任,第二条线是教务处—教研组—备课组(学科教师),第三条线是团委—学生会—自管会,三条线依据三维德育扣分细则齐抓共管,密切配合,形成了全方位、立体的管理效应。

第三维:"面"

德育工作不能脱离现实社会,德育活动也不能局限于学校,只有把德育工作融入到家庭、社会的层面,才能使学校德育工作生机勃勃、充满活力。

以家庭为核心,健全家庭德育网络。泰河中学建立了家长委员会、家长学校制度、每月一次电话通实情、每期一次家访谈真情等"双边"活动,使家长及时了解学校德育状况。

开发社会资源,优化育人环境。泰河中学依靠社区组织创建了社会综合实践服务、军训、爱国主义教育基地,创设和组织丰富多彩、健康有益的校外教育活动,加强了学校周边环境治理,优化了育人环境,形成了以学校为主体,以社会为依托,以家庭为基础的三位一体的德育模式。

可以说,这张结构图,已经把凡是中小学德育工作会涉及的主体、要素全部囊括在内了,通过点、线、面的方式呈现,让人一目了然。作为旁观者,笔者访谈前对泰河中学的三维德育模式充满期待,想对其独特的内涵和作业探究一番。但访问了北仑区的这10余所学校之后,笔者发现无论是小学、初中、普高还是职高,在德育的工作中都会有形无形地包括这些要素。"点、线、面"更多的是一种呈现的特色,而非其本身存在与众不同之处,这也很好地解释了在访谈泰河中学的过程中李校长为何对此谈及不多。三维德育管理模式是泰河中学办学者理解德育工作和更好地安排德育工作的一种良好方式,但它还没有体现出学校办学的独特内涵与意味。

2. 在原有办学上做加法

接下来的办学之路,李校长打算做一道加法题。

学校的特色是在尊重以前的特色上面加一些,除非是不合理的东西或者是跟不上时代要求的东西做一些更动。最怕是一个校长一个风格。作为新校长,我觉得文化资源传承是很重要的,一个校长应该尊重以前留下来的东西,我可以做加法,但尽量不要做减法。(泰河中学李校长)

(1)在教学管理上,研究实效性

现有的教育体制下,普通高中的办学总也绕不开高考这一关。

我们希望用好的、科学的方法减低学生学习、教师工作的痛苦指数,正在探索怎样让学生在考好成绩的同时学到一些其他中学学不到的东西,令他们一辈子忘不掉。(泰河中学李校长)

李校长的话语透着几份对高考"痛苦"的无奈,同时也显露了对学生综合素质培养的意识和决心,为了高效率地完成高考这一"本职"任务,泰河中学作了以下尝试:

● 为教师举办教科研周:掌握科学教育方法,合理分配时间精力

比如说我们每一次大考都会有一个比较细致的反馈研究,以往是对平均分做一个研究,现在我们要求老师分析高在哪里、低在哪里。这个学科的平均分要是比别的班级平均分低,老师心里会不好受,我们会帮助老师,帮他分析高在哪里、低在哪里,资源相互共享,使老师心里有底,这样他就不会慌,我们要尽量减低老师的焦虑度,提高他们工作的信心。(泰河中学李校长)

● 为学生设置学科档案:针对性地补课,减轻负担

每次大考、每道题目的得分我们都有个记录,到了高三以后可以针对性地补课,把那些有相同薄弱环节的学生聚集起来,进行针对性的补课,以便减少一些无用功,减轻学生的负担,也减轻老师的心理负担。

● 开设师生健康发展委员会

这个不是上面的要求,而是我们自己希望成立的一个组织结构。生理和心理的健康,学生要发展,老师也要发展,要做的事情有很多。
(泰河中学李校长)

以师生健康发展委员会为平台,开展多种师生活动,如举办师生足球赛等,可以有效地促进泰河中学师生的沟通,共同成长。

(2)注重价值引领,推行品格教育

我个人觉得学校文化建设的核心应该是从价值观这个角度去看。前任校长有句话说得很好,"关注学生,让每一个学生得到最好的发展"。我觉得这句话很好,我们要全方位地关注学生,而且是一辈子的关注,不是出了高中校园就不关注了。(泰河中学李校长)

那么学校可以影响学生一辈子、让学生受用一辈子的到底是什么呢?上次我们几个德育干部去外面做考核,也有些感慨,我们的德育要

着重做品格教育。(泰河中学李校长)

在学校学到的知识或许会很快遗忘,在学校习到的良好品格却可以让学生受用终生,为此,泰河中学采取多种途径开展品格教育,将其列为今后学校文化工作的重点。

- 以班队课为载体开展品德教育

泰河中学"感恩品格教育"主题班会观摩课①

12月14日下午,我校在报告厅举行了一堂主题班会观摩课。班会由高一(1)班等四个班级联袂组织,全校各班主任、班长、团支书到场观摩。

本次班会紧密围绕系列活动主题,全程由学生自行策划,内容丰富,形式活泼。在两位主持人热情洋溢的主持下,同学们再现了学习生活中与父母、老师沟通交流的情景片段,畅谈了感恩品格的重要意义和可行做法,表彰了身边的感恩品格先进,观摩现场还邀请到了几位学生家长代表参与。风趣的形式,真诚的观点,使得孩子与家长、老师与学生之间更加其乐融融。最后,同学们现场制作感恩卡片,表达自己对父母、老师的感恩之情。

本次班会观摩活动是我校"感恩品格教育"系列活动的一个缩影。在整个系列活动中,涌现出了不少优秀课例和活动形式,它们既让同学们深刻领会到了感恩品格的具体内涵和要求,又鼓励同学们勇于实践,在生活中践行感恩品格,真正起到了知行合一的教育目的。

- 以成人仪式为契机开展品德教育

高中阶段尤其是高三既是学生面临高考的重大考验阶段,也是走向成年人的转折阶段,成人仪式庄重而富有意义,是实行品德教育的有利时机。

2011年8月22日,泰河中学举行了庄严、神圣的十八岁成人仪式暨高三誓师大会。泰河中学布置了隆重的仪式会场,泰河中学的学子伴随着歌曲《年轻的战场》步入礼堂。投影屏幕上滚动着一幅幅老照片——"我们在泰河慢慢长大",让学生们回忆起两年高中生活的点点滴滴和酸甜苦辣。

国歌声后,李校长为十八岁的同学们发表讲话,向每位同学赠送了"责任、荣誉、家庭"六个字,希望学生们在今后能够勇于承担责任、乐于争取荣誉、精于爱护家庭。学校教师、学生家长和优秀毕业生也出席了成人礼,见

---

①　泰河中学学校网站,http://tqw.bl.gov.cn/news_read.php? id=6845。

证高三学子们人生的重要时刻,为学生们发表寄语。之后,学生们举起右手,在团委书记带领下面对国旗庄严宣誓。最后,泰河中学还设置了"向十八岁的天空放飞梦想"的横幅,让学生们在上面签名,许下成年的宣言。

"立志成为有理想、有道德、有文化、有纪律的社会主义公民……担负责任,爱护家庭,热爱生活。在高三的一年里,敢于超越、拒绝平庸,珍惜分秒,用智慧解决难题,用韧劲战胜懈怠,用行动实现理想。"

成年意味着承担和责任,隆重的成人礼可以让学生深刻体会其中的意义。

(3)加强对外交流,丰富学生视野,培育对母校的自豪感

泰河中学与中德职业学校结为友好学校,每年进行一次师生互访活动。同时,学校还邀请附近城市招收外国学生的学校的学生来校开展踢足球等活动,加强学生对外国人和文化的兴趣和交流,拓展学生视野,从而丰富学校文化建设的维度。

三、泰河中学学校文化建设中与区教育局的关系

1. 教育局推出措施,学校接受实施

教育局里很重视这个事情,已经放话了要抓学校文化建设。每个学校都有教育局里的联系人,小学、初中、高中都有。教育局还经常做调研,要求我们学校落实相关人员和责任,积累一些学校文化方面的内涵,我觉得都非常好。(泰河中学李校长)

泰河中学各领导部门正着手整理相关内容,将学校文化建设规划等材料汇报上交。

2. 实施的同时,加以思考

我们也在反思哪里还有文化上新的生长点,哪些地方我们还有一些瓶颈等问题。(泰河中学李校长)

对于品格教育,下一步李校长有自己的打算:

根据课程来做德育,尽量避免课程的随意性,对同一个话题老师的理解会不一样,要尽量使德育教育合理化。

3. 对区教育局资源支持的进一步诉求

现在国家教育政策提出打造"优质特色高中",北仑区教育局为此投入

设置申报项目，给予专项资金支持。

> 你申报什么项目要多少钱，局里面会统一规划，这个我们北仑区历来都做得不错。（泰河中学李校长）

除了这些已有的支持之外，李校长还有自己进一步的诉求：

> 其实我们经常找领导是为了三件事情，一个是要钱，一个是要人，一个是要政策。我觉得在中国做校长不容易，一个是资金方面，我们没有什么预算决算这个理念，钱不够了去讨，往往是不够的，我们校长在财务管理方面也是有知识缺陷的，现在很多学校是属于入不敷出的，我想这不是我们一所学校的问题，每年都会有很大的赤字。而且支出主要是在工资上，这个作为学校的发展是不利的，因为大量的开支是用在工资上面，所以你只有很少的钱投入到课程开发、活动建设和文化建设上面去。这个是几乎所有的学校都面临的困境。老师的工资是分为两块的。一块是国家发的，一块是学校发的，学校发的工资占50%左右，所以校长还要愁老师的工资。（泰河中学李校长）

学校发工资的来源主要是择校费等市场化收费收入，而其中的主要部分——学费收入，是泰河中学和其他普高相比较时的软肋。

四、泰河中学学校文化建设活动的评估与成效

1. 教育局的评估

在过去几年的学校文化建设上，泰河中学被评为了特色学校。

> 前任校长经营得很好，环境弄得很精致，虽然小了点，看着就像盆景一样。（泰河中学李校长）

教育局德育科科长认为，泰河新任校长现有的"加法"措施，包括开展"点、线、面"结合的三维德育管理模式，加强教学管理的制度化和品格教育等措施。

2. 学校的评估

学校文化建设最切身的受益者还是学校自己。

> 没有对文化上这种主动探究的话，老师容易出现职业懈怠，学生会学习得枯燥乏味。通过学校文化建设，校园环境变好了，很精致，这个

对教育教学、师生的学习生活肯定是好的。我们比较注重的教育行为比原来也有了更大的提升,老师对自己的要求不一样了。校风好了,学生在这里学习,家长的认同度也就比较高了。(泰河中学李校长)

3. 具体影响案例

和义务教育阶段的学生相比,高中生的世界观基本上已经形成,一时之间不大可能通过一两件教育事件发生改变,变化多是在潜移默化中进行的。

> 我们对学生性格以及品格上的培养都是潜移默化的,包括平时班主任跟学生谈话,不是一次谈话就可以改变的。(泰河中学教师 1)

在学校的整体文化氛围之下,教师都非常敬业,尽心改善自己的教育教学。

> 我刚接手这个班的时候,他们原来的班主任跟他们的关系非常和谐,我接手时,他们比较排斥我,其中有一个学生是年级最后 10 名的,品行方面也一般,他不能接受我这个新班主任,经常在背后说我不好,说要把我换掉。
>
> 后来两个月,我经常找这个学生谈话,每次谈话我都肯定他的优点,包括他对我有什么不满我都叫他直接说出来。这次期中考试后,他向我道歉,说:"对不起,原来用带刺的眼光来看待你了。"
>
> 虽然说他学习习惯不好、不爱读书、上课爱说话吃零食,但是我看到他在改变。现在他意识到自己的不对了,上课在听、也有记笔记了,虽然接下来的改变还需要很长的时间,需要跟他沟通。和学生平等相处以后,他慢慢地会接受并慢慢喜欢老师,然后慢慢地喜欢上学习,这是一个过程。(泰河中学教师 2)

高中的学生正值青春叛逆期,自尊心强,形成了一定的判断力,对于老师的严厉斥责一般容易抵制。泰河中学的教师们知道,对待这个年龄段的学生,教师要付出足够的耐心和诚意,营造信任的文化,从而促进学生自觉向善,自律发展。

五、泰河中学学校文化建设中的困难问题

1. 区域文化底蕴的积累还不够丰厚

北仑作为新区,虽然近几年发展较快,但在 20 年前,这里还是个小渔

村,这里的上一代或者更上一代都在较为封闭的环境下生活工作,文化积淀较少。

　　我们这里原来是属于镇海县的一个部分,和镇海的城区是隔了一个甬江,蛮不方便的,去宁波要一个多小时,而且一天只有一班车,所以原来这里的发展是比较滞后的,文化的根基跟其他地方比起来不是很深厚。比如说宁波、鄞州、镇海,跟它们比,我觉得我们这里的文化积淀是有些薄弱的。

　　原来我们这里的人是比较肯吃苦的,但是在当今,单单肯吃苦是不够的,我们这边的老百姓是很务实的,包括对学校的评价也是,你学校的变革是要冒很大的风险,要顶很大压力的,这个跟深圳、广州、上海是没法比的。从区域来讲,你要做文化的建设,要符合当地的实情。(泰河中学李校长)

2. 部分教师的理念局限在高考

　　有些老师的理念会局限在高考,觉得做别的事情会影响高考,或者说别人做得好是因为别人没有高考压力。我来这里的使命也是想组织大家探索教育真理,这个要靠长期的学校文化活动对老师产生潜移默化的一个引导。当然我们的前提是要生存,高考要好。

　　高考其实和学校文化建设不冲突,学校文化建设就像是沃土,学生的发展就是沃土中长出的果实,良好的学校文化能培育出种类繁多的壮硕果实,良好的学习状态、优秀的学习成绩就是其中的一类。(泰河中学李校长)

3. 新校长刚上任,还需时间适应过渡

　　毕竟我来才三个月,虽然觉得已经有了些变化,但问题还比较多,我本人还在适应这片水土,因为我相当于是空降过来的,老师能不能接受我、这个领导班子能不能接受我,对于我来说是一个很大的挑战。(泰河中学李校长)

李校长在访谈中,一直提到要在原有校长的办学基础上做加法、尽量不做减法,这一方面体现了其对泰河中学原有学校文化积淀的尊重和传承,另一方面也体现了其作为新任校长接手工作时的审慎、稳重态度。

4."学校自主管理制度"发展的困境

笔者在访问泰河中学之前,先调研了北仑区重点中学北仑中学。在北仑中学,我们对学生完善有效的自主管理委员会印象深刻,感慨很多。来这里之前,就听区教育局工作人员说起泰河中学和北仑中学的渊源。

> 这个学校几乎是北仑中学的一个复制品,因为这里的第一任校长是北仑中学的副校长,第二任校长是北仑中学的学生处主任,所以北仑中学有的一套这里都有,北仑中学没有的通过创新也有了一些。其中的学生自主管理委员会就是泰河中学先有,北仑中学后有的。(教育局吴科长)

原本笔者带着兴趣和好奇心,想在泰河中学探究这一制度的渊源和实施情况,但在泰河中学的校长、教师这里,我们得到了和自己预期中不一样的答案。

> 这个学生自管会比北仑中学早,以前有,现在也有,但是现在创新得比较少。我们前段时间也在培训学生会的同学怎样规范自己,作为同学的榜样,怎样进行相应管理工作。这个原来就有在做,但是存在种种的问题。(泰河中学李校长)

(1)受生源影响,学生自主管理有难度

> 我们的学生毕竟是北仑中学、柴桥中学招生之后再招过来的生源,虽然学习成绩不能决定一切,但实际上,学习成绩高低和学生素质还是有一定联系的,他们的自主约束能力还是有一定差距的。我们学生自己在管,但事实上管得非常累,学生比较吵,学生自管会的人叫几次也没人搭理。(泰河中学教师2)

(2)受高考影响,部分学生不想管

> 让学生天天管学生也不太好,毕竟学习才是他们的主要任务,有时候学生也不想管,说会影响学习。(泰河中学教师1)

学生自主管理委员会制度设立的出发点是很好的,但为何在泰河中学逐渐失去了作用和魅力?除了学生自身的素养、能力之外,制度本身或许还可以根据校情作一些调整。

> 我们需要做一些更细致的工作,再做一些创新。(泰河中学李校长)

5. 班主任的工作难题

(1)别人的经验不一定适用,需要自我探索

　　每年在班主任经验交流讨论会上,好的方法我都会借鉴过来,但是别人可用,我不一定可用,有的时候会适得其反。(泰河中学教师1)

　　我现在用得比较受益的方法就是在班级管理方面多看看书,我对学生不能老用老眼光,多读书之后,我有时也能理解和接受他们。(泰河中学教师2)

(2)与家长的沟通问题

　　我们的座位都是成绩好的、成绩不好,品行好的与不好的互补地坐,采用这种方式尽量感化他们。但是很多成绩差的家长就不理解,觉得班主任换位置是带着有色的眼光,是故意把他换掉的。现在的家长也很不好沟通。有时候碰到非常强悍的家长是很难处理的,学校也很难处理,会让你听得看得目瞪口呆。(泰河中学教师1)

　　很多家长都子女说什么就是什么,只能用时间和方法慢慢地将学生潜移默化。(泰河中学教师2)

六、泰河中学学校文化建设中未来的工作方向

1. 进行管理制度上的创新:朝着更民主、更规范努力

在制度层面建设,学校现在是按民主化、规范化的方向进行创新。比如在学校原有的管理体系之上,新成立了一个校长书记办公会议。原来是用党支部会议来做校务的决策,李校长上任后,扩大了参与面。

　　现在这个行政会议都是在校园网上公开的,校长书记会议上我们会请老师、学生代表旁听,我想这样做决策层面能够更广,决策结果能更民主公正一些。党支部、工会要监督行政工作,比如说工会,我们鼓励工会监督各个行政部门,现在虽然还没做起来,但是架构已经搭好了。(泰河中学李校长)

2. 加强课程建设:用最核心载体反映学校文化

学校文化中最核心的内容应该用课程来承载,为此泰河中学结合相关教育政策和区内实情,正试图作一些创新型的探索。

　　我们泰河中学正在朝课程建设做一些努力。前些时候浙江省教育

厅颁布了一个学校特色课程改革方案。省厅要求的这个,其实我们学校开学初就在规划了。比如说在国家课程之外怎样培养研究创新人才,开设一些相关的课;文理课分班的时候,怎样根据学生的兴趣爱好,开设一些有特长的班级。

　　这届新的高一分班,我们大致有个方向,要分出一个工科实验班专门培养工科创新人才,开设相关课程如工业设计、工业制图等。我们要依托本地的资源,因为北仑的工业比较发达,特别是制造业、电子业等,有很多的大企业在这边。(泰河中学李校长)

我们国家的高等教育目前存在一个较为普遍的问题是,高校学生对自己的职业理想和生涯选择普遍存在迷茫状况,这背后的原因和高考招生制度直接相关。泰河中学的这一课程计划,将为高中阶段学生的生涯发展提前作出规划,同时根据本区域的经济产业特点,这种课程设置方法不仅能体现地方文化,也能为解决学生就业等社会问题提前做好准备。

第二节　东海实验学校:港口城市特色创新型学校制度文化建设

一、东海实验学校概况:高质量、有个性、现代化的港口城市学校

1. 高质量的办学:民办学校生存发展的需要

宁波东海实验学校位于北仑新区新大路 1008 号,占地 54933 平方米,总建筑面积为 25400 平方米,学校创建于 1996 年 9 月,采用小学初中"九年一贯"学制。东海实验学校现有中小学教学班 41 个,学生总数 1967 人,149 名专任教师。其中中学部学生为 600 人左右,本研究主要针对东海实验学校初中部。

东海实验学校是北仑区内一所有名的国有民办学校,教学成绩突出。北仑区历届中考,东海实验学校毕业生被北仑中学等一级重点高中录取的人数一直居于全区前列,并呈现持续增长势头,东海学子中每年都有学生考取北大、清华等顶尖高等学府。

由于学校为国有民办性质,收费完全实行市场化,东海学子一般家境都比较优越。

> 因为我们学校是国有民办的,收费较高,住校的话一年1.5万元,不住校大概1年1万元,农民工子弟不太吃得消,所以基本上没有外来务工人员子女。(东海实验学校何书记)

高质量办学是民办学校生存发展的基础。东海实验学校坚持奉行"打好基础、发展个性、服务社会"的办学宗旨,积极探索"轻负担、高质量"的创新教育之路,不断创新办学模式、管理模式和教育模式,逐步建立了良好的办学口碑,受到北仑家长和学生青睐。

2. 有个性的特色教育:"体育、艺术2+1项目"

除了积极培育学生优异的学业成绩,东海实验学校本着"让每一位学生健康快乐成长"的办学目标,近年来积极推进课外文体活动改革,实施"体育、艺术2+1项目",把体育、艺术教育作为推进学校素质教育的强有力抓手,以体艺辅德、以体艺益智、以体艺养性,创设学校的办学特色和办学文化。

从2004年起,教育部在我国部分地区试行"体育、艺术2+1项目",旨在让每个学生在九年义务教育阶段能够掌握两项体育运动技能和一项艺术特长。

经过几年的实践和探索,东海实验小学的"体育、艺术2+1项目"特色教育已在区内、省内乃至全国范围内产生一定影响,2011年5月28—31日,中央电视台《焦点访谈》栏目对东海实验学校的"体育、艺术2+1项目"进行了专题采访。东海的工笔画教学和器乐教学给全国观众留下深刻印象。

在规模上,东海实验学校实行"全员参与"的普及教学,把"体育、艺术2+1项目"真正落实到了每一个学生身上。

在模式上,东海实验学校坚持"工笔画进课堂""器乐进课堂""篮球进课堂"的实施模式,紧紧立足课堂这一主阵地,不仅实效显著,而且特色鲜明。

在质量上,东海学生熟练的工笔画创作和乐器演奏能力,让许多外来参观者赞叹佩服。

3. 现代化的育人理念:为现代家庭教孝贤,为未来社会育栋梁

育人理念是学校一切工作的精神引领,也是学校文化的内涵所在。东海实验学校从学生终身发展的视野为自己的办学作了定位:

一是"为现代家庭教孝贤"。中国传统教育注重对学生孝道的培育,"家

庭"二字的意义对中国社会和中国人来说格外深刻,在现如今中国普遍为独生子女的状况下,子女对父母的反哺、回报显得尤为重要,"为现代家庭教孝贤"旨在培育学生良好的责任感和感恩意识。

二是"为未来社会育栋梁"。学校最终的育人目标是为国家、为社会输送优秀的人才,现代社会是知识社会,科技发展日新月异,对人才的素质要求也越来越高,为此学校必须结合现代需求,为学生成材积极提供条件。

东海实验学校的这一办学理念切中了中国社会对现代优秀公民的要求,具有前瞻性。

我们在校园文化景观布置时,摆放了关于二十四孝贤故事的浮雕。另外一幅浮雕是"为未来社会育栋梁",我们选的是青少年爱科学的主题。我们学校现在正在准备建体育馆和科技大楼,建好以后再补一点相关文化景点,来反映我们学校的理念(见图6-6、图6-7、图6-8)。(东海实验学校何校长)

图 6-6　"二十四孝贤"浮雕

图 6-7　"青少年爱科学"浮雕

图 6-8　东海实验学校校门口雕塑

二、东海实验学校文化建设思路:以课程为载体,以奖评为推手

东海实验学校办学不到 16 年,虽没有丰厚的历史文化积淀,但东海的办学起点较高。

> 我们当初办学时,就想从文化入手,通过文化来树立学校的一个品牌。(东海实验学校何书记)

"文化"二字提起来容易做起来难,东海实验学校从学生的综合素质培养和终身发展角度出发,通过课程、奖评这两种实效性的措施、制度诠释"为现代家庭教孝贤,为未来社会育栋梁"的办学理念。

1. 以课程为载体,扎实开展体艺教育

> 校园有了体育,就有了生命的阳光;校园有了艺术,就有了文化的底蕴。为学生的终身幸福奠基,是东海的办学使命,也是我和老师们奋斗的目标。(东海实验学校毛校长)

优秀的学生除了拥有良好的学识,还应具备健康的体魄和高尚的审美情操,为此东海实验学校以推广"体育、艺术 2+1 项目"为契机,以课程为载体,倾力打造学校的体育教育和艺术教育。

(1)"器乐进课堂"

"缺乏音乐的教育是不完全的教育。"国家《音乐课程标准》指出:器乐教学对于激发学生学习音乐的兴趣,提高对音乐的理解、表达和创造能力有着十分重要的作用。美国著名的音乐教育心理学家詹姆士·莫塞尔曾说:"器乐教学可以说是更好体验音乐的桥梁。"器乐教学在音乐教育体系中既是学生学习音乐和表现音乐的重要手段,又是开发其智力的重要途径。当今世界衡量一个国家的普通教育水平时,也往往将器乐教学的普及与否作为一个重要标准。

东海实验学校建校 10 多年来,一直把器乐教学作为普及艺术教育的主阵地,从最初的社团形式到现在的全员普及课堂教学形式,东海中学部七、八年级学生的"器乐进课堂"已形成良好格局。现在东海实验学校每年安排近 10 万元的专项资金用于器乐教学,目前学校已配备口风琴 100 只,口风吹管 500 多支,竖笛 200 余支,二胡 60 把,铜管器乐 100 余件,口琴近 200 只,长笛 60 支,中学部 600 余人每人一支竹笛。在师资上,学校现有音乐专

职教师 6 名,全部参与器乐教学,同时还外聘 4 名教师长期担任督导指导教师。

在学生每周 2 节音乐课的基础上,东海实验学校增加 1 节器乐课,纳入学生日常课表,现在东海的学生毕业后至少会两种以上的乐器。"器乐进课堂"不仅有效丰富了学生的艺术生活,也营造了"班班有乐队,人人会器乐"的器乐教学文化。

> 外面的人到我们学校参观,我们不用准备,每个班拉出来,都可以表演。(东海实验学校何书记)

此外,东海实验学校注重搭建各类平台给予学生展示才艺的机会。每年一届的艺术节、班级器乐大展演、春季音乐会、个人才艺秀等活动,都是学生表演器乐的舞台。

作为学校推进"器乐进课堂"艺术教育特色的手段之一,东海实验学校每年春季都会举办一次音乐会。演出的形式有两种:一是各班学生集体合奏;二是个人才艺表演。每年的音乐节上,都可以看到钢琴、架子鼓、电吉他、萨克斯、古筝、二胡等几十种乐器的表演。

> 这样的组织形式既是对器乐进课堂教学成果的一次检验和促进,也为学生提供展示优秀音乐才艺的舞台,从而有效激发学生喜爱音乐、学习器乐的积极性。(东海实验学校教师 3)

图 6-9　音乐节学生笛子表演

图 6-10　音乐节学生古筝表演

在深入推进"器乐教学"中,除了关心每一位学生的学习,东海实验学校还注重教师的参与,要求学校其他学科教师在业余时间积极开展器乐学习,并组建了教师乐队。同时,东海实验学校还积极把器乐教学的成功积极推向小学生家庭,通过各种形式倡导家长参与器乐学习,邀请家长参与器乐演出，营造了师生互动、家校联动的良好格局。

（2）工笔画进课堂

图6-11　北仑区文化长廊

从2005年起，东海实验学校借鉴"器乐进课堂"的成功经验，又结合教师所长开发了工笔画校本课程，把工笔画也纳入学生日常课表内。学生在别样的工笔画学习中，既感受了传统的魅力，又培养了合作、探究和创新等多项能力。

目前东海实验学习已积累了一套比较完善的工笔画教学校本教材，建立了一套比较完整有序的校本教学运行体系，学校以《工笔画校本课程标准》为指导，以区级课题《中小学工笔画校本课程的开发与实践》为实施方向，全校开设了工笔画普及班、提高班和兴趣班，摸索出了一套行之有效的教学实施方案和评价机制。

每年东海实验学校都会举办文化艺术节活动，对学生的书法、绘画、制作作品展开评选竞争，并对获胜者给予一、二、三等奖的奖励。学生的工笔画作品除了会在学习橱窗等处进行展示外，还在省、市多次绘画比赛中获奖，优秀的学生作品，也时常走出校门，在区、市等更高一级的平台得到展示。

2009年11月，北仑区文化长廊推出东海实验学校工笔画教学成果专题展，24幅由东海学子独立创作的工笔画作品被陈列在橱窗中，面向广大市民展出。展出的作品表现形式多样，既有以花鸟为主的传统工笔画作品，也有将儿童画特点与工笔画技法融合在一起的新颖佳作，较好地体现出学生对我国工笔画艺术的传承与创新。

在学校，已有越来越多的学生能像他们一样，描绘出让人称赞有加的工笔画作品。只是由于展廊篇幅有限，未能一一展出（见图6-11）。

（东海实验学校教师3）

（3）机器人进课堂

现代社会是知识社会、是科技社会，"为未来社会育栋梁"需要培养学生的科技意识和创新意识,为此,东海实验学校大力推进智能机器人运动的普及与提高,开办了"S&C 机器人社团"("S&C"意为 solidarity and cooperation,即"团结与合作")。

东海实验学校的机器人创新教学经过积极的探索与实践后,取得了一系列优秀的成绩。在第十届和第十一届中国青少年机器人竞赛中,东海实验学校连获两次冠军。在 2011 年 4 月 25 日至 5 月 3 日在美国举行 FLL(First LEGO League)机器人世锦赛中,东海实验学校初中部的三位学生代表我国中学生队出战。FLL 机器人世界锦标赛是世界青少年机器人的最高级别赛事,于 1998 年创办于美国,每年举办一届,该赛事要求参赛者围绕比赛主题进行研究和设计,最后制作成会走会动的机器人,并按比赛要求解决各项挑战。东海实验学校代表的中国队在 34 个国家(地区)的 84 支代表队中脱颖而出,以团体总分第一名的成绩勇夺金牌。

> 第一次代表国家出征世锦赛,大家心里铆足了劲。此次参赛也是这三名学生以后努力学习科学文化知识的新动力。(东海实验学校教师 4)

按照"玩起来,在嬉戏中探索;乐起来,在快乐中成长"的教育理念,东海实验学校从 2007 年起开展青少年机器人创新教育,至今有 10 多次在国内青少年智能机器人大赛中取得好成绩。如今,集动手动脑、探究实践以及趣味竞技于一体的机器人创新教学,已经成为东海实验学校的一张"名片",受到越来越多学生的喜爱。

除了在竞赛方面的优异表现,东海实验学校在机器人创新教学上也作了积极的教育研究。2011 年 11 月 13 日,国家社会科学基金"十一五"规划2010 年度教育课题"中国青少年科学素质教育提升研究"在北京师范大学开题,东海实验学校申报的"在机器人课堂教学和实践活动中培养学生科学素养"课题被列为该课题研究的子课题,东海实验学校作为实验单位出席了开题会,并承担了相应的课题研究任务。

(4)体育教育:以篮球为特色,广泛参与

"体育、艺术 2+1 项目"包含艺术教育和体育教育两个方面。在体育教育上,不同于小学部的大课间活动,东海实验学校初中部的体育活动主要在体育课和课间操中完成。为了强化突出"体育、艺术 2+1 项目"中的 1 项体育技能,东海实验学校选择在学生中大力推广篮球这些运动技能,并借鉴乐器进课堂的模式，在课堂中有意引进篮球课，向学生普及指导。通过篮球教学，东海实验学校的篮球队在历届北仑区中小学篮球比赛中屡摘桂冠，成为学校体育教育的一个品牌与特色。

体育不应仅面向学生，还应该包括教师和家长的共同参与，这样的学校体育才是饱满的。为此，东海实验学校经常举办教工体育比赛，要求教师积极参与各类健身运动，同时每年举办亲子运动会，倡导家长和子女一起参与体育锻炼。

2. 以奖评为抓手，促进学生德才兼备式的发展

"为现代家庭教孝贤，为未来社会育栋梁"的办学理念体现了对学生品德和知识的双重要求，为了积极引导学生向这个方向发展，东海实验学校实施"东海理工奖学金""东海明珠奖学金"和"十佳孝贤""十佳礼仪之星"评选活动，通过让全体学生参与投票，选出大家心目中的优秀学子。

> 这个评选搞得比较民主，按照学校投票，班级票选，全校票选，最后选出 10 位在这方面表现很好的同学。（东海实验学校教师 1）

通过这种民主推选和奖评方式，东海实验学校为全体学生树立了学习榜样，鼓励全体东海学子奋发向上，朝品学兼优的方向努力。

"东海理工奖学金"着眼于学生的综合素质培养，为在班级管理、寄宿生活、科技创造、才艺表演和尊老孝亲方面有突出表现的东海学子提供出国游学交流的机会。

"东海明珠奖学金"旨在奖励那些有着良好学习习惯和优秀学习品质的东海学子，评审标准分为"学业优异""品格高尚""全面发展"三项，获奖者将享受免除不同额度学费的奖励。

为贯彻"为现代家庭教孝贤"的办学宗旨，东海初中部定期开展以"孝贤"为主题的教育活动，让学生通过读书、讨论、实践和总结，积极传承中华民族的传统美德，进一步提升学生的整体文明素养。为表彰先进、教育同学并树立典型，通过班级层层推荐和全校师生票选，东海实验学校每年都会评选出十位尊老敬孝、事迹突出的学生作为学校"十佳孝贤之星"。

"孝贤"是内涵的品质，作为对学生外显素质的要求，东海实验学校推出"十佳礼仪之星"的评选活动，以此引导广大学生做仪态端正、文明礼貌的现代公民。

> 十佳礼仪、十佳孝贤的评比从开学就开始发动了，班主任接到这个

通知再通知到班级,然后由学生进行投票。我们也有广播朗读等事迹宣传方式,让学生在评选的过程中学到别人的优点。(东海实验学校教师1)

下面是笔者采访一位"东海理工奖学金"自立奖获得者的一段记录:

　　笔者:这次奖学金评选,你获得自立奖,你一定是个挺"早熟"的孩子吧。

　　学生:爸爸妈妈在我8岁的时候一起到广东做生意,只有在过年的时候才回家一次,有人把我们叫做"留守儿童",最终,父母来了北仑,将我送到了东海实验学校。

　　笔者:那你在东海读书开心吗? 有没有什么不适应的地方?

　　学生:这里的一切,都是新奇的。也许是早就适应了没有父母在身边的生活,我适应这个新环境比较快。被子需要放得方方正正,牙膏牙刷要摆放得整整齐齐,更要严格遵守寄宿的纪律。

　　笔者:那你和其他同学相处得还愉快吗?

　　学生:在我眼里,室友都是还没成熟的妹妹,需要我去叮嘱。当她们生病的时候,我会反复地提醒她们该注意些什么,该做些什么,该吃什么药。室友们常常开玩笑地对我说:"天哪,你被我奶奶附身了。"

　　笔者:那除了住校,回了家和爸爸妈妈相处的时间多吗?

　　学生:每周五回家,家里只有冰冷的电器和我,做什么都是一个人,晚上父母都会打电话给我,问我适不适应,苦不苦,尽管心里很想念他们,但为了不让他们担心,我对他们说:"我很快乐,一个人在家很自由的。"

　　笔者:你真是个坚强独立的好孩子。

　　学生:这次过年,大人们又聚在一起感慨了,也提到了我的自立,说我现在已经能一个人生活了,原先我不解,现在想想也许真就是那么一回事吧。

三、东海实验学校文化建设中与区教育局的关系

1. 用改革引领、用计划指导

北仑区教育局近期出台了一个三年教育改革发展纲要,在此引领下要求区内各学校制订接下来的三年教育行动计划。

我们的计划里面有好多关于学校文化建设的内容,教育局领导在这方面给了我们很多指导。(东海实验学校何书记)

和我们国家一直实施围绕经济、政治、社会各方面的"五年规划"行动相类似,北仑区教育局推出学校文化建设三年改革发展规划,将其列为持续性的重点工作。从区域出发,教育局又要求下属各校也作出类似的计划,北仑区对学校文化建设的重视程度可见一斑。以下是东海实验学校2011—2013年的教育行动计划:①

2011年是东海学校新一轮发展即学校改革创新三年行动计划的第一年。

东海实验学校在《北仑区教育事业十二五规划》和《北仑区教育改革创新试点项目三年行动计划》的引领下,提出了学校新一轮大发展改革的具体措施和目标:突出抓好三大战略工程,树立东海特色新标杆。

● 工程一:魅力德育工程

德育的内涵虽然丰富,但不外乎理想信念教育和行为品格教育。德育的形式虽然多样,仍不外乎受教育灌输后去实践或经潜移默化引导后去体验践行两种。在新一轮改革创新三年发展行动中,东海实验学校将始终秉持素质教育德育为首的方针,以"赢在终点"为育人视野,着眼于学生的终身发展,努力营造人文校园,大力实施魅力德育工程。

"我们认为,实施好魅力德育工程,不仅要做到全员德育队伍、团队学生会组织、思想品德公民道德课程、学科教学德育渗透、班队活动、法制副校长和爱心妈妈工程、国旗下讲话及集会等活动要有魅力,更要在人文校园、学校文化建设上体现学校精神、体现学校德育魅力,使之真正发挥潜移默化作用,达到环境育人氛围育人的效果。"②

● 工程二:名优教师工程

百年大计,教育为本;教育大计,教师为本。学校的核心竞争力、可持续发展力和全面素质教育品质,最根本的落脚点是是否具有一支师德高尚、业务精良、结构合理、梯次推进的师资队伍。在学校新一轮发展三年行动计划

---

① 何国光:《思进思变思发展 创业创新创一流——写在学校新一轮大发展之际》,http://www.dhxx.net.cn/show.aspx?nid=2589。

② 何国光:《思进思变思发展 创业创新创一流——写在学校新一轮大发展之际》,http://www.dhxx.net.cn/show.aspx?nid=2589。

中,东海实验学校将以培养教学型、研究型、创新型相结合的教师为目标,实施好名优教师工程。学校将在继续办好"东海教师学堂""东海教师学堂青年教师班"的同时,启动北仑义务段教育名师工作室工程、中青年教师专业冲浪计划、优秀教师省教室挂职轮训计划、中青年教师分批赴部属师范大学、重点大学教育学院或学术机构轮训计划、优秀教师对外交换轮岗等计划,促进教师专业化发展。

● 工程三:特色学校工程

办学十五年来,东海实验学校的整体办学水平、综合办学实力、品质办学特色稳步提升。东海中小学部所有教研组皆为区内先进教研组,其中 6个教研组为区品牌学科,3 个教研组为市三星级教研组(品牌学科)。东海历届毕业生不仅学业成绩优异,而且至少掌握两项器乐、工笔画或体育技能,极具可持续发展潜力。

"在新一轮发展中,学校将继续开发利用特色课程计划和校本课程,进一步做精、做强学校业已形成的二胡进课堂、笛子进课堂、工笔画进课堂、FLL 智能机器人进课堂等特色项目和各品牌学科,稳步提升学校品质办学特色。"①

2. 经费支持

北仑区的雄厚财政和对区内教育的大手笔投入,在笔者的访谈中一次次得到验证,在国有民办的东海实验学校也不例外。

> 比如我们学校的科技项目机器人比赛,这个经费来源光靠我们学校肯定是不够的,区教育局、包括宁波市都给我们以资助。因为我们出了成绩他们都看得到,我们学校代表我们中华人民共和国中学生队到美国参加了比赛,获得了金奖。(东海实验学校何书记)

无论对于公办学校还是民办学校,北仑区教育局都给予同等的政策和支持,这也是教育公平的体现。

3. 引进专家点评、交流(中央教科所、中国教育年会副会长点评等)

学校文化建设需要"走出去",也需要"引进来"。除了定期召开校长会议、开展校长培训,北仑区教育局也积极邀请全国各权威教育部门和教育学

---

① 何国光:《思进思变思发展　创业创新创一流——写在学校新一轮大发展之际》,http://www.dhxx.net.cn/show.aspx?nid=2589。

者,到北仑为各校文化建设"把脉"。

2001 年 9 月,中国教育学会副会长、国家督学郭振有来到东海实验学校考察办学情况。当时正值东海办学五周年,学校各项文化环境和活动建设还处于起步阶段,郭振有为学校题词:"朝阳出海,东方名校。"勉励全体东海人潜心奋进,追求成为享有盛誉的现代化名校。

2010 年郭振有第二次来东海,在了解了东海十年来的变化发展和特色教育之后,他报以赞许。

> 东海能把关注每一个学生的发展当作办学的最高使命,把激励每一名教师的专业成长当做办学的最大根本,把示范和影响区域教育、回报社会当作办学的最高作为,这已经具备了名校的气质与内涵。从东海办学五周年到现在,东海目前的发展与成绩已经对自身的办学目标作出了最有力的诠释。(东海实验学校郭振有)

第二次考察,郭振有又一次为东海题词:"仰望星空,脚踏实地。"以温家宝总理的这句话来勉励东海师生继续在全面推进"轻负担,高质量"的办学实践中取得更大的成绩。

四、东海实验学校文化建设活动的评估与成效

1. 教育局的评估

东海实验学校的办学成绩已广受社会好评,其课程化、常态化、多元化的体艺教育工作长效机制,有效促进了青少年身心健康发展,提升学生在校的幸福值。

东海的办学特色受到北仑区教育局的肯定,东海实验学校在北仑区首批校园文化学校评比中被评为示范学校。此外,东海已先后获得"浙江省首批艺术教育特色学校""宁波市艺术特色项目学校""宁波市艺术教育先进学校""北仑区阳光体育运动先进集体"等众多荣誉。

2. 学校的评估

从对学生一生发展的影响来考虑学校文化的作用,短期之内是难以作出评断的,东海实验学校目前对学校文化建设的评估主要是针对各项文化活动的评估。

(1)"学分制"考核

东海的社团活动(如器乐社团、机器人社团、工笔画社团等)实行"学分

制"考核制度。学生在社团的到位情况、学习情况、获奖情况等都被列入考核范围,每个学期至少要修满 2 个学分,即所有学生在东海实验学校初中部的前两年里必须修满 8 个学分。

除了考核,东海还要求每个学生每个学年至少要有一次展示自己才艺的机会。

> 成果要么在橱窗当中展示,要么在节日活动中展示。比如,我们有一个英语的 Show Show Club,会让学生编剧本、表演剧本。还有一个太阳能社搞的车模,我们会让他们静态或动态地搞一些比赛。工笔画社团的作品会在学校的橱窗或专门设置一块地方做展板进行展示。(东海实验学校教师 1)

(2)期末抽测

测试作为评价的手段,是永远不会过时的方式,虽然东海学生的艺术教育、体育教育不被列入升学考试科目范围,但适时地对学生加以测查,有利于督促学生巩固已学才艺。

> 学部、教导处每年每个学期会对各个科目进行抽测,比如我是教美术的,到了期末会随机到每个班抽几位同学,与其聊天看他这学期学了什么,并以书面的形式进行抽测。其他的课程也是这么抽测的。(东海实验学校教师 1)

3. 具体影响案例:学生后续发展优势明显

> 我们的学生到了高层次学习后,能力与其他人相比普遍要更强一点,他们的持续发展能力和优势特别明显。东海出去的学生干部比较多,在东海可能是中层普通的干部,到了高中和大学就会显得很活跃,成为那些组织的骨干。(东海实验学校教师 2)

文艺特长的培养对人的综合素质发展具有积极的影响,这点笔者在高校接受教育时也明显感受到了,但凡在大学社团、学生会等组织里脱颖而出的那几个人总是具备些才艺特长。艺术教育的魅力和对个人素养发展的影响值得我们好好探究。

> 有一个学生现在在伦敦政治经济学院留学,叫张佩芳。前两天她很高兴地给我们老师留了言,说她在那边的大学获得了一个奖,她的名

字都被刻在了校史陈列室里,获得这项荣誉的人很少。她就是我们学校毕业的,是以前的学生会主席。(东海实验学校教师 2)

展开毕业学生的后续跟踪影响研究,可以为学校文化建设的成效寻找事实依据,这项工作随着学校文化建设工作历程的积淀,将显得格外有意义。

五、东海实验学校文化建设中的困难问题

1. 师资培训、经费问题

讲究创新要动脑动手,需要各种新的资源,困难就会来。比如说,我们机器人进课堂,要进行师资培训,今天就有两个老师去天津培训了,那经费怎么办? 就要向上面反映了。(东海实验学校何书记)

东海的社团课程、特色教育做得很有特色,成绩非常突出,同时相应的投入需求也大。师资力量是特色教育建构的关键,没有专业的师资团队作支撑,培养学生的才艺、技能如无水之源。

2. 常规性的活动容易让教师产生倦怠感,需要不断更新

有一些常规性的活动,学生只做 3 年,他们还有新鲜感,但是我们老师作为组织者难免会感到乏味,自己没有激情,就很难在学生当中组织发动起来,所以要经常性地变化,换一种方式不断地改变。(东海实验学校教师 2)

应试教育始终是教育大背景和办学者的无奈之处,对学业成绩的追求容易对学校文化建设产生阻碍。笔者在东海实验学校询问这方面的问题时,却得到了不同的答案。

我们还突破了初中学生学习压力大的阻力呢,获得了家长的支持。现在的家长和以前不一样了。我们学校的家长在培养孩子方面的思想和其他人可能有点不一样,别的家长可能更看重学习成绩,我们的家长更看重孩子成年后的发展,更看重综合素质。(东海实验学校教师 2)

时代在发展,随着素质教育的不断推进和人们教育理念的变化,教育部门的观念、学校的观念、家长的观念都将最终一步步完善,"为学生终身发展而教育,为学生综合素质而教育"的意识越来越浓了。

六、东海实验学校文化建设中未来的工作方向

1. 打造精品社团

2012年2月开始,东海实验学校中学部计划在众多校园活动的基础上,以规范社团建设为突破口,在学部内开展精品社团打造计划。

东海以加强"社团活动课程化"的方式,对原有的16个社团进行整合推新,在民乐社、篮球社、工笔画社团等的基础上,又推出了虚拟机器人、园艺、摄影、篆刻等多个全新社团,形成了"周周有活动、人人有社团、个个有特长"的崭新局面。

此外,东海实验学校学部还要求每个社团活动的开展都能做到时间、地点、人员、教材"四固定"。社团活动的时间为每周五下午,并由原来的一节课延长到一个小时。社团活动覆盖到全体学生,在自愿报名、学员协调的基础上,实现"人人有社团",每学期的考核成绩将以学分的形式,记入学生的素质报告单和综合实践活动手册,作为学生的成长档案。另外,学部还将在每年六月份的"艺术节"期间,开展社团活动的成果展评。

2. 突出优势项目,寻找合作资源

东海实验学校的机器人创新教学已获得显著成绩,在国内外竞赛中的数次显赫战绩让东海的智能机器人教学越来越受关注,逐渐成为东海的品牌特色教育。怎样把这一项目的优势继续保持并发扬光大呢?机器人教学涉及许多科技、工业知识,同时其发展变化特别迅速,全凭东海自己的教师团队做研发恐怕力不从心。为此,东海积极寻求区教育局支持,引进校外技术合作资源,为学校的机器人创新教学积累"智库"。

2011年10月,东海实验学校邀请了宁波工程学院电子信息工程学院钟秋波博士、宁波工程学院计算机培训中心盛总经理来学校考察中小学生智能机器人教育教学工作,双方初步达成了今后的合作意向。

钟秋波博士长期在哈尔滨工业大学机器人研究中心进行仿真机器人的指导与应用研究,曾指导哈尔滨工业大学机器人代表队在大学生机器人世界杯比赛、全国大学生机器人比赛中取得优异成绩。

虽然大学生机器人运动跟中小学生有很大不同,但都是注重机器人结构设计、程序设计的探究与创新,因此,今后可以作进一步的交流,以一种"大手牵小手"的形式,为东海学校带来资源共享、技术支持、竞

训指导、师资培训以及课题引领等方面的支持与帮助,推进中小学生智能机器人创新教学的发展。(钟秋波)

东海实验学校的文化建设,根据宁波北仑这个现代化的国际港口城市的优势与特征,抓住未来教育的趋势,采取制度化的方式,凝练特色,开展现代化、高起点的办学,把学校建设成了一所与国际现代港口城市开发开放相适应的高质量、有个性、现代化的窗口学校。

第三节 九峰小学:学生学位晋级管理制度

一、九峰小学概况:百年历史与时代新任务——拆迁安置家庭子女的教育问题

九峰小学地处北仑新城区南部的庐山路东首,紧靠凤凰山景区,前身是具有百年文化历史的九峰书院。光绪三十一年(1905),乡绅张荫乔有感于培育幼苗之重要,改建原九峰书院为养正小学堂。2003 年适逢北仑区二次创业,由宁波经济技术开发区在北仑新区进行大规模征地开发,九峰小学作为拆迁安置配套的小学二次创立。九峰小学现占地面积 18228 平方米,建筑面积 11886 平方米,共有教学班 24 个、在校生 957 名,48 名在编教师。

九峰小学附近原先是大片农村,后因征地开发,这里成为大型的失地农民拆迁安置小区,经济的发展又吸引了许多外乡人来此打工谋生。为此,九峰小学的学生来源也显得格外复杂,目前九峰学子中约有 60% 的学生来自拆迁安置后的失地农民家庭,其余部分大多为外来务工人员子女。

城乡结合部的开发,在带动地方经济发展的同时也会给学校教育带来一系列新命题。北仑区作为经济迅速发展的新区,吸引了大量外来务工人员,外来学生和本地生的融合问题是办学者所要面对的,这点北仑霞浦小学作为典型已作了积极探索,在此不再赘述。此外,在经济开发过程中,本地失地农民子女的教育问题也值得关注。失地农民是一个特有的称谓,背后也暗含着对这一群体进行身份定位时的尴尬。没有土地那还是农民吗?没有土地就成为城市居民了吗?这背后的定位不明,是长时期我国特有体制的结果。

失地农民虽然住进了和城市居民一样的商品房,但乡土观念仍较重,保留着农村的生活习惯,文化素质水平也一般较低,对其子女的教育容易采取放任自流的态度,这对于他们及下一代适应角色转变、融入城市环境存在不利影响。

> 我们的生源是比较复杂的,而且学生家庭背景的教育方面都不是非常好,和城区是不一样的,所以学校文化建设就显得非常重要。(九峰小学教师1)

学校文化是学校成员共有的价值观念和行为规则,它把学校成员紧密地联系在一起,通过建设学校文化,可以营造良好的育人氛围,潜移默化地促进人的发展。对于现阶段的九峰小学,整合学校多元、复杂的生源因素,用文化统一、引领学校的发展成为当务之急。

为此,九峰小学在传承前身九峰书院的百年文化底蕴基础之上,积极吸纳当前的教育理念,在秉承百年校训"笃于学问,明于睿思,志于成人"校训的同时,结合校情和时代要求,提出了"建设书香九峰、健康九峰、艺术九峰"的办学目标,以期培养人格完善、体魄健康、个性鲜明的九峰学子。

二、九峰小学文化建设思路:计划引领、步步为营——以书香校园为特色,以点带面

从新校建立到现在,九峰小学的学校文化建设大致经历了三个阶段,每个阶段九峰都做了有重心的三年计划。

1. 2003—2006 年:抓规范、强基础

头三年,九峰小学的工作重心是学校的基础配套工作,塑造稳定、有序的学校秩序和环境。

2006 学年九峰小学班级数达 17 个,每个年级学生数达 110 名以上;2007 学年班级数达 20 个,每个年级学生数达到 120 名以上;2008 年学年班级数达到 22 个,每个年级学生数达到 130 名以上,学生总数达到 780 人。这三年里,九峰小学积极向区教育局、街道争取资金支持,为学生发展确保了充足的物质支持,实现了学校所有班级教室的多媒体装备,添置完善了各项教育设备。

在创设一流办学条件的同时,九峰小学执行课程计划,合理落实教学常规,按照国家规定开齐、开足、开好各门基础课程,修订了《九峰小学教学常规》和《九峰小学教研组考核办法》,规范教学过程的管理并积极引导教师开

展教研活动。

在学校文化建设上,九峰小学充分利用已有的宣传窗、黑板报、校园网站等阵地,对学生进行道德、法制、安全、健康、环保、国防等方面的教育,精心设计了教学楼和综合楼的主题文化长廊、操场上的 2008 年北京奥运文化墙等校园环境文化元素。

经过三年的规范,九峰小学已基本形成了较好的办学基础和教学质量。

2. 2006—2009 年:打造书香校园

第二个三年,九峰小学在原有的德育工作和学校文化工作基础上,按照"一体两翼"(一个主体两个侧翼)的建设思路着重打造"书香校园"。

(1)一个主体:以经典诵读为主体

> 开展经典诵读课程,一开始是结合校本课程、地方课程时想到的,我们在校本课程里每周都开设一节经典诵读节课,我想也是语文课程的一个拓展。(九峰小学吴校长)

2003 年开始,国家开展新课程改革,对学校开发校本课程、地方课程给予一定的自主权。

> 我们是北仑最早实行课程改革的,比宁波市区要早。所以我们的学校文化,除了一个百年校训以外,还有一个就是新课程改革,这个也纳入到我们学校文化里面来了。(九峰小学教师 1)

新课程改革内容很丰富,九峰小学依托语文教研组,设置"经典导读课",带领学生体味经典书籍中的涵养。

如九峰小学三年级的"经典导读课"以新课标优秀古诗文推荐 35 首及《老子》选段为教学内容,传授学生《忆江南》、《敕勒歌》、《九月九日忆山东兄弟》、《望天门山》、《夏日绝句》、《蜂》、《春晓》、《出塞》(王昌龄)、《悯农》、《竹石》等优秀古诗文。每周一、三、五的晨间诵读时间,教师指导学生诵读,在每天的语文课上用 3~5 分钟进行复习巩固,并要求学生课外反复朗读、背诵。

对于"经典诵读课"的考评,九峰小学制定了背诵定级考核制度,由学生自主申报参加。考评结果仿效古代科举考试,分为状元、榜眼、探花等不同等级的头衔,不同头衔对应不同背诵要求。

- 状元:能够准确、流利地背诵 40 首以上古诗词。
- 榜眼:能够准确、流利地背诵 30~39 首古诗词。

- **探花**：能够准确、流利地背诵 20～29 首古诗词。
- **进士**：能够准确、流利地背诵 15～19 首古诗词。
- **举人**：能够准确、流利地背诵 10～14 首古诗词。
- **秀才**：能够准确、流利地背诵 3～9 首古诗词。
- **待秀才**：不能够准确、流利地背诵 3 首古诗词。

这样的考评制度一方面可以检测学生一学期来在古诗词诵读方面的学习效果，另一方面能够激发学习古诗的热情，积累更多的古诗词。

随着"经典导读"课程的不断深入和成效的显现，九峰进一步探寻资源，依托国家级课题"亲近母语"，作为其全国阅读基地之一，参照课题标准，引进大量优秀阅读书籍，为学生们创设了良好的阅读环境。

> 这些书都是学校自己购买提供的，我们按照同一个年级里面最大班容，比如一年级是绘本阅读，一年级最大班容是 40 个，我们就配 40 本绘本类的书，假设一年级在一个学期里共需要 6 本，那我们这 6 本书就各配 40 本，然后进行班级轮换。书本平时放在阅览室里，学生要看的时候可以直接领过去，各个年级都是这样。我们假期里也会向家长、孩子推荐一些阅读书目。（九峰小学吴校长）

大量的书籍需要完善的管理和调配，为此，九峰小学制定了各年级图书借阅安排表（见表 6-1）。

表 6-1　九峰小学 2010 学年第二学期二(1)班图书借阅安排

书名	价格	借阅时间	用途	归还时间
神医杜里特在猴子国	10.00	2.28	名著导读	3.21
笨狼的故事	9.20	3.21	名著导读	4.11
鼹鼠的月亮河	12.00	4.11	名著导读	5.2
神笔马良	15.00	5.2	名著导读	5.23
一年级大个子二年级小个子	12.00	5.23	名著导读	6.13

注：表格来自九峰小学网站。

(2)两翼之一：培育书香教师

> 因为我们开设的课程主要面对学生，因此书香教师的打造也应作为其中重要内容，我们九峰的教师隔周一次的工作会议上肯定会有一个名著研读的报告，就是读书笔记，还有一个是"观点报告"。假期里，教师也一定会有阅读作业。（九峰小学吴校长）

教师的教学需要以自身扎实的基本功和专业训练为基础。学生的学习也要以教师自身的学习为支持和引导,书香校园里怎能没有博览群书的教师呢?

为此,九峰小学每两周一次举行教师"名著研读"和"观点报告"活动。"名著研读"推行教师自主选读,阅读书目不限。"观点报告"围绕某个话题展开讨论,如"有效教学",教师们可以从学生心理健康、与家长沟通艺术、备课心得等方面入手,根据自己教学实践与思考,从个例出发,陈述观点。

（3）两翼之二:创建书香家庭

> 我们这个学校一开始的生源、家长的层次比较复杂,所以我们就想到了以学校工作推动社区、社会的整体全面素质提高这么一个想法,所以推出了书香家庭创建工作。（九峰小学吴校长）

对书香家庭的创建,九峰特别强调亲子阅读这一点,建议家长和孩子一起读书,一起成长,并推出书香家庭的评选活动,优胜家庭可以获得学校免费赠送的半年或一年期的报刊订送。

合格的书香家庭应具备以下四个条件:①为孩子创造一个良好的读书环境（书房、书架、书画作品）;②购买一定数量健康有意义的课外读物（每年至少 10 本）;③每周至少一小时家庭读书交流;④每月至少一次内容丰富、形式多样的家庭亲子读书活动;⑤每年至少写一篇读书心得（见图 6-12）。

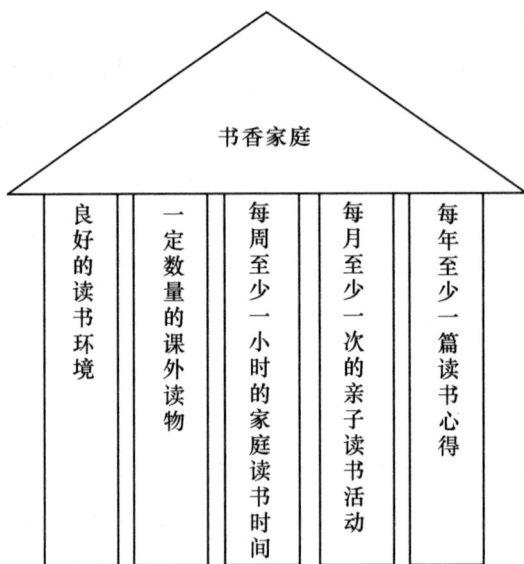

图 6-12　九峰小学书香家庭建构

一直以来,学习型组织的建设被局限在校园之内。这使我们在思考文化建设的过程中,通常跳不开学校这个圈子,九峰小学迈出了大胆的一步。学校是社会文化文明最强的辐射中心,家庭是社区社会的细胞,而孩子是家庭的核心,书香家庭把文化输入家庭,也就是将文化输入了社区,输入了社会。

3.2009—2011 年:综合实践能力的培养

第 3 个三年,九峰小学在书香校园的基础上,提出了对学生综合实践能力的培养。

> 2008 年开始,北仑区的综合实践课程弄得很红火,我们觉得也不能光看书,也想寻求突破。(九峰小学教师 1)

为此,九峰小学提出"人文与科学并重,阅读与实践同行"的口号,让学生在掌握书本知识的基础上,拓展实践能力,以达到全面育人的目标。

> 这个方面我们主要以课题作为引领,立了一个省级的课题——"小作坊"活动。原来书香这一块特色继续在做。(九峰小学吴校长)

具体而言,"小作坊"活动分为四个项目:

(1)制作坊

制作坊以科技类制作活动为主,旨在培育学生的科学知识和动手能力。

制作坊的重要载体和展示平台是九峰小学传统的科技节活动。自 2005 年开始,九峰小学每学期开办一届科技节,每一届设置不同的主题,主要倡导全校学生动手探索科技、环保的小制作、小发明。考虑到不同年龄段孩子的心智发展特征,九峰小学在科技节中为不同年级设置了不同任务,层层递进加深。受此活动影响,九峰小学学生的好奇心、探究欲和动手能力得到了充分锻炼和展现的舞台。

例如,九峰小学第八届科技节的主题是"低碳、创新、成长"。各年级段活动安排如下:

①"变废为宝"——创新环保作品

活动对象:一、二年级学生

活动要求:用身边的旧电器、旧玩具、易拉罐等废旧物品,运用一定的科学原理创新制作科技玩具、模型或实用、多功能的新型用具等作品。

②我来说低碳——节能金点子

活动对象:三、四年级学生

活动要求:在充分观察、了解自己周围生活与学习环境的基础上,针对问题,充分发挥想象,积极思考,提出有预见性、可操作性、实用性的节能金点子。

③"污水处理"零距离——参观岩东污水处理厂

活动对象:五年级学生

活动要求:参观污水处理厂后,能写一份参观报告,说出污水处理的原理。

④纸的力量——纸桥负重

活动对象:六年级学生

活动内容:用一张报纸(宁波日报大小),少量胶带造一座桥,桥长35厘米,宽大于10厘米,能承重200克(4个钩码)。[①]

(2)种植坊

种植坊俗称小菜地。九峰小学每个班级在校园内都有一块"承包"的小菜地,各班学生会在里面种一些蔬菜等植物(见图6-13和图6-14)。

图6-13　九峰小菜地　　　　图6-14　九峰班级承包区

小菜地的管理按照不同年级、不同年龄段学生的特点有所区分。

比如说五六年级都是学生参与的;三四年级可能是在我们相关的课外辅导员指导情况下参与这个活动;一二年级可能是以观察为主,认识一些常见的蔬菜、植物。

劳动技术课是小学的必修课,但受应试教育等影响,这类课程往往流于形式。九峰小学创新教育方式,把劳技课程融入种植坊活动之中,给学生亲近自然、亲身劳动的机会,同时可以拓展性地发展学生的多种能力。

---

① 来源:http://www.jfxx.net/SHuXiangBoKe/ShowArticle.asp? ArticleID=7121。

　　十月份播种以来,孩子们一直关注学校开心农场中属于我们班的那一块"自留地",我们班种的是萝卜,虽然播种是由管理农场的爷爷代劳的,孩子们精心设计菜地认领牌,吃好午饭便三五个结伴去看菜,拔草、浇水,观察和记录植物的生长变化。(九峰小学教师3)

　　除了种菜,九峰小学还拓展活动内容内涵,组织学生一起开展"收菜""卖菜"活动。

　　那天学校通知我们各班中午进行开心农场的"收菜"和"卖菜"。当我宣布此消息时,孩子们欢呼雀跃。当我问谁愿意去收菜和卖菜时,他们都争先恐后地举手。"我妈妈是卖菜的,我会卖。""老师,我会吆喝,走过路过不要错过……""我有小铲子,让我去吧。"我很想让所有的孩子都参与,可由于菜地小,泥土湿滑,只好指定了七位同学收菜,五位同学卖菜。看到没选中的同学失望的表情,我就说:其他同学可以让家长来买菜,家长没空的话那就带几元钱自己来买菜。(九峰小学教师3)

　　收完菜,九峰小学在学校食堂设置"摊位",让教师、学生和家长参与"卖菜"和"买菜",所得款项作为各班班费。

　　里面人流熙攘,叫卖声,讨价还价声,好不热闹。因为卖菜所得款作为各班的班费,各班孩子都在力挺自己的菜,来买菜的家长们牵着自己孩子的手,在人流中穿梭。也许在平时,他们都会讨价还价,可在这个孩子们经营的菜场里,却满脸微笑地任他们"宰",五元一斤的大白菜也会心甘情愿地付钱。最后我班卖菜所得53.5元。看着孩子们满脸的兴奋和自豪,我也满怀欢喜。(九峰小学教师3)

　　开展"卖菜"活动可以使九峰的学生培养自力更生的自豪感,更深刻地认识劳动的重要意义。同时,从九峰小学学生的家庭状况来看,许多孩子的父母本身就是从事卖菜等普普通通的工作,让学生们体验自己家长日常的工作,可以更好地体味父母的辛劳,也可以树立劳动最光荣、行业无卑贱的观念。开心农场给予孩子的不仅仅是快乐,还有诸多珍贵品质的锻炼。

　　在小学六年的时光中,值得回忆的东西很多,我相信这次"收菜卖菜"的经历一定会成为一个甜美的画面留在孩子们成长的记忆里。(九峰小学教师3)

（3）游戏坊

> 游戏坊，就是让孩子玩一些老游戏，就是我们大人儿时玩过的游戏，比如滚铁环之类。（九峰小学吴校长）

游戏，是孩子童年美好回忆的重要承载。但今天，许多孩子的课余时间和假期都在电脑游戏和网络中度过，这样的娱乐方式被家长和教师广泛诟病，学生身体素质的下降、对网游的沉溺等弊端让诸多人担忧。回顾历史，在没有电脑的时代，上一辈、上上一辈人小时候的童年都是在一些有趣、传统的游戏中度过的，丢沙包、滚铁环、打陀螺等等，这些活动不但能锻炼儿童的身体素质，其中不少还承载着传统文化元素。开设游戏坊，可以让学生找回父母辈、祖辈的童年记忆，和家长一起游戏一起成长，这个创意把健身意义和亲子交流巧妙地结合起来。

（4）家庭实验坊

> 在我们原先的书香家庭创建过程中，我们觉得阅读不能成为知识获取的唯一途径，所以我们就向家长、孩子提出，规定一定的时间，由家长和孩子共同参与，在家里做一些小实验。（九峰小学吴校长）

家庭实验坊整合了各个学科的知识内容。

> 比如我们数学课有统计知识，实验里就有统计，语文学科我们提出来让家长和孩子一起写实验小论文……（九峰小学吴校长）

通过让家长和孩子共同阅读，共同参与活动，九峰小学在逐步改善学生的家庭教育环境、助推九峰学子和谐的家庭氛围。而随着"小作坊"活动的开展，学生的学校生活更为多姿多彩，课外同学之间的互动也更为频繁，家长与学生的共同合作沟通也更为密切，使学校文化呈现出浓厚的学习活动共同体的特征。

4. 以点带面，全面展开学校文化建设

除了"书香校园"和"小作坊"这两个学校文化特色项目，九峰也和北仑区内其他学校一样，积极实施"体育、艺术2＋1项目"，践行"健康九峰""艺术九峰"的目标。

在北仑区，九峰小学是最早开展学生大课间活动的。我们的前一任校长，他那个时候从校外吸纳经验，开展了大课间活动，我理解就是群体文化活动。

我们的体育项目,应该说是也取得了好多成绩。首先是摔跤社团,摔跤这个项目有点特殊,全校推广的话难度比较大,因为毕竟有一定的危险性。我们摔跤社团的团员总共有 30 人左右。去年省运会我们输送的两名学生获得了省运会的冠军,是整个北仑区省运会的金牌第一大户。我们的乒乓球队和篮球队在北仑区里也能位列前三名。(九峰小学吴校长)

除了体育教育,九峰小学的艺术教育也开展得很扎实。

我们的铜管乐获得过宁波市少先队鼓乐队比赛的第一名;我们的古筝社团经常在区里的课外乐器比赛中得一等奖。(九峰小学吴校长)

这样杰出的比赛成绩,和九峰教师的辛勤付出密不可分。

说起古筝老师,我非常佩服她,在工作会议上也经常表扬她。她不是一个专职的音乐老师,她是陪自己的女儿一起学古筝,所以这个社团从她女儿学古筝时开始的,她一路带上来,在北仑区里取得了这么好的名次,很值得我们全体老师学习。(九峰小学吴校长)

学校文化建设针对的对象不仅仅是学生,学校文化活动的参与者也不只局限于学生,教师在学校文化建设中的全身心投入不仅可以推动学生的发展,也可以丰富自己的职业生活,促进自我才能的进一步发展。

三、九峰小学学校文化建设中与区教育局的关系

1. 区教育局的均衡教育政策为学校的持续发展提供动力

首先,不管是城区还是我们郊区,教育局对每个学校的硬件投入是一样的,基本没什么区别。

其次,从教师流动看,北仑教育现在有这么一个现象,据说这几年来农村教师进城考试(即农村教师符合一定条件后可以报名参加城区学校招聘教师的考试)报名的名额少于招聘的指标,农村的教师都不往城里挤了。(九峰小学吴校长)

这一点笔者在访谈十余所北仑各类学校的过程中也感受到了,无论是农村、城市还是城乡结合部的学校,从外观看,硬件条件相差无几,很多农村学校的校园环境也很好。在教师待遇上,能做到城乡一致这一点实属难得,

农村教师流向城市的现象现在全国普遍存在,对于农村和城市郊区学校,稳定的师资是其办学的基础条件,也是教育公平的需要。

> 特别是优秀教师,现在优秀教师肯留下来,对于一个学校的发展,是一个持续的动力。(九峰小学吴校长)

2. 区教育局对学校文化的重视为学校指引方向

> 这几年,教育局主要抓校园文化示范学校的评比,有很多考核指标。今年的年度会议也是围绕校园文化的。(九峰小学吴校长)

此外,北仑区教育局正组织各科室展开文化调研活动,不同的科室负责不同的调研主题,区内学校的文化办学正受到局内所有工作人员的关注。区教育局对学校文化的重视直接指引了九峰小学下一步的办学工作。

四、九峰小学学校文化建设活动的评估与成效

1. 教育局的评估

在北仑区教育局评出的首批十所校园文化建设示范学校中,九峰小学位列其中。此外,九峰还获得北仑区首批校本教研示范学校、宁波市阳光体育先进学校、艺术教育先进学校等荣誉。

2. 学校的评估:特有的"学位晋级制度"

一开始,九峰着重抓的是学生的行为规范,经过多年努力,九峰小学已被评为宁波市雏鹰红旗大队和行为规范示范学校。

> 我想这个,除了跟平时抓的一些学生规范有关之外,阅读可能也起了作用。通过对儿童经典文学的阅读,人文素质可以获得提升,我想这也有一定的关系。(九峰小学吴校长)

除了经典诵读,九峰小学还开展了其他一系列综合性活动。对学生在活动中的表现和提升,除了教师的主观感受之外,九峰推出了一个特有的评价制度——"学位晋级制度"。

"学位晋级制度"起源于九峰小学书香少先队活动"知识存折""小学士""小硕士""小博士"阅读学位争章活动,2005年起经过操作细则的深化和活动领域的拓展,最终形成了一套反映学生综合素质的特色评价激励制度。"学位晋级制度"把学校所有的教学活动、德育活动以及学科教学评价、德育评价、活动评价等制度系统整合,按照"行为表现""学业成就""能力特长"等

类别纳入体系中,使"各自为政"的评价体系整合为同一机制,借助这一长期性的过程性评价机制,从学生一年级入学开始,全方位记录其在小学阶段的即时表现和成长足迹。

"学位晋级"模拟大学中的学位制,按等级设立九峰"准小学士""小学士""小硕士""小博士"4 种学位,并设计 4 种不同的学位奖章。奖章之间存在转换关系,2 枚"准小学士"晋级 1 枚"小学士",10 枚"小学士"晋级 1 枚"小硕士",10 枚"小硕士"晋级 1 枚"小博士"奖章。"小博士"奖章为学校最高荣誉,一般是由"小学士""小硕士"逐级转换而获得,难度系数最大,该荣誉可得到奖学金 200 元的物质奖励,获得"小博士"学位的学生还可以继续争取"双博士""三博士"等。

"学位晋级制度"是独立于考试评价方式之外,专门考查学生综合素质表现的评价方式,如学生参加课外活动的次数、表现等。经过六年多时间的晋级活动积累,目前九峰小学已产生 30 多名小博士和为数不少的小硕士,对于这些"高学历"孩子,学校会在每学期的休学式上进行表彰。

这样一种新颖独特的学生行为评价制度,对学生的促进作用很大。

> 虽然操作比较繁琐,经常要敲章,要写好多获奖理由,但对学生的促进作用很大,学生们为了晋级自己的学位,表现十分积极。到了高段年级,学生也会帮助老师一起记录。(九峰小学教师 1)

这样的评价大大激励了孩子们参与阅读、科技、写作等各项课外活动的积极性,学生综合素质的提高又直接提升了学校的文化品位。

3. 具体影响案例

(1)对学生的影响

> 像我们上一届毕业的施毅,他是转进来的,他小时候脾气比较急躁,在家里说话也比较刚烈的,对待同学也不太友好,后来我发现,到了中高段以后,在这个阅读的环境里面,他懂事多了,基本上做到了知书达理,能够静下心来。(教师 1)

> 家庭氛围方面,我想现在跟我接触的家长,一个我也是当他班主任,看上去也比较上路,这种感觉。(教师 2)

(2)对家长的影响

> 评上书香家庭的我们会免费给他们家订家庭周报。开始时很多外

地的家长、本地拆迁的农民，爷爷奶奶、爸爸妈妈都打自己孩子的。我总是好好地跟他们谈，慢慢地受到这种耳濡目染的影响以后，家庭里的体罚现象、暴打现象基本上没有了。我总是好好地跟他们谈，这是一个慢慢引领的过程。（九峰小学教师 1）

以书为依托，九峰小学通过活动激励和言语沟通，慢慢促进了学生家长教育理念的转变。

五、九峰小学学校文化建设中的困难问题

1. 竞争压力和创新压力

北仑有一批非常出色的校长，也有一些办学非常成功的学校。我们一直在思考，九峰在接下去的发展中，要朝哪一方面加强或者创新，还是有压力的。（九峰小学吴校长）

2. 学生的安全问题

作为学校管理者，我在学生德育、教师教学行为方面做了很多工作，现在最怕的就是学生的安全问题。（九峰小学吴校长）

近期全国各地发生的校车事故、食物中毒等校园安全事故，引起人们广泛关注。作为办学者，首先要对学生的生命安全负责，任何由于不负责或疏忽所导致的安全事故，都将使办学者面临社会的责难和法律的制裁。

这个我是做校长以后才亲身体会到的。这么多学生在，有一件安全事故发生那就比较麻烦，因为家长毕竟素质不同，层次不一样，处理也比较麻烦。比如孩子在校园里体育活动时受伤了，一般的小伤是没问题的，但有时候家长就有点难处理。（九峰小学吴校长）

六、九峰小学学校文化建设中未来的工作方向

九峰小学的书香校园、书香家庭特色活动已经开展得比较成熟，也在社会各界获得了较好声誉。相比之下，综合实践活动还处于探索阶段。

我们提倡孩子的动手能力要跟现代社会接轨，但是看他们的综合能力，家长扶持的比较多，我们老师放手的也比较少，主要也是不敢放。（九峰小学教师 1）

一方面想让孩子培养自主的实践能力,另一方面又不放心、不敢放手。这背后的矛盾一是出于对孩子发展无限可能性的不确定,二是对学校这一套实践项目是否有效的不确定。

九峰小学目前推出的"小作坊"项目下属活动有很多,但各个作坊之间缺乏有效密切的联系,若能有统一的教育理念对这些各有特色的活动加以引领,把这些散落的珍珠串起来,学校文化建设会更加有系统,这将是九峰小学今后需要探讨的重要问题。

第七章 学校行为文化建设典型案例

第一节 北仑中学:学生自我管理文化建设

一、北仑中学概况:高品质、综合型的现代化学校

北仑中学位于北仑区芦山路南,是目前区内唯一一所省一级重点中学。

1985 年,因改革开放、经济发展之需要,宁波市镇海县拆分为镇海、北仑两区,北仑新区由此诞生。为大力发展教育,北仑区于 1988 年投资 300 万元兴建北仑中学,次年遂招收两个班 96 名高一新生,北仑中学由此宣告成立。

此后六年间,北仑中学由 2 个班级发展至 16 个班 800 余名学生。面对生源参差、经费短缺、基建频繁的局面,北仑中学上下团结一致、无私奉献,通过狠抓校风,建立常规,有序开展了教学活动,稳步提高了教学质量。至 1994 年,北仑中学被定为浙江师范大学及宁波师范学院实习基地。

为了给学校发展提供一定的经济后盾,北仑中学兴办校办厂"北仑微机构件厂",后逐步壮大,改名为"北仑海伯精密机械制造有限公司"。期间,学校相继建成实验楼、综合楼、报告厅、教师宿舍楼及田径场。

1995 年,北仑区委区政府定下将北仑中学办成省一级重点中学之目标,北仑中学开始二次创业。学校实行校长负责制等"五制二条例",狠抓校风教风学风,扩建校舍,添置现代化设施,尤以广引人才、大力提高师资水平为首要任务。三年中,新建逸夫教学楼、体育馆、游泳池及多个球类场地,教学规模维持在 20 个班级,高考录取人数逐年上升。历经三载努力,1998 年 7 月,北仑中学被省教委批准为省一级重点中学。

2004 年 8 月,北仑中学迁入占地 133000 平方米、建筑面积 9 万平方米、

总投资 1.45 亿元的新校区。校园分教学、生活与运动三大区域。新校区教育教学设施齐备,校园环境优美宜人(见图 7-1、图 7-2)。

图 7-1　北仑中学校园一角

图 7-2　北仑中学教学楼

　　经过 22 年的历程,北仑中学目前已发展成为一所高教学品质、高办学规格的重点中学。近年来,北仑中学学生参加奥林匹克等学科竞赛的总成绩已跻身宁波大市前三名,并多次获省集体优胜奖。高考重点率更是年年攀升,一批优秀仑中学子进入北大、清华、复旦等全国知名大学深造,其中,2007 届周耀凤同学成为该年高考宁波市文科状元。

　　　　这几年发展特别快,学生成绩都还不错,也比较均质。2010 年,学校高考的一本上线率达到 70%,上线率基本都是 100%。(北仑中学王校长)

　　目前北仑中学共有教学班级 37 个,学生 1485 人,教职工 155 人。在追求高品质教学质量的同时,北仑中学也顺应时代发展的需要,引入现代化教学模式,往综合型学校发展。

　　北仑中学现有 3 类培养模式。37 个班级中,30 个为普通高中班,5 个为新疆内地高中班,余下 2 个为中美国际合作班级。

　　"新疆内高班"是我国目前特有的少数民族教育方式。根据国办发〔1999〕85 号文规定,自 2000 年 9 月开始,国家在北京、上海等 12 个经济发达城市的 13 所一类高中开办新疆内高班。到 2010 年,内高班最大在校生规模已将近 20000 人,内高班的办班城市也增加到 25 个,其中包括浙江省的杭州市和宁波市。

　　"做好新疆内高班工作"是胡锦涛总书记作出的重要指示,北仑中学也把这项工作作为重要的政治任务加以执行。

中美国际合作班是北仑中学顺应高中课程改革和素质要求，根据地方经济发展特点，引进国外优质教育资源而设置的。通过与美国华盛顿爱尔格学习中心——英迪高级中学合作，北仑中学开办了此项高中课程项目，获得浙江省教育厅批准并报国家教育部备案。参加本项目课程学习的学生，可以同时在北仑中学与美国英迪高级中学注册取得学籍，学完双方课程、考试合格后，即可获得中美高中双文凭，并可在北仑中学参加 ACT 考试（美国大学入学考试），直接申请美国大学入学资格。

> 这个班每学年的学费是 6 万 8，我们学生在这里考试，试卷拿到美国去改的，成绩美国是承认的，学生可以按照自己的学习成绩，去选报美国的任何一所学校。（北仑中学王校长）

2011 年北仑中学中美国际合作班的毕业生中，100％的人申请到了美国排名前一百的大学，50％以上的学生收到排名前五十的大学的录取通知。录取的学校有：华盛顿大学、加州大学欧文分校、威拉米特文理学院、美国东北大学……

随着我国经济的进一步发展和对外开放的加深，国内学子出国留学的现象已越来越普遍，在经济发达的沿海地区，更是如此。北仑中学顺应这一趋势和部分经济宽裕家庭的需求，推出了此项国际合作育人模式。中美国际合作班一经推出，便得到了欢迎，招生很快就报满了。

本研究主要针对在北仑中学内实行一般普高教育、参加国内统一高考的 30 个班级，即王校长所说的"正宗"的北仑中学学生。当然，其中涉及的学校文化制度、活动，也会部分涵盖到其他类型班级。

二、北仑中学文化建设思路：用文化促发展、向德育要成绩

常人看来，普通高中的第一要务是高考，德育、学校文化建设等事宜容易被理解成是点缀或形式。但在采访北仑中学时，笔者听到了不同的、让人振奋的答案：

> 学校文化就像学校的另一条生命线。现在社会，特别是高中，如果高考不好，一切都是空的。但是你回过来要提高高考，学生的学习成绩也好，学校的教育质量也好，都需要把学校文化作为前提和基础。
>
> 我们学校，这么多年来，尤其是最近的八九年，我们提出一点，要向班风、学风要成绩要质量，也就是把学校文化摆到首位。我们学校办学

年数比较少,文化的积淀还不多,但这几年以后慢慢开始有点沉淀了,近五六年在强调文化的传承。(北仑中学王校长)

王校长指出,学校文化建设与学生学业成绩并不存在矛盾。相反,两者应该可以是良性的因果互动关系,北仑中学用实际的行动和成果验证了这一点。

北仑中学以"文理融合、学贯中西"为办学策略,以培养"德才兼备、个性明显"人才为目标,以"高境界做人、高质量学习、高格调生活"为教育理想,从学校、学生、班主任三个主体出发,开辟了一条独有的文化办学之路。

1. 从学校出发:发挥非智力因素作用,打造愉悦又励志的校园氛围

在学生成绩差不多的情况下,学生的非智力因素对高考时的发挥会起到一个决定性的作用。所以从学生的心理、身体素质等角度,我们学校有一定的措施和方法。(北仑中学王校长)

经历过高考的人,都会明白高考是一场智力战,更是一场心理战。自信、愉悦、放松的心态对于高考来说至关重要,在大力抓教学纪律、课堂效率的同时,北仑中学努力为学生营造愉悦而又励志的校园氛围,发挥非智力因素的正面作用。

(1)唱歌活动

高一、高二的学生进来以后,每天下午上课前 5 分钟,都会集体唱歌,体育课除外,如果是在教室上课的,每个班级都要唱歌。(北仑中学王校长)

通过唱歌调节学生的心理,既不影响正常教学秩序,又能愉悦身心,这不失为一种简单有效的方法。

我们想,学生从高一进来后,其他不用讲,毕业以后,三来下来,高中里唱的这些歌,一生也不会忘记。

尤其到了高三,学生可以把不愉快的东西利用唱歌时间发泄出来,这是一种心理调节,学生三年坚持下来也是一种品格的培养。(北仑中学王校长)

(2)跑步活动

高三学生在最后一个月半到两个月的时候,离下课还有 15 分钟,

我们会让所有高三班主任带队让他们到运动场里跑一跑。一个是体质的锻炼,一个也是种心理调节,跑步的时候大家可以聊聊天。(北仑中学王校长)

跑步是学生的常规运动方式,其背后的身心调节作用不用多说。

(3)特殊的毕业典礼

每年6月4号,在高考之前,北仑中学都会召开一个特殊的毕业典礼。

本身毕业典礼是比较严肃隆重的,但是这些年我们的毕业典礼已经变成了一个大的像10个班级的主题班会课一样。在那个时刻要让学生感到一点,好像过几天不是高考一样,还是在正常上课。这样对学生各个方面的情绪和心理调节都有好处。

除了学生,家长也会受邀参与毕业典礼,而且这几年发生了一个有意思的现象:

像去年刚刚毕业的这一届,两个在大会上发言的家长,他们的小孩在高考都超水平发挥。这个说来也奇怪,这两个人在高中三年里,考得最好的一次就是高考。(北仑中学王校长)

这背后的具体原因有很多,值得细细追踪分析。但无疑,学生受到的励志教育影响具有重要作用。

这个真的是一种活的广告,对学校和学生来说,是一种宣传。(北仑中学王校长)

除了在毕业典礼上邀请家长,北仑中学在平时的教学中也会请家长进校园,一起分享彼此的心得。

我们也会把上几届的家长请过来,孩子不一定非得是考进清华北大的,就普普通通的也请过来,给这一届的学生家长做讲座,这个比我们老师讲,比专家去讲,好得多。(北仑中学王校长)

(4)其他不定期活动

除了以上这三项定期活动,北仑中学还会不定期为学生实施各种调节身心、锻炼意志的方法。

2010年3月24日,北仑中学高二年级学生在随行老师的带领下,赶赴奉化原动力训练学校参加为期一天的素质拓展教育活动。本活动旨在通过

"生死时速""断桥""求生"等活动项目,增强学生适应环境、克服困难的能力,激发学生的个人潜能,加强彼此之间的了解和沟通,进而引导学生深刻体会团队的力量和协作的重要性(见图 7-3、图 7-4)。

<table>
<tr><td>图 7-3　北仑中学素质拓展教育(1)</td><td>图 7-4　北仑中学素质拓展教育(2)</td></tr>
</table>

伴随同学们的不仅仅是完成活动后的汗水,更多的是体验探索后成功的喜悦。把深刻的教育内容融入生动有趣的课外活动之中,可以使学生们收获匪浅。

2. 从学生出发:培养自我管理、综合发展的学生

学校文化建设的目的核心还是在于促进学生的发展,除了追求保持优秀的学业成绩,北仑中学从全面育人的角度出发,以"高境界做人、高质量学习、高格调生活"为教育理想,不断积累完善学校德育建设,探寻在共同发展基础上有个性发展的学生培养模式。

> 反正每次有人来我们学校,我做学校文化特色介绍的时候,主要都是讲三个方面,第一个是学生发展指数库,第二个是学生自主管理制度,还有个是学生的社团。(北仑中学王校长)

(1)学生发展指数库

> 这个就是把学校里面的学生规章以及中学生的守则具体化,然后以分数的形式量化。这个指数库里面有加分项和扣分项,哪一条扣分、哪一条加分都有具体规定。(北仑中学王校长)

把学生在校的各项行为要求转化为可操作、可估量的数字,有利于有效规范学生行为、提高管理效率。这个指数库的管理不仅仅是加分扣分那么简单,数据的统计、保持和管理等都需要投入较大精力。为此,北仑中学经过多次探索、修改,制定了一些详细章程(见附录5)。

实施学生发展指数库,不仅管理了所有学生的所有行为规范,也调动了全体教师参与其中,体现全员育人的意识。

> 这个事情不单单是班主任、副班主任和行政管理人员要干,每个老师都一样要参与的,这个管理直接纳入每年的教师考核中去。(北仑中学王校长)

学生的评奖评优也直接和发展指数的多少相关。

> 学生如果达到 6 分以上,就可以直接评优秀,我们通过这个来量化来衡量。(北仑中学王校长)

除了可在校内借此发展指数加强教育管理,学生受此管理评估系统的影响和后续发展也值得进行一番跟踪研究。

> 今年中央教科所的专家来了以后,他给我提出了一点,就说你跟踪一下,你跟踪两三届学生以后,你根据这个学生发展指数库的数据,看这个学生现在什么分数,他以后出了校门最终的结果会怎么样,我觉得是挺有道理的。(北仑中学王校长)

(2)学生自主管理制度

北仑中学的学生自主管理制度启动于 2009 年,一开始起源于"学生校长助理"这一制度。

• "学生校长助理"职位

> 设立这个职位的本意是让学生管理学生,那样就可以解放教师,使教师可以将重心放到教学上。现在看,对学生来讲,这也是一种能力与素质的培养,也是好事。学生迟早要走入社会,那他一进入高一就开始培养这一能力的话,效果会更加好。事实上,我们学校出去的好多学生,在大学里面当班干部,去学生会,去做社团干部的特别多。(北仑中学王校长)

"学生校长助理"职位的设置也体现了学生的主人翁意识,保障了学生的民主权利和利益。

> 北仑中学在实施相关教育教学及后勤管理制度前,会征询他们的意见。每个班都有一个校长助理,有什么问题可以直接提出来。我上个礼拜,期中考试结束后,搞了一个面对面的交谈,37 个校长助理跟学校各部门的负责人坐在一起交流。(北仑中学王校长)

通过为学生搭建这样一个管理学校的平台,可以有效地调动学生对学校事务的关心,培养其责任感和权利意识,但是长此以往也会出现一些不足。

> 这个东西搞多了对学校也不是一件好事。只能是适量,一般一个学期1到2次就好了。多了以后学生会有好多问题,现在的孩子,生活条件优越,学校很多条件都满足不了他们,很多学生就跟上帝一样,你每次都得满足他。(北仑中学王校长)

毕竟普通高中的主要任务还是教学,保障有序的管理秩序是办学的首要。

> 后来因为这个特殊情况,再加上学校特别忙,我们撤掉了,一个学期没做。那么今年呢,把它恢复,想动脑筋将它发展起来。(北仑中学王校长)

躲避不是解决问题的办学。从本质上看,"学生校长助理"制度利大于弊,办法总比问题多,好制度需要有个探索的过程。

•学生志愿者管理委员会

我们做的很多事情和其他学校都是一样的,有值周班级、团委、学生会,这个层面所有学校都有的。但是我们学校多了一个"志管会",就是志愿者管理委员会。

为什么会产生这个"志管会"呢?这和原有管理制度存在的缺陷有关。

> 实习值周班级的话,因为每个学校都有5面循环红旗,里面项目特别多,你让一个值周班级管理一个礼拜的话,老师普遍反映,这一个礼拜值周下来,值周班级的班风、学风弄得一塌糊涂,学生的成绩也肯定受影响。项目又这么多,让一个班级去管,忙不过来。(北仑中学王校长)

由此,王校长开动脑筋,寻找解决途径。

> 我们当过班主任的,在班级里肯定都有这样的体会:比如说哪个学生管扫地的,哪个学生搬水的,哪个学生擦黑板的,都分配好了,这样就人人有事做、事事有人做,班级里分工特别明确。所以我在想,特别是我管整个学校后,想把班级那一套放到学校层面上来。

> 每一周班级考核里有好多项目,我们让高一、高二的学生参与管理,培养他们的能力和素质。到了高三,让学生安安心心地迎接高考,这是生命线,没办法的。高一、高二有20个班级的话,我就设置20个项目,一开始是抓阄选取,然后每一个班级管理一个项目,这样每个班都成为某个项目的专家了。(北仑中学王校长)

从学生"小管理"走向学生"大管理",体现了办学者的创意,在具体实施时,北仑中学还给了学生制定制度的权力。

> 每个项目都是某个班级里面制定出来的,是学生自己规定的。比如,我们学生周一到周五,一定要穿校服。这个规定出去,有些学生很反感,他来问我:"王老师为什么这么做?"我就说:"这是你们自己制定出来的,他们能做到,你们为什么做不到呢?"这个比我们说更加有说服力。(北仑中学王校长)

让学生管理学生,既可以减轻学校管理层老师的负担,又可以提高学生的自律性。但问题总会接踵而至。

> 20个班级管20个项目,刚开始时比较新鲜,但是一个学期下来以后,老师和学生提出,如果2年总是管这个项目,有点烦,这是一点。第二,难免有个别班级会不负责任,你这块内容管理不好,会影响到其他的19个项目。(北仑中学王校长)

管理制度的设定和完善是个无止境的过程,面对新问题,王校长设立了一个奖励和处罚制度。

> 我把项目调整到18个,空出两个班级,实行末位淘汰制。学生会、团委、值周班的功能发生改变,让他们由检查职能走向领导管理职能。18个项目,每天只要抽6个进行检查计分,一个月以后对这18个班级进行排序,末位两个班级被淘汰掉。被淘汰的班级会面临相应处分。(北仑中学王校长)

> 起码评优秀的时候,人家优秀的比例是百分之六十五,那你只能是百分之五十。比如说推荐三好生,人家一个班5个,那你只能是1个。班主任考核,同等的条件下,被淘汰班级的班主任就没资格评。(北仑中学王校长)

所有管理项目实行自愿申请制,面对可能存在的"冷场"现场,北仑中学也做了预案。

> 到了下一轮,被淘汰的几个班级可以继续申请。如果不申请,那大不了减去一个管理项目。再不行的话,就把项目缩小,从学生会、团委那里抽调一部分人应急用。如果有班级重新申请,那可以再恢复一个项目。这样一来,就慢慢地运行正常了。(北仑中学王校长)

"志愿者管理委员会"的产生是对原有值周班级制度缺陷的补充,也是北仑中学为发展学生能力搭建的新平台。该制度不断完善与修改的过程既体现了此项创新制度背后的种种困难,也彰显了北仑中学学校领导层的办学智慧和管理才能。

(3)学生社团

为了给学生营造丰富多彩的课余生活,为学生提供发挥才艺个性的舞台,北仑中学开设了文学、西学、国学、书画、音乐、体育、心理、广电传媒等社团 25 个,涉及学生各方面的兴趣爱好,有些社团的发展还取得了令人钦佩的成绩。

● 九思国学社

北仑中学九思国学社作为浙江省首家中学生国学社,成立于 2007 年。该社团成立以来,以"品读经典、研习国学、更新生命"为宗旨,以"读论语、学做人"为重点,在北仑中学校园积极推动中华传统文化的弘扬与传播,取得了不俗的反响。

2009 年暑假,为期六天的"古越文化"国学夏令营在北仑中学举行。"古越文化"夏令营是由国学大师钱穆的夫人钱胡美琦女士所倡导,由中国教育学会高中教育专业委员会和台湾素书楼文教基金会联合主办的香港和海峡两岸文化交流活动。

此次夏令营,台北建国女中、香港新亚中学、北师大二附中、北京四中、南京师大附中等 20 多个来自香港和海峡两岸的知名学校派出了各自的青年才俊参与其中。与此同时,钱胡美琦女士、台北艺术大学辛意云教授、清华大学钱逊教授、浙江大学计翔翔教授等师长也面对面地与营员们分享了他们对国学的理解和感悟。此活动为香港和海峡两岸营员搭建了学习、交流、互动的良好平台,推进了各校国学社活动的有效开展,有利于深化中华文明圈的国学基本教育,塑造新生代中国人的人文筋骨。

北仑中学作为承办方,通过此活动扩展了学校的影响力。北仑中学"九思国学社"通过参与其中,极大地开阔了学习视野,为社团活动的开展积累了丰富的资源。

• 海晨文学社

海晨文学社已有 21 年历史,曾荣获全国中语会颁发的"全国中学生文学社团活动示范单位"称号,位列"全国中学生百家优秀社团"之一,海晨文学社的社刊《海晨园》被评为"全国中学生文学社示范社报刊"。通过举办各种阅读、朗诵等活动,海晨文学社为仑中学子提供了一个吐露心声、锻炼文学才艺的舞台。

2012 年 3 月,海晨文学社在学校图书馆开展了以"宣传爱书文化,深入了解图书馆"为主题的活动。社员们向来图书馆的同学发放表格,以了解当代高中生的阅读情况,同学们参与其中并填写了调查表。

翔实的原始调查数据能帮助图书馆更好地建设和发展,学生们积极的建言献策,也给图书馆注入了活力。同学们还纷纷送上了对图书馆的寄语,希望图书馆在图书配置、开放时间上能有所改善。

3. 从班主任出发:塑造反思型的班主任

　　我们学校对教师的专业发展、对班主任的德育培训比较注重。(北仑中学教师 1)

　　我们会让一部分优秀的班主任给我们的学生和其他班主任做讲座。这两年下来,大家感觉到一点,可能请外面的专家来,不利于挖掘我们内部的资源,现在班主任做讲座做交流,基本上也算是在形成一种文化了。(北仑中学王校长)

通过挖掘班主任内部德育资源,分享彼此教育经验,有利于总结和提炼属于北仑中学自己的文化元素。为此,北仑中学要求每一位班主任在高三学生毕业之后,对自己的带班工作进行总结。

　　每一届的年级主任也好,班主任也好,我们都要求他们把体会写下来,制成电子版后,可以给班主任提供一个交流的平台。德育的内容大部分都是班主任自己写的,这些年积累下来比较多。(北仑中学王校长)

近些年,通过汇编,北仑中学已将各位班主任的成功或失败经验进行整合装订成《成绩的背后》和《心海拾贝》两本校刊，作为学校文化的一部分加以传承。

例如，根据班级内 90 后学生的特点与共性，北仑中学的班主任曾采用"90 后的方式"来管理 90 后。

什么是 90 后的方式呢？

> 我的体悟就是首先要让学生了解现代社群理论。（北仑中学教师 1）

现代社群理论提出了两个核心命题：一是义务优先于权利；二是公共利益优先于个人权利。简言之，个人通过社群获得生命的意义和生活的价值，个人利益与公共利益不是"对抗关系"，而是相互依存和相互塑造的"共生关系"。由此，班级工作应从"返还学生权利"向"发展学生的公益意识"推进。

> 刚接手高一(4)班时，总体感觉纪律比较散乱，学生自由意志比较强烈，但这只是我班主任的感觉，我不能将自己的意见强加在他们身上，从而来指责他们，并强求他们改变。但如果他们自己认为班级纪律需要改观的话，情况就会完全不同。班干部对班级的情况是最清楚、最有发言权的。于是在每一个与班干部独处的机会，我都会有意无意地向他询问班级情况，一方面是暗示，另一方面也是提醒。一段时间之后，就有好几位班干部都认为班级的纪律不容乐观，最好能加以改变。我一看时机到来，于是开始行动。（北仑中学教师 2）

这位任班主任的老师针对班级的情况设计了一组问卷调查，利用班会课的时间向全班同学展开调查。

高一(4)班班级纪律建设大参与调查问卷

1. 你觉得期中考试以来这段时间班级的纪律情况如何？　　　（　　）

A. 很好　　　　　　B. 一般　　　　　　C. 比期中之前有进步

D. 还是一样闹哄哄　　E. 很差

2. 你觉得班级自习课讲话的大致情况如何？　　　　　　　（　　）

A. 绝大部分同学都很好，除了个别同学比较爱讲，声音会比较大

B. 到处都有低低的讲话声，分贝比较低，但令人烦躁

C. 有的时候会很安静，但突然会吵闹起来

D. 一直很安静

3. 你觉得班级自习课讲话的分布情况如何(可多选)?　　　　　(　　)

A. 声源集中在后面部分的同学

B. 声源集中在前面部分的同学

C. 声源集中在中间部分的同学

D. 声源集中在第一大组

E. 声源集中在第二大组

F. 声源集中在第三大组　　　　　G. 声源集中在第四大组

4. 你觉得下列哪些措施能让班级纪律更好?　　　　　　　　(　　)

A. 纪律不好的同学坐在讲台边

B. 全班同学单人单桌

C. 请最厉害的同学来管理纪律,我认为是_____(提供姓名)

D. 其他更好的办法:_____

5. 你觉得班级纪律最差的同学是谁_____(请推举一位同学)

调查一展开,问题非常突出,一下子就锁定了目标,两位同学被全班同学推举为纪律最差的同学,而且全班同学决定用坐在讲台两边的方式来惩罚他们。

结果出来后,我找他们谈话,他们表示心服口服,同学的眼睛是雪亮的,他们的确在自修课上讲话比较随意大声,破坏了班级纪律,而且他们觉得同学们还是很善良的,用这么轻的方式处罚他们。于是顺理成章,班级的纪律在调查之后有了很大的改观。(北仑中学教师2)

用这种方式解决班级问题,可以让每一位学生都参与班级管理中,让学生自己决定如何解决班级问题,使每个班级成员拥有话语权。

教育发展到当今,班主任的教育管理也在迅速发展,已形成一门文化,一门艺术。从某种程度而言,它的重要性已超过文化课教育,因为班主任教育管理的一个细节可能影响到学生的终身,因此,班主任对班级的教育管理应越来越精细。

三、北仑中学学校文化建设与区教育局的关系

1. 教育局推出各项文化建设政策和支持措施

北仑区教育局推出的一系列学校文化建设条款、机制,实施的范围涵盖各类学校,普通高中也在其中。

　　　比如,区里要搞家长学校,我们是高中,期中考试完办了一个家长
会,还有家委会。我们学校有一部分事情难做的时候,就可以通过家委
会出面协调解决,家委会可以给学校办一点实事。区里每年要对学校
进行考核,包括这个家委会。(北仑中学王校长)

　　学校文化本来就是社会文化的一部分,举办家长学校可以有效引进社
会资源共同办学,有利于实现更加融洽的家校关系,扩大学校的社会影响,
促进学校发展。

　　除了推出一系列自上而下的政策,区教育局还为学校提供文化办学所
需的各类资源。

　　(1)引进专家为学校发展把脉

　　　　上次局里帮我们找来中央教科所的专家,到我们学校,指导我们创
建特色学校。(北仑中学王校长)

　　(2)为校长教师提供培训

　　　　局里结合教师的继续教育进行培训,我们北仑区每年都有名师工
程培训,还有班主任上岗培训等等。(北仑中学王校长)

　　(3)资金的支持

　　像我们学校的话,钱倒不是一个大问题。我们学校这个方面还是比较
支持的,你只要能够做出成绩来。

　　　　教育局邀请专家过来做校园文化方面的专题会、研讨会什么的,基
本都能得到局里的支持。(北仑中学王校长)

　　2. 教育局无法兼顾所有,学校实践需自我探索

　　虽然北仑区教育局极力为区内各校提供政策支持,但由于学校类型各
异、校情各异,无法兼顾所有学校的特点,区域层面的措施在实施时难免会
存在不适应的地方。

　　　　效果的话,心里感觉是比较好的,但专家讲的东西到了学校里面就
不太适用了。特别是近两三个学期,我们的班主任去区里培训,如果专
家讲的东西能在学校里用到,那就会很高兴;如果没用到,出去也好,开
培训班也好,那钱真的是白花了。(北仑中学王校长)

　　如何针对各校实际情况开展针对性、切实性的培训,是北仑区教育局下

一步应该思考的问题。

对于学校来说，在实施区域政策时，也不能僵化理解和照搬照抄，需要根据实际校情进行探索。

> 有的时候局里比较忙，兼顾的可能性又比较多，所以有一部分我们是按照自己学校的特点独立地在做。（北仑中学王校长）

四、北仑中学学校文化建设活动的评估与成效

1. 教育局的评估

北仑中学作为区内最优质的普通高中，所获得的成绩有目共睹。通过学校文化建设，北仑中学的校园文化呈现出学生自主参与、自主管理的自信氛围，学生自我效能感通过自主管理制度得以加强，这些措施非但没有影响北仑中学的高考成绩，反而促进了这条"生命线"的发展。

> 我们学校是校园文化示范学校。这几年学校的高考成绩不断上升，教师水平也在提高，学校里评教坛新秀、基本功比赛什么的，我们在宁波市大市里也是前几名的。（北仑中学王校长）

当然，成绩的背后有诸多原因。一是和教师的团队合作分不开，另外，也和教师的无私奉献密切相关。

> 我们组里的老师，只要你有上进心，想学，想进步，你去问，别人肯定会帮你的忙，商量这个课你该怎么备，上完以后应该怎么改进等等。

> 我们高三的老师，尤其是班主任，真的很辛苦，早自修还要过来，看到哪个学生头趴在桌子上，就会去问，到底是生病了还是晚上看书太晚，或者做了什么别的事情。（北仑中学王校长）

德育管理发挥的重要推动和促进作用，使得北仑中学的学校文化建设和办学成绩形成了良性互动。

> 有了高考成绩后，这样相互的循环实行下去，老师也好、学生也好，以后执行学校各项制度的参与度也会多起来。（北仑中学王校长）

2. 学校的评估

> 育人的事情，只有几年工夫可能也看不出成果，也许我们现在做的事情过个十年之后，慢慢一步一步积累，到一定的时候，效果就会自然

而然地呈现。所以现在我也说不好，学校里面也还存在好多问题。（北仑中学王校长）

"文化"一词本身就带着沉重的历史感，短时间内寻求学校文化建设的最终结果如何是不切实际的。目前北仑区内各校的评估绝大部分停留在对现有学校文化建设活动和制度实施的行动上。

学生是学校文化建设的主体和对象，学生干部在各项活动的表现又至关重要，他们在学校处于班级、社团、学生会、"志管会"等组织的核心位置，对他们的评价可以很好地体现其背后活动执行效果如何。为此，北仑中学推出了详细的《学生干部管理制度》，其中的某些条例和实施细则值得在此分享。

(1)学生干部的任免制度

北仑中学对学生干部的选拔、任用制定了详细严格的程序，颇有一番公务员考试和总统选举的意味。学校团委干事，学生会、社团联、志管会成员，按规定程序，经由报名、笔试、面试择优录用；学生团委副书记、团委委员由全校团员代表大会（简称团代会）选举产生，报上级团组织批复后，由学校党委任命；学生总会成员由全校学生代表大会（简称学代会）选举产生，报学生发展部审核后，由校团委任命。

此外，北仑中学还设置了罢免制度，对在职干部的行为进行了一系列约束，如果出现严重失职等行为，将由相关任命部门予以罢免。

(2)学生干部的考核制度

为了规范学生干部管理，提高学生干部的整体素质和工作效率，北仑中学对在职的校团委、学生会、社团联、志管会全体学生干部实行一系列的考核制度。考核内容主要根据其所担任的职务职责，对学生干部在德、能、勤、绩（工作成绩和学习成绩）方面进行考核，具体分为榜样示范作用、工作态度、创新能力、工作成绩、学习成绩等5项内容。具体考核以校团委、学生会、社团联、志管会为单位分别进行，采用个人自评和主席团审核、考评相结合的办法。

3. 具体影响案例

(1)志愿者管理委员会的作用

通过参与这个"志管会"，自己管理学校，学生有了违纪的小毛病，他自己就能马上意识到。另外，他在管理过程中，查到什么违纪行为，对个别班级肯定要扣分的，那他反过来就会思考自己班有没有出现这

样的情况,班级的荣誉感、凝聚力会强起来。(北仑中学教师2)

(2)社团的作用

在社团里作为负责人的那部分学生,在班级里也很大程度承担着比如班长、副班长等比较重要的班委职位。这些也是相通的,学生锻炼了能力的话,各方面表现都会好。这些学生毕业后,在大学里很多也是做了学生会干部的。(北仑中学教师3)

五、北仑中学学校文化建设中的困难问题

1. 教师团队年龄结构问题

特别是班主任,就是我现在可信赖的能够用的班主任,还不够两届学生吧。年纪大的老师,上进心会有点落后,我们现在正加大速度培养年轻班主任,但还是接不上来。(北仑中学王校长)

北仑中学还是一所相对年轻的学校,当初创业阶段引进的人才也大多是年轻教师,年轻教师虽然富有活力,但能马上用的人不多,需要经历一段适应和培训期。另外,王校长也抱怨部分青年教师存在的一些职业理念问题。

现在有些年轻教师是很现实的,我做了事,你必须给我一种回报,否则的话好像是给你白干了。有一部分人一旦高级职称评好了,那他的想法可能就会变,工作激情没有了,这也不单单是我们一个学校,可能每个学校都会有。(北仑中学王校长)

王校长指出,教师是一份良心工作,不能用做生意的头脑经营教师的事业。但具体到用哪些方法调动各年龄层次教师工作积极性方面,他还是困惑不少。

像我的性格,对教师还是批评得比较多,表扬少一点,这个方面还是比较困惑。(北仑中学王校长)

学校办学者管理的对象不仅仅是学生,重要的还有教师团队。如何发挥教师积极性,进而带动、提高全校各项工作,是每个校长都需要思考的问题。

2. 独生子女教育问题

独生子女的教育存在很多问题,如何使家长配合学校及班主任的教育

管理工作也是学校需要解决的一个方面。

家长对学校的投诉也是有的,你不能保证他们百分之百满意,我们尽量能够减少到什么程度就减少到什么程度,包括对我们的学生也是。

> 很多家长现在都管不了孩子,就希望孩子能在学校呆越久越好。独生子女的抗挫能力都比较弱,每年学校总有几个学生存在心理问题。(北仑中学王校长)

六、北仑中学学校文化建设中未来的工作方向

1. 挖掘学校内部的多元德育资源

> 我们的老师都来自全国各地。像我也不是北仑本地人,是从舟山过来的,还有好多老师是从北方、南方过来的。(北仑中学王校长)

一方水土养一方人。从这点看,北仑中学拥有多元化的教师团队,这种多元性可以恰当加以利用,转为多元性的德育资料。

> 来自各个地方的班主任的不同特点,其中那部分好的我们也可以慢慢借鉴过来。(北仑中学王校长)

北仑中学深入挖掘内部德育资料,一方面是出于对自身文化资源的进一步探讨,一方面也是出于对外来经验"水土不服"现象的应对。

> 我们现在在减少专家引入,专家毕竟是专家,他们讲的是大方面,看上去好像是所有学校通用似的,但是针对我们的还不是特别多。现在我们经过几年实践,也积累下来一套东西。(北仑中学王校长)

从实际校情出发,在多听多看的基础上思考内化,是探索学习文化建设之路的重要原则。

2. 加强文字记录和交流平台建设

学校文化建设需要实干,也需要记录和表达。本次访谈,笔者深刻体会到总结工作、汇报工作的重要性。恰当到位、充实及时的工作记录有利于办学者反思工作成效的不足。同时在中国现有的行政管理体制下,由上至下的评估、由下至上的工作汇报,都需要用到大量的文字材料。

笔者在访谈北仑中学时,办学者口述的内容非常多,在学校文化方面北仑中学做了很多丰富多彩的活动,在学生自主管理系统的制定、实施、改进

上有很多值得细品的内容。相比而言，文字资料和网站建设则显得很欠缺。王校长自己也认识到了这一问题。

> 因为我自己是理科出身，文笔不太好，只是嘴巴说。我现在打算从我后面几年开始，凡是做过的事情，我们都要有文字性的记录。我们现在正在和上海的一个杂志社联系，从今年开始，我们也要慢慢地把这块做起来。（北仑中学王校长）

除了文字记录，利用现代网络技术大家电子交流平台，及时更新资料、搭建讨论平台也是现代型学校必备的办学条件。

> 以后我们所有的资料都要传到网上，让所有教师上网查看、讨论。今年开始，我把学校里所有的规章制度，从头到尾都在整理修改。比如我们学校的学生手册，还是 2004 年编的，到现在为止好多东西都用不了了，全部都要改。这个过程很痛苦，改一个，就拿到网上讨论，反馈以后再重新装订起来。（北仑中学王校长）

3. 朝校本化、课程化方向发展

尽管学业压力较大，北仑中学仍坚持开展各项文化活动，并两周一次进行德育工作展示。

> 我们学校学生层次比较多，现在把高一、高二、高三，国际交流部、新疆内高班、团委、学生会再加一个学生发展部的活动，都在两周的德育工作中写出来。（北仑中学王校长）

德育工作的内容涵盖了很多，包括最简单的国旗下讲话、军训活动、学生的心理教育、礼仪教育、个性社团活动等。对这些材料加以记录整理，可以作为北仑中学校本课程开发资料的来源。

> 比如我们国旗下的讲话都有主题的，上一学期是 8 个字——"责任、感恩、诚信、勤奋"，今年又加了一个"自主"，就是 10 字育人方针，所有的讲话都是围绕这些主题，可以加以整合，写本活生生的德育教科书。慢慢地想，有好多东西呢。（北仑中学王校长）

北仑中学用自己的行动，不断提炼着学校的制度，探寻制度的操作化。在制定和探寻的过程中，北仑中学全体师生无形之中将之内化、积淀成自觉的行动，积淀成全体师生共同的价值追求和共同的学校愿景，即我们一直所说的学校文化。

第二节 华山小学：能说、会思、善运动的行为文化建设

一、华山小学概况：依托中心位置和丰富资源，实践"全员育人，全人发展"

北仑区华山小学创建于 1999 年 9 月，地处北仑新区中心城区，校园占地面积 16200 平方米，总建筑面积 10000 余平方米，绿化面积 4800 平方米，校园内绿草如茵，环境优雅。华山小学现有 26 个教学班，学生 1190 余名。教职员工 80 名。

1. 先天具备的优势资源

由于地处市中心，华山小学和位于北仑农村或城乡结合部的学校相比，有着一些得天独厚的优势资源。

> 我们处于城区中心地带，房价比较高，外来生源很少，只占到 10%。（华山小学李校长）

华山小学所属学区，是北仑区中心地带，能够进入华山小学学习的学生一般也来自市中心相对富裕的城市家庭，家长的文化素养相对较高，家庭教育理念也比较先进。

> 我们学校的很多家长都是高学历的，硕士、博士都有，工作一般也比较好，就算是外来的，到这边也是从事很好的工作。（华山小学教师 1）

除了生源上的优势，华山小学内的教师团队也很优秀。华山小学专任教师中 66% 具有小学高级以上职称；拥有宁波市名师、区级骨干教师、市级区级教坛新秀、优秀班主任等荣誉称号的教师占总数的 52%；大专及以上学历占教师总数的 98%。华山小学是宁波市师德群体创优单位、宁波市"三八"红旗单位。

> 我们学校学生的学业成绩，属于区里的佼佼者。（华山小学教师 2）

作为国家级课改实验区，华山小学在培养目标的变化、课程结构的调整、课程内容的更新、课程资源的开发、教学方法的变革、评价体系的重建等方面

做了有益的尝试,孕育并造就了一批适应新课程需要的科研型教师队伍。①

学校办学需要投入也需要基础,华山小学办学资源较为丰富,在招生和教学上受到热捧。

2. 后天的教育实践:全员育人,全人发展

华山小学以"适度超前、主动适应、自主发展"为指导,在教育实践上奉行"全员育人,全人发展"的育人框架。

> 对"全员"通常的理解就是所有老师都是育人者,但我们所讲的"全员"还包括家长、志愿者这个层面,因为一切和学生有接触的人都应该有这个教育责任。我们到外面去,和共建单位办一些活动,他们的言行对学生来说也是一种教育,我们也不断把这个理念传递给和我们有交集、有结对的部门。

> 第二个是"全人"。"全人"的概念分为两层,一层是让全部的人都得到发展,第二个是让每个人都得到全面发展。实际上就是面向全面、全面发展这两层意思。(华山小学李校长)

(1)全员育人:引入家长和共建单位资源

华山小学作为"全国优秀家长学校",积极引入家长资源,把学校教育和家庭教育有机结合起来,共筑孩子的成长跑道。

华山小学家长学校由家长委员会和家长指导团组成。2010年12月,华山小学家长学校审议通过了《华山小学家长委员会章程》和《华山小学家委会组织机构成员选举办法》,明确规定了家委会的职责、义务等工作要求,并选举产生7名家长委员会委员,其中家委会主任1名,秘书长1名,副主任5名。家长指导团分为家长德育指导团、科技指导团、膳食指导团等11个,各家长指导团分别选举团长1名。

学校家委会和家长指导团的成立,使广大家长走到了教育孩子的前台。家长对学校的教育教学工作建言献策、合力教育,必将促进学校与家长的亲密联系,增进家长与老师之间的了解,促进学校更快、更好地发展。

除了依托家长对孩子进行教育,华山小学也切实从家长自身的教育需求出发,为家长的家庭教育寻求理论和专业支撑。

---

① 华山小学简介,http://www.nbhsxx.net/School/ShowArticle.asp? ArticleID=27296。

家长在教育孩子过程当中遇到困难了、不知道怎么样教育了,我们也会聘请校外的专家对这些家长进行指导,这样就会有互动。(华山小学李校长)

华山小学地处市中心,周边社区的环境、人文环境建设较为完善,华山也积极运用这一资源,与社区共建教育基地。

2011 年 12 月 5 日,海棠社区诚信教育基地成立仪式暨诚信书籍赠送仪式在华山小学举行。"拥有诚信,爱心,责任心的道德品行"是华山小学的育人目标。海棠社区多年来则以诚信为特色,创建了自己的社区品牌。通过与海棠社区合作,华山小学可以更好地践行对未成年人思想道德建设的工作。每年寒暑假,华山小学都会发动和组织学生参加社区各项活动,在海棠社区每年举办的诚信征文中,华山学子积极参与并屡屡获奖。同时,海棠社区也向华山小学无偿捐赠诚信书籍,纳入华山小学图书馆,供师生阅览。

(2)全人发展:发展学生多方面才艺素质

除了追求学生优良的学业成绩,华山小学还从培养学生综合素质出发,积极实行学校大课间和"体育、艺术 2+1 项目",发展学生多方面才艺,实现全面发展。在开展诸多丰富多彩的文体活动过程中,华山小学已取得不俗的成绩,其中乒乓球项目和"蒲公英"合唱团获得的荣誉,更是让人称赞和钦佩。

华山小学历来重视传统项目乒乓球运动,并把它作为校本课程来开发、研究和实施。目前,华山小学采取普及与提高相结合,引进与内培相结合,训练与大赛相结合,多次代表宁波市参加省级及全国级比赛并取得不俗成绩,目前已有多名小运动员输送到浙江省队。华山小学多次与国家男乒乓球员、世界冠军进行零距离接触,以增强学生为国争光的意识,提升乒乓校本课程的内涵。2009 年华山小学被国家体育总局、教育部授予宁波市内唯一一家"国家级体育传统项目学校"称号,这是华山小学在获得"宁波市高水平体育后备人才训练基地""浙江省传统项目学校先进单位"和"浙江省体育特色学校"后的又一殊荣。

华山小学"蒲公英"合唱团成立于 1999 年,起初只是由学校按学生兴趣自发组织的社团,后来经过科学的训练及北仑区教育局对各校学生合唱团的重视投入,华山小学"蒲公英"合唱团成绩越来越突出,逐渐形成了清新、灵动的风格,并屡次获得从区级到国际级的荣誉。

2007年"蒲公英"合唱团代表北仑区参加市中小学生合唱比赛获一等奖;2008年合唱团与台湾"大爱之声"合唱团进行交流演出;2010年"蒲公英"合唱团参加浙江省中小学生合唱节获金奖;2011年华山小学"蒲公英"合唱团获得香港国际童声合唱节金奖。

成绩的背后是华山教师和学子辛勤的付出,最初家长、孩子因为怕影响学业成绩,多次出现退团现象,合唱团队伍流动很大。李校长说:"现在,合唱团已经成为学校社团里的一个香饽饽了,以前是求爷爷奶奶似的要求学生来,现在是反客为主,不怕没人来,就怕进不来。"

二、华山小学文化建设思路:用高品质环境和高品质活动塑造"能说、会思、善运动"的高品质学生

1. 文化环境布置上:打造五大主题教育栏

　　环境上我们做了比较大的文章,可以说是利用了学校一切可利用的教育场所和教育资源来做环境布置。比如说学校里的两个灯杆,灯杆上有两块灯幔,我们会不定期地更换。(华山小学李校长)

华山小学在环境设置上,经过精心布置,设计了五大主题教育栏(见图7-5、图7-6)。

(1)主题一:学校大厅两组德育主题词

　　一组是针对教师的,写着胡锦涛总书记的那两句话:静下心来教书,潜下心来育人。

　　还有一组是我们学校培养学生的目标,它有两个层面:一个是思想道德上的"诚信、爱心、责任心",一个是基本素养上的"能说、会思、善运动"我们紧紧抓住这两个培养目标,开展各项活动。(华山小学李校长)

图7-5　主题教育栏(1)　　　　　　图7-6　主题教育栏(2)

（2）主题二：科技文体大楼

●一楼：剧院及艺术廊

　　一楼有个容纳 450 个座位的剧场，剧场的走廊设计成艺术廊，陈列学生的书画作品、手工制作和社团作品（见图 7-7、图 7-8），这可以在潜移默化中给学生一种美育的熏陶，同时也能激励学生："人家的作品上墙了，你的作品有吗？"我们会不定期进行更换。（华山小学李校长）

图 7-7　艺术廊学生美术作品展

图 7-8　艺术廊学生手工制品展

●二楼：设计独特的图书馆

　　二楼是一个 600 平方米的图书馆，这个图书馆是我们自己设计的，颜色、高度、造型、摆放能够充分体现小学生的特点，坚持"以人为本"。

　　首先我们的主色调全部是粉红色的，学生走进去就会觉得这个地方很美。书柜的高度设计主要是以 1 米 50 以下为主，因为小学生有些书会够不着。书柜设计成梯形、三棱柱、圆柱等各种造型，我们光三棱柱就做了七个，涂成赤橙黄绿青蓝紫，寓意在学校给孩子们留下一个七彩童年。

　　学生在我们的图书馆里可以随地而坐，座位也是各式各样，根据各年级特点设计。一年级的小朋友刚从幼儿园升上来，我们铺设了塑胶地板，他们坐在地上也可以看书。图书馆里还有一个学生上阅读课时专用的区域。

　　在图书馆的走廊上，设计了一个文学廊，展示了教育部规定的一到六年级必读的 70 首古诗，学生在走的过程中可以不经意地把那些古诗背出来。

　　我们华山小学图书馆的设计还是比较独特的，很多省内外的学校都来参观过（见图 7-9、图 7-10）。我们也刚刚被评上宁波市示范图书馆。（华山小学李校长）

图 7-9　华山小学图书馆(1)

图 7-10　华山小学图书馆(2)

● 三楼:科技馆

三楼是面积达 600 平方米的科技馆。首先有 170 多平方米的科技展厅,里面展示的是地球上各种生态区的造型,有地震、火山喷发的各种知识,包括 DNA、克隆羊和人类起源等等。还有较多动植物标本,在上科学课时,老师可以带学生到这里看看标本,让学生有一些直观认识。

科技馆里还有一些非教学用的五个实验室。第一个是探秘室,是科学社团的使用场地,学生们会在这里学习龙卷风是怎么形成、小球为什么会从坡上滑下来等;第二个是创新室,里面是我们学生的一些手工创作,以风筝为主;第三个是驾驶室,主要是电子科技方面的,有海陆空三模、无线电测向等;第四个是动漫制作室,里面配备了电脑;第五个是机器人室。

科技馆外有一个科普廊,陈列的造型很别致,比如要介绍植物类的东西,就会设计成植物的叶子、果实的外形;讲动物的时候,比如两栖动物,造型设计成大青蛙;讲矿物质的时候,就设计成矿物的形状等(见图7-11、图 7-12、图 7-13、图 7-14)。

图 7-11　探秘室

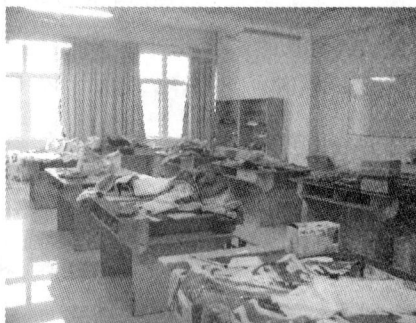

图 7-12　创新室(风筝)

图 7-13　科技馆蝴蝶标本

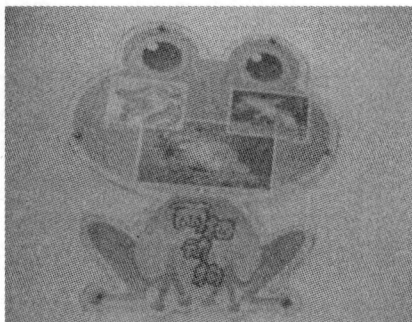

图 7-14　科普廊青蛙知识陈列造型

● 四楼：乒乓球馆

乒乓球是我们学校一个非常有特色的项目。两年前开始，我们的学生人手一块乒乓板，每周两节乒乓球，一节是校本课程，有一节放在体育课里。这两节课，学生们都会到四楼乒乓球馆练习。

在球馆外面的走廊上，我们布置了一个和它配套的体育廊，里面介绍了各种体育运动和一些为国争光的运动员，可以不定期更换。去年横渡台湾海峡的张健和杨洋来的时候，我们就换成了他们两个人的事迹介绍图片。（华山小学李校长）

图 7-15　乒乓球馆

图 7-16　体育廊体育明星事迹

● 食堂辅助楼

食堂餐厅的门口，我们摆设了各种蔬菜、水果的造型来介绍营养、饮食安全等知识。食堂辅助楼里还有学生心理辅导室、教师书法陈列等布置。

2. 文化活动实施上：力求"四个人人"

学校无须也无力为学生设计将来，但学校必须有能力为孩子的健

康成长搭建全方位的平台。(华山小学李校长)

在这一理念下,华山小学从2008年至今,逐步探索出了"在实践中体验,在体验中发展,在发展中成长"的"体验教育"模式,力求使全体华山学子达到"四个人人"。

(1)体育教育上:不求人人成冠军,但求人人拥有好身心

华山小学历来重视学生体育教育,乒乓球运动已经成为华山小学的办学品牌。除了对特色项目的重视投入,华山持之以恒地坚持四十分钟大课间活动,并坚持每学年举办两次体育节,要求所有学生不论竞技能力强弱都必须参加集体体育活动,已达到人人参与的目的。

> 体育节上下两个学期各有一次,各有侧重点,上半年的以竞技体育为主,下半年以达标和趣味为主,都设有团体项目。竞技项目比不过人家学校的也必须参加,我们绝不能让小孩子说我从来没有参加过运动会,我们要让他感觉我也是集体的一分子,我也为班级争光过。(华山小学李校长)

自2005年开始,华山小学确立了一年两次的"体育节"活动。每届体育节为时一个月,活动参与率达100%。体育节活动丰富多彩,有全体学子参加的投沙包、一分钟仰卧起坐、25米往返跑等达标项目的考核,也有以班级为单位的趣味项目——搭桥运砖等项目,华山小学还自主开了校本课程项目——一分钟颠球、一分钟对墙打球考核等。

经过历年的不断完善,华山小学体育节活动更加集普及性与趣味性于一体,真正为学生搭建了锻炼的平台,创建了"想锻炼,会玩耍,会健体,有特长"的育人模式,增强了广大学生的体质,提高了广大学生的健康水平。

(2)艺术教育上:不求人人成明星,但求人人拥有自信心

华山小学开设了合唱、舞蹈、腰鼓、电声乐、美术社等8个艺术社团,各社团节目连续多次在区内、省内获得一等奖。北仑区的青少年民乐训练基地现在也已落户华山小学。

华山小学每年组织一届艺术节、英语节、读书节活动,尤其是为期一个月的艺术节,已成为受华山全体师生和广大家长高度肯定的学校传统节日(见表7-2、图7-17、图7-18)。

表 7-2　华山小学第十一届艺术节日程安排

时间	内容	地点
5 月 4 日	开幕式	操场
5 月 4 日—5 月 28 日每天谈话课	艺术知识大家谈	各班
5 月 7 日	现场书法比赛	二楼食堂
5 月 12 日	艺术节节徽设计评比	
5 月 12 日	独唱比赛(二年级观看)	星星剧场
5 月 13 日	独奏比赛(三年级观看)	
5 月 14 日	独舞比赛(四年级观看)	
5 月 17 日	语言类比赛(五年级观看)	
5 月 18 日	文化衫现场涂鸦大赛	篮球场
5 月 18 日	艺术节黑板报评比	班级
5 月 18 日	中段　现场制作比赛	美术教室
5 月 19 日	高段　现场摄影比赛	学校
5 月 20 日	低段　现场粘贴比赛	美术教室
6 月 1 日	校园古诗词吟诵活动	星星剧场
6 月 1 日	艺术节闭幕式暨六一庆祝活动	

资料来源:华山小学网站,http://www.nbhsxx.net/Teachers/ShowArticle.asp? ArticleID=22777,2010 年资料。

图 7-17　学生独舞

图 7-18　文化衫现场涂鸦

(3)科普教育上:不求人人成院士,但求人人拥有创新性

2008 年 3 月,华山小学依托科技馆和学校少先队,为全体学生搭建了一个实践体育平台——"华山朝阳少年科学院"。

这个少年科学院,是让学生自主管理的,我们的主要目的就是让学

生体验。他自己操作过了,就理解了。(华山小学李校长)

少科院的院名、院徽面向全体少先队员征集;科学院正副小院长由学生自主报名公开演说竞聘;科技馆内的红领巾讲解员也通过学生现场自编解说竞聘上岗。

华山小学少科院成立后,在校内开展了一系列主题活动,并根据学生的年龄特点和知识水平,由各班自主选择研究项目。每一年的学校科技节,丰富的内容让家长们也情不自禁地参与其中。一位家长在学校举办"鸡蛋撞地球"活动比赛后,在博客中这样写道:

> 和前几天截然相反,昨天出来那个样子啊,又是蹦又是跳,脸上笑成一朵花。还没钻出车子,就向我展示了手中紧握的一个鸡蛋。"哇,没有碎耶!"一路上,就听他叽里呱啦讲那"鸡蛋撞地球"的趣事。
>
> 这个月是他们学校的爱科学月,学校里有这样一个活动,武装鸡蛋,将鸡蛋从四楼扔下来不碎就是成功。显然,他今天成功了,他在和我一起分享成功的喜悦!这个活动开展以来,我家韬儿热烈地参与其中,通过查资料,实践操作,还美其名曰"用科学武装鸡蛋"。我们儿子已经尝试两次了,开始使用的是外包装法,这一次使用了降落伞缓冲法。我真实地感受到他对科学的热爱,是否这小小的活动,这小小的尝试能引领着他走向科学的大门?
>
> 呵,小小的成功,小小的失败,串起了我们一天一天平凡的生活。生活因这成与败而显得精彩和丰富。就是在这样的成功与失败中,我们的小小少年一天一天长大。

(4)德育教育上:要求人人成为美德之星

在德育教育上,华山小学要求每个学生都能形成基本的美德和品质,并用评比宣传、以评促建的方式实践美德教育。

> 在未成年人思想道德建设方面,我们做得还是很扎实的。美德之星的评比是自己跟自己比,你订下一个目标,比如自觉性或孝敬心,再定过程,然后要坚持五个星期。专家研究表明,孩子一个行为坚持三十天后就能成为习惯,在得到家庭、同学和老师认可之后,学校学生处就会给他发个美德之星奖。到了学期末,我们还会在美德之星的基础上再评一个十佳美德之星。(华山小学李校长)

人人争创"美德之星"活动是华山小学自 2010 年开始发动和组织的,它不同于以往传统的"评优评先"方法,重点引导学生审视自己行为品德的不足和缺陷,通过自订目标—努力践行—申报评定等流程让学生积极自主地践行良好的品行习惯,实现学生的思想道德由他律转向自律,从而促进学生健康快乐地全面成长。

该活动受到了学生的欢迎,他们根据自身情况申报的"美德之星"项目,名称各不相同,有"孝顺之星""礼仪之星""尊师之星""友善之星""服务之星""节俭之星""诚信之星""自立之星"等。学生在学校下发的"美德之星"实践卡上书写自己要实现的行为目标,家长和孩子一起设计"行为表现的记录表",督促和鼓励孩子天天执行既定目标。

> 许多家长在学生的申报表上反映,孩子在活动前后有了很大的变化:孩子不顶嘴了,变孝顺了;孩子不依赖了,自己的事情自己做了;孩子不拖拉了,作业、生活琐事自觉做了。还有许多低年级孩子,像"独立睡觉"失败了几次的大难题,竟然在争"自立之星"的活动中轻而易举地解决了。(华山小学李校长)

三、华山小学学校文化建设中与区教育局的关系

1. 教育局的要求和支持

> 教育局专门针对校园文化建设发了文件,而且要进行评选;在学生社团工作上也有所体现,教育局要求每个学校有十个社团。(华山小学李校长)

目前中小学办学虽然实行校长负责制,但学校办学总体上还是受上级行政主管部门的引导。

在对学校提出要求的同时,区教育局也为华山小学的学校文化建设提供各种支持。

> 教育局大力支持,搭建了一些平台,包括各种比赛等;我们经费不够,向上级申请时他们都是很爽快的。今年我们搞了些大型活动和大型改造,公用经费肯定不够用。我们的蒲公英合唱团 7 月份去香港参加 2011 年国际青少年合唱节,很荣幸拿了金奖回来,但是这个费用比较高,我们就向上面打报告,后来教育局出一部分,街道出了一部分。

我们得奖回来后还有一些奖励。(华山小学李校长)

在行政鼓励的环境下建设学校文化,学校的积极性自然会高,也会很乐意参与其中。

2. 一些"难执行"的制度在华山顺利实现

教育局绩效工资政策出台,把校长们搞得头都大了,但我们是很顺利的,对老师也产生了积极影响。

我们定编设岗很快就搞定了。我到宁波市去,他们说他们还没搞定职称是几级的,那会儿我们钱都发下去了。(华山小学李校长)

绩效工资给校长们带来的烦恼,笔者在访谈北仑区内诸多学校时都感受到了。而在华山小学的顺利实施,让笔者感到意外和好奇,后来在访谈教师的过程中,笔者似乎探寻到了部分答案。

笔者:你们在学校工作,感觉氛围怎么样?

教师1:我们校长领导比较和蔼可亲,很关注教师的心理状况。

教师2:是啊,校长不仅给学生们减负,也给教师们减负。学校领导都觉得班主任挺辛苦的,所以尽量不给班主任太重的压力。

教师1:我们教师社团也是这样搞起来的,学校会尽量让你放松,会开设瑜伽、健美操、游泳等活动,这也是我们学校的文化精神,不光是对学生。

教师2:我们教师每周三都有活动,读书心得、教学沙龙、教师博客等。科研、论文方面,看教师个人需求,想做的话领导会帮忙搭建平台。

学校领导和教师间和谐愉悦的关系,有助于相关政策的有效落实。华山小学教师职业上的幸福感看起来比较强。

我们的绩效工资改革走在前列,说明我们教职工的民主意识、活动参与程度都是不错的。(华山小学李校长)

四、华山小学学校文化建设活动的评估与成效

1. 教育局的评估

在北仑区教育局首批校园文化示范学校评比中,华山小学并没有位列其中,对此华山的办学者存在些许不解。

教育局评校园文化示范学校,我们没评上,他们没有认可。实际上来说,我们自己觉得做得还可以。(华山小学李校长)

华山小学的办学风格总体上是比较实在的,在学校文化上做了很多踏实有成效的事。无论是赛绩出色的乒乓球项目和合唱团,还是布置精致、投入巨大的学校科技文体大楼,都体现了办学者对学校文化建设的重视和决心。经历一番付出,没有得到评估的认可,办学者难免会情绪低落。

细细分析背后的原因,一方面和北仑区诸多其他优秀学校的竞争有关,另一方面华山小学也有必要进行自身的反思。

从访谈和已掌握的资料看,华山小学的学校文化建设是有不少亮点的,各项文体活动开展得很扎实、教师团队很和睦、校外合作挺充分……但这些如美丽珍珠般的亮点,似乎缺乏一条主线将之贯穿和联系起来。华山小学的领导团队非常实干,但在学校工作总结上尚需进一步的提炼,这点在华山小学的宣传材料中也有所体现。

仔细研读北仑区教育局首批校园文化示范学校评估标准,其中一条值得华山小学借鉴:

学校校风、学风、教风、校训主题词充分结合学校办学特色,能在校内以不同的方式进行展现,师生人人了解和熟记其内涵。[①]

的确,虽然华山小学提出了一系列培养目标和育人模式,但在最凝聚学校特色的校训、学风等方面,没有让人留下深刻影响。

2. 具体影响案例:美德之星——"小倔"[②]

"小倔"(化名)是华山小学一名个性特别的学生:无论在家还是在学校,"小倔"遇到不顺心的事,与其他小朋友发生摩擦,不管自己对错,先大声嚷叫,然后将一条腿搁在阳台上,扬言要跳楼。几次教育都收效甚微。于是,学校成立"专案组",与家长一起几次三番分析孩子的个性,多次定期与孩子谈心,帮助孩子一起总结自身的优点,并将其放大,在同学中正面宣传,同时又帮他找自身的不足,鼓励他如果将这些不足改正了,就能成为"美德之星"。经过六个星期坚持不懈的努力,"小倔"彻底改变了过激的脾气,如愿以偿成为了华山小学的美德之星。

---

① 北仑教科网,北仑区中小学校园文化建设示范学校评估标准试行稿,2010。

② 来源:华山小学校刊《攀登》,2011年9月总第三期。

一个"美德之星"的称号,可以发挥巨大的育人作用,但背后的评价、改善与认可,需要育人者付出极大的心血和努力。

五、华山小学学校文化建设中的困难问题

1. 经费问题

学校文化建设各项活动的开展,都需要经费支持,如华山小学仅乒乓球运动一项,就需要大量资金。

> 我们乒乓球队每年要参加三四项全国的比赛,差旅费很多,要多方筹备资金。需要体育局的支持,需要与社会上的企业合作,科普局对科普活动的支持,这些都是经费上的问题,我们通过各种渠道来解决。(华山小学李校长)

2. 学生参与问题

有些时候不是所有人都愿意参与其中,尤其是六年级的学生,面对学业压力时,家长不太愿意让孩子参加,这时候就需要做好学生和家长的工作。华山小学主要采用以下方法来解决问题。

一方面,调节学生的活动时间:

> 比如说乒乓球队下学后要活动,但家长说放学后要作业,我们每天有40分钟大课间,我们就调整到大课间的时候。(华山小学李校长)

另一方面,获取家长的支持:

> 最早的时候家长反对学生参加各类活动,怕参加课外活动影响文化课成绩。当时正好是八荣八耻的时候,为学校争光,怎么体现出来呢?我们就通过升旗仪式,让小朋友多份光荣,照片一拍,校园网一传,橱窗里一展览,让家长感觉这个事情很好,一些学生得到学校表扬了,其他同学也想参加了,家长也认可了。

> 另外,我们发明信片给家长,当孩子获得什么奖项的时候,我们就发学校制作的明星片,发到家长单位里,让家长的同事看了之后对家长给予肯定,以此引导和鼓励家长。(华山小学李校长)

3. 师资问题

师资上有时候会出现困难,那么多社团每个都要老师自己来组织,而老师的水平有时会不够。需要想办法引进一些人才,有些是家长,有些是志

愿者。

开展学校文化活动需要投入很多时间精力,需要调动很多资源条件。办法总比问题多,华山小学在面对这些问题时的积极应对让人钦佩办学者的智慧和能力。

六、华山小学学校文化建设中未来的工作方向

1. 群策群力探究校训

优秀的教育行动者应善于发现自身的办学瓶颈,并积极寻求解决途径。在学习文化建设中,面对首轮示范学习评比的落选,华山小学及时反思,并点中要害,在接下来的办学中,华山已开始积极寻求一条统领学校文化建设的主线。

华山小学开展学校精神文化培训①

8月23日是华山小学全体教师新学年上班的第一天。在新学期第一次全体教师会议上,李雅芳校长首先给老师们出了一份特殊的试题:我们的校风是什么?我们的学风是什么?⋯⋯这张试卷涵盖了学校的办学理念,育人目标等。全体老师奋笔疾书,纷纷写下自己的答案。随后,李校长针对每一项内容作了具体阐释。

学校的文化建设包括外显的物质文化和内蕴的精神文化。其中精神文化是学校办学的精髓,是一项长期铸打的过程,更需要体现在每一位教师、每一个学生的言行举止上。华山小学举办此次培训的目的在于让每一位教师牢记学校的办学理念,吸收内化,并外显为自己的行为,从而更好地演绎学校精神文化的内涵,促进学校办学理念与实践的高度统一,推动学校的和谐发展。

群策群力之下,华山目前将自己的校训定为:"博学、睿思、健康、向上。"

"博学睿思"出自《中庸》:"博于问学,明于睿思,笃于务实,志于成人。""博学"即"博于问学",要求在治学上要广博、深远,善于在知识的浩瀚大海中丰富自己;"睿思"即"明于睿思",在博学的同时,要积极思考、深入思考,这样才能达到思维的深刻性、独立性、创造性和开放性,孔子有言曰:"学而

---

① 华山小学网站,2011年通讯资料。

不思则罔,思而不学则殆",说的就是这个道理。

"健康"不仅指身体没有疾病,而且应当重视心理健康,只有身心健康、体魄健全,才是完整的健康;"向上"指的是一种积极乐观的人生态度,光有健康的体魄,没有积极向上的态度,那也是不健康的,是对社会没有用的人。

校训作为一校之灵魂,它在体现学校教书育人的主旨同时,还深深注入了莘莘学子的心灵,它不仅时刻督促提醒着学生们的行为举止,更激励学校以此为明灯,不断完善办学水平。

2. 请专家为学校发展诊脉,以研究促发展

除了在校内自我反思和自我探讨,华山小学还邀请各方专家深入校园,为学校的发展方向诊脉,其中包括区市级教研室人员、浙江大学教育学院教授和省教科院相关学者等。华山小学"对症问药",从校本研究、校本课程和内涵等方面积极探寻良方。

● 开展校本研究方面的指导案例

2005 年 6 月 2 日下午,华山小学请来了浙江大学教育学院的汪利兵教授和张文军博士。两位专家通过讲座和个别交流的方式来引领华山小学全体老师用行动研究法来开展校本教研。

学校与浙江大学教育学院签约,成为浙江大学联系中心承担的联合国教科文立项项目"建立行动研究机制,促进学校改革与发展"的第二轮试点学校。行动研究是目前国际上比较流行的一种适用于教学实践工作者开展的研究方法。汪利兵教授做了题为《学习新课标、体现新理念、展现新行动》的讲座,系统地讲述了教育行动研究的意义、制度与方法。他的讲座深入浅出,语言诙谐幽默,深受老师们的喜欢。第二天上午,两位专家又与开展行动研究的老师一一面对,听取老师们在教育实践中"发现问题"的陈述,然后共同分析探讨,明确问题的实质,并引导老师进行"问题归因",提出解决问题的措施和方法。实验老师聆听后都有一种拨云见日、豁然开朗之感,增强了行动研究的信心和动力。[①]

● 建设校本课程方面的指导案例

近日,为全面提升教师校本课程开发能力,使华山小学校本课程开发再上一个新台阶,华山小学专程邀请宁波市教育局教研室的丁耀芳副主任到

① 华山小学网站,http://www.bledu.net.cn/newsdetail78177-bei-lun-jiao-gong-di-si-qi.ashx,2005 年资料。

校就如何进行"校本课程的开发与实施"做了专题讲座。

丁主任从课程改革角度入手,阐述了校本课程的开发与当前的课程改革中有关发展学生个性的要求极其吻合,强调校本课程开发要保持开放与民主的决策过程,要求开发保持连续性同时应当不断关注动态变化。丁主任还从组织、《纲要》、保障制度、开发程序、具体实施、教师层面等各方面全面讲解了"如何规范操作校本课程的开发与实施"问题。

丁主任的讲座如同一把钥匙,解开了沉积在华山教师心中的有关如何正确开展和实施校本课程的种种困惑,给予华山小学教师大量的崭新理念和知识体系,对华山小学教师提高本身素质,发展校本课程开发和实施提供了极其有益的帮助,受到了与会教师的一致欢迎。①

• 学校内涵发展方面的指导案例

2月17日,浙江省教科院方展画院长在北仑区教育局胡小伟局长的陪同下莅临华山小学,对华山小学内涵化办学进行指导。

在李校长的介绍中,方院长兴致勃勃地参观了校容校貌。在随后的座谈中,李校长重点介绍了学校的办学历史、学校的特色项目以及学校目前所倡导的办学理念和所取得的成绩。方院长肯定了华山小学在减负工作、育人模式等方面的成功之处。他鼓励华山人应该从精致走向"破坏",在继承目前已有的良好传统中,继续从课程建设、评价改革、减负措施等方面寻求新的突破。方院长的一席见解让华山各位行政领导顿时豁然开朗,对未来学校的发展方向有了明晰的思路。

华山小学办学十余年来,以"办人民满意的学校"为宗旨,不断寻求新突破,谋求新发展,取得了一些成绩。在学校制订的"十二五"发展规划中,将建设校园文化,促进学校内涵化发展提到了显为重要的位置。从华山小学的个案可以看出,扎实的学校行为文化建设可以切实地推进学校各方面工作的进展,但行为文化建设到一定程度,必然会遇到发展的瓶颈;而学校精神文化建设和内涵发展则成为突破瓶颈的关键。②

---

① 华山小学网站,http://www.bledu.net.cn/newsdetail115982-guan-yu-yin-fa-zhong-guo-jiao.ashx。

② 华山小学网站,http://www.nbhsxx.net/School/ShowArticle.asp? ArticleID＝28013,2012年资料。

第三节　泰河学校(初中部):读大气书,做大气人

一、泰河学校概况:从规范开始,探寻学校办学特色

泰河学校创建于 2006 年,位于北仑区通泰路 69 号,占地面积约 31800 平方米。泰河学校实行九年一贯制义务教育,是北仑区目前规模最大的一所公办学校。

2012 年 9 月,学校共有 36 个班级,123 个教职员工,其中专职教师 95 名,全校总人数达 1650 人。

泰河学校分为小学部和初中部。初中部目前共有班级 22 个,学生 900 余名,本研究主要针对初中部展开。

泰河学校地处北仑城乡结合部,学生来源主要是新区开发后的拆迁农民子女。和其他公办学校相比,泰河学校主要以本地户籍生源为主,约占 80%,外来务工人员子女数量较少。

对于办学特色这个问题,王校长直言不讳地道出了泰河学校这方面的相对空白和自己的困惑。

笔者:您觉得泰河学校的办学特色是什么?

王校长:我们学校创办才第六年,沉淀的东西不多,办学特色还不是很明显。华山小学有什么特色,东海学校有什么特色,淮河小学有什么特色,人家一看都讲得出,我们讲不出,我们正在努力。

目前北仑区教育局正推出特色学校建设项目,要求区内学校根据校情创设属于自己的特色育人项目。

我现在越来越困惑,是不是特色学校就一定要有特色项目。你要增加一些特色项目,首先就要有师资、有经费,没有师资、没有经费,特色项目就不好办了。我在想最大的特色应该是学校办学的一种精神所营造的特色,我感觉我们有时是本末倒置了。(泰河学校王校长)

"学校文化"这一概念很广泛,从本质考虑,学校文化应该体现在学校的精神和价值理念上。但从教育局的行政评估角色出发,这点却是最难评估

的。无奈之下,出于公平和可操作化的考虑,北仑区教育局只能先从外显的"可看可听"的措施出发。

> 这个方案我们在拟定,深圳有这方面政策性的东西。(教育局吴科长)

对此,泰河学校自身也在探寻。

> 昨天余杭实验小学校长我的师傅过来,我也问了他这个问题。他说:"我看看你们学校的学生好吗?"我说:"好的。"中午十一点半到了,他跟我下去看学生排队,没有老师学生也站得很好。他就和我说:"你们学校最大的特色就在于规范。"(泰河学校王校长)

在办学困惑中,泰河学校决定从学生最基本的外显行为规范出发,探寻学校文化建设的特色。

二、泰河学校文化建设思路:做大气人,教大气书,办大气学校

学校文化是学校办学的核心,是一所学校的生命力。它是学校办学的一种沉淀。学校文化应以学校的规范、制度、理念为前提,让学校老师认同、接受并自觉成为行为上的一种内化。

> 我很欣赏一个词叫"浸渗"。你浸渗在这里,你自然而然就会被同化。泰河学校现在还不敢讲,因为它还没有达到我预想中的境界,现在主要是打造氛围。(泰河学校王校长)

为了创造良好的学校氛围,为学校文化的积淀铺路,泰河学校提出了"做大气人,教大气书,办大气学校"的办学目标。

我们常说,做人要大气。大气是一种气度,是开阔的眼界、开阔的思路和开阔的胸襟。泰河学校从学生、老师和学校三个维度出发,着力打造大气文化。

> 大气的学生是有思想、有品质、有品位、有价值的学生,应该成为真正意义上的学习主体。大气的学生应具备勤奋钻研、积极探索、孜孜不倦、永不满足的学习品质;具有良好的心理素质和正确的人生观、价值观;具有分析判断是非的能力;善于发掘自身的学习潜能,能够举一反三,并将学科知识与生活实际相结合;善于正确处理遵章守纪与张扬个

性之间的关系。(泰河学校王校长)①

　　大气的老师宽容、睿智、有魄力,为人坦荡,个性鲜明。大气的老师会用欣赏的眼光看待学生;大气的老师会坚定不移地让孩子相信自己是好人;大气的老师科学、严谨,思考问题高屋建瓴,课堂教学智慧圆融。(泰河学校王校长)②

　　大气的学校应真正做到"君子之教,喻也。道而弗牵,强而弗抑,开而弗达,道而弗牵则和,强而弗抑则易,开而弗达则思,和易以思,可谓善喻也。"(泰河学校王校长)③

具体到实际办学,泰河学校(初中部)开展了一系列行为规范活动和丰富多彩的德育活动。

1. 学生日常行为规范活动

(1)外在规范

● 排队

　　这个学期开学初,我们排队就练了一个星期,学生做广播操要排队、吃饭要排队,大型活动要排队,因为学校有 1000 多人,要排到横看一条线,竖看一条线,斜看一条线,中看一条线的程度,通过这种强化以后,使他们形成一种精神。(泰河学校王校长)

● 穿衣

泰河学校规定学生穿校服一定要将拉链拉起来,都养成习惯,看到校长、看到政教主任,先看自己的衣服是不是敞开的。

有序排队、整洁穿衣是所有学校要求学生做到的,泰河学校在这一常规行为上进行高要求、高标准的规范,以塑造学生有序、自觉的行为习惯。

(2)自我规范

在学校教育中,学生是学习活动的主体,又是自我教育、自我管理的主体,教育者要注意通过开展学生的自治、自立活动,落实学生的管理主体地位。为此,泰河学校通过引导学生自我管理、自我教育,在参与中实现自我发展。

---

① http://www.thxx.net.cn/Th_School/show.aspx? nid=6091.

② http://www.thxx.net.cn/Th_School/show.aspx? nid=6091.

③ http://www.thxx.net.cn/Th_School/show.aspx? nid=6091.

"自我管理,自我教育"的学习型组织,可以充分发挥学生的主体作用,让学生自主组织活动、管理评价,逐步使学生从"要我这样做"转变为"我应该这样做",使良好的行为习惯内化为自觉的行动。具体做法有:

• 让学生自定"班规"

各班以学校规章制度为依据,根据自己班级的实际情况,在每一位同学直接、民主的参与下制定集体生活的规则,让学生用自己制定的制度来约束自己,不断培养自我调控、自我管理的能力以达到自主管理的目的。如学生自定的班级公约中有:放学后把凳子放到桌子底下扶正摆好;放学后人走灯灭;鼓掌欢迎来我班听课、讲课的领导、老师、同学等,非常具体细致。

• 试行"班委竞选制""班干部轮值制"

通过自荐和他人举荐相结合的方式产生候选人,在候选人发表竞选演说后,再由全班同学投票产生班委会,班委会通过班干部轮值制度对班级实施管理。同时实行"值日班长制",每天一位小值日班长配合班主任具体负责本班全天的班级管理工作,做好值日记录。

• 实行"学生操行评分规范考核制"

在学校政教处引领、班主任指导下,由班委具体实施对全班每个同学的品德行为规范考核工作。班干部根据分工对每个同学的学习、纪律、卫生、文体活动等方面行为规范表现进行周考、月考、学期考评、学年考评,班干部接受同学和班主任的考评。

2. 德育展示周活动

除了对学生行为规范的要求,泰河学校也积极开展了各种提高学生内在理念领悟的德育活动。从 2009 年开始,泰河学校每年 3、4 月份都会实行"德育展示周活动",围绕某一主题,开展丰富多彩的活动,具体形式包括主题班会、专家讲座、德育热点征文、教育案例分析等。

2011 年 11 月,泰河学校以"做一个有道德的人"为主题,开展了为期七天的"德育周"系列活动。

该活动由泰河学校政教处牵头组织,各年级协办。内容包括:主题班会、学生征文评比;优秀班主任经验交流;副班主任论坛;班主任工作论文、德育教育案例、"德育热点大家谈"征文;主题黑板报展评;清明节祭扫革命烈士墓园等。这些活动融知识性、趣味性、教育性于一体,在潜移默化中,让学生学会如何做人、如何处事。

虽然"德育周"画上了一个圆满的句号,但这只是学校开展德育工作的一个新起点。学校将以"德育为首,做人第一"的办学理念为指导,结合泰河学校校本德育研究,在当前新道德教育理念的指导下,让德育沿着"活动—体验—领悟—内化"的基本思路积极探索,促进学校教育教学质量的全面提高。

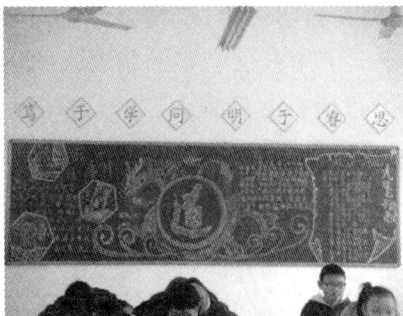

图 7-19　8(2)班黑板报　　　　　　　　图 7-20　9(1)班黑板报

来源:泰河学校网站,http://www.bledu.net.cn/newsdetail110154-tai-he-xue-xiao-di-si-jie.ashx。

3. 学校主题节日活动

除了对学生良好品德的培育,泰河也在校内开展各种科技、艺术、体育等社团活动,以期发展学生良好全面的综合素质,并以各大主题节日为平台,给学生一个展示自我、增长自信的机会和舞台。

(1)科技节活动

2010 年 11 月 22 日至 26 日,泰河学校第五届科技节以"携手科学,快乐成长"为主题,在校内广泛开展科技教育活动,以引领全校学生接近科学、走进科学,把环保教育与学校德育教育、素质教育、创新教育相结合。

此次科技节内容丰富多彩,包括科技实践活动、主题班会、科技黑板报、科技创新成果和科技知识竞赛(见表 7-3)。

(2)艺术节活动

2010 年 12 月 3 日至 10 日,泰河学校开展第五届校园文化艺术周活动。活动期间,泰河学校学生既参与了体现班级集体精神风貌的大合唱比赛,也有自己精心编排的舞蹈。艺术节既有学生书法、绘画、演讲比赛,也有展现学生音乐艺术才华的独唱、独奏比赛。

通过艺术周活动,既丰富了同学们的校园生活,也为学生塑造自我、展示自我、张扬个性提供了舞台,陶冶了全校师生的情操,这是校园

文化艺术的继承和发扬,更是全校各年级、各班级学生精神面貌的检阅,是班主任指导班级开展活动的一次实践。(泰河学校教师1)

表 7-3　泰河学校第五届科技节活动

活动名称	活动内容	活动要求
科技实践活动	以教师(社会组教师)指导在校学生参与科技实践活动并形成科技实践活动成果为主要内容	在实施活动过程中,将系统完整的活动计划、进度安排、组织方法、实施步骤和总结评价等方面完整的原始材料反映出来,包括活动计划、活动记录、照片或录像、新闻报道等材料,以及实施结果和实际收获与体会,活动体现的社会效益与对今后有关工作的建议等
主题班会	以"携手科学,放飞理想"为主题	拍照评比
科技黑板报	以"携手科学,放飞理想"为主题	拍照上交存档
科技创新成果	小发明评比	学校按年级段为单位设"小小发明家"各 6 名。一等奖 3 名,二等奖 5 名,三等奖若干名。学校还将选送优秀作品报上级参赛。自行初选后各班必须上交至少 2 件参赛作品
科技知识竞赛	生活中的科技、安全、自救等知识	

在艺术周中,学生们的各项能力得到了锻炼,学到了许多书本上学不到的知识。组织这样的活动,有利于打造丰富多彩的校园文化氛围(见图 7-21、图 7-22)。

图 7-21　泰河学校艺术节(1)

图 7-22　泰河学校艺术节(2)

4. 学校行为表彰活动

我们学校的奖学金,它也是一种文化,我们最高荣誉是德育奖学金,最高的奖项是奉献奖和孝心奖。我们通过把每一个细节放大,从班级当中候选人的产生、班级学生奉献奖和孝心奖事迹的撰写,到最后把所有的事迹给家长看,挂出照片,然后全校师生在同一时间进行投票。(泰河学校王校长)

学校最高奖金是 1500 元,我们会组织一个学生暑期夏令营,用这笔钱出资让学生去上海、南京等地参观。我把这个过程放大,那么学校创造的大气也显现出来了。(泰河学校王校长)

用表达来挖掘德育内涵,泰河学校希望借助对先进学生的表彰宣传,扩大其背后的积极影响,以此引导、塑造学生良好的品德修养。

2010 年 6 月 16 日下午,泰河学校举行首届盘溪孝心奖、奉献奖表彰活动,共有 16 位学生获此殊荣。百善孝为先,孝是与生俱来的品质。孝心奖的设立不仅是为了表彰身边具有孝心的同学,更为了鼓励更多同学更好地在生活中做到孝顺。奉献是彰显爱心的一个过程,与责任并重。作为学生,可奉献的是自己力所能及地帮助老师,帮助同学。泰河学校把打造孝文化和奉献文化作为学校德育课题开展,作为学校公民素养培养的一部分和德育教育的基本思路。

父母对我们的爱就像一杯咖啡,静静地向周围弥漫特殊的芳香,它的味道稍带苦涩,而它的糖分却积存在杯底,只有喝到最后,才能品出它那香甜的滋味。(泰河学校孝心奖获得者 802 班邹悄悄)

5. 教师团队的建设

我们教师的氛围真的很好。如果老师有困难,没有一个老师不愿意帮忙的。老师参加的学校活动有很多,要换课、多上课,我们根本没什么怨言的。老师去上了之后,其他老师都很关心他们的,背后很支持。这对我们来说是也是一种减压。(泰河学校教师 1)

今天我很开心,今天中学高级教师评选揭晓,我们泰河有 6 个老师参评,评上了 5 个,了不起,全校老师都为他们高兴。一个老师去评中学高级,不是他一个人的事,是整个教研组的事,大家会一起帮你想办法、出主意。你去评我帮你,我评上以后,想到人家帮助过我,我也会去

帮助人家。这样久而久之就形成了一种氛围,大家评上大家开心,我想这也是一种文化。(泰河学校王校长)

教师是学校文化建设的主体,教师文化也是学校文化的重要组成部分。团结互助、和谐共赢的教师团队是"教大气书"的必要条件。

三、泰河学校学校文化建设与区教育局的关系

1. 区教育局对学校文化建设十分重视

区教育局对学校文化再重视不过了。大会小会都在讲,文件也出了很多,蛮好的。

最近几次教育局对校长的培训让我们开了眼界,登高望远了,是好事情。我们外出考察也比较多,教育局也在进步。资金政策现在也蛮宽松的,教育局蛮好的。(泰河学校王校长)

出台文件,可直接从行政上对学校文化建设加以硬性要求;组织外出培训,则可以让校长们在理念上对学校文化加以理解、接受和借鉴;充足的资金支持,可以消除各校落实学校文化建设措施的后顾之忧。

2. 学校的文化建设需要教育局的方向引领和方法指导

文化不是领导喊喊就是文化了。现在胡总书记讲文化,各地都在搞文化,但实际上文化是一种经历,是一种积淀,是细水长流,不是今天领导作个报告,文化就形成了。

我的想法就是有个方向,局里有个方向,学校有个方向,在方向的基础上再经营,不是一蹴而就的。我曾经讲过个笑话,"不是有了高楼大厦就是城市,不是种几棵树就是环境绿化,不是戴个领带就是绅士,文化是一种积淀。"学校办一年两年就讲文化不好讲,我是觉得校长和老师做的事情能够经营下去,积淀下去,能留下点东西,这就是文化。(泰河学校王校长)

文化的形成的确需要沉淀,但付诸文化的行动从现在就可以做起。从笔者掌握的资料来看,北仑区教育局的区域推进措施,先从学校外围布置做起,从可以掌握的硬件做起,再逐步深入到制度和文化。一开始就强调精神文化,是不切合实际的。但毕竟区内各学校校情不同,办学者理念各异,在学校文化建设之路上,北仑区教育局还需要加强理念的引导和方法的明确。

现在几位局长的理念很高,站得高望得远。对我们下面学校的精神支持很重要,方法上的指导更重要。(泰河学校王校长)

四、泰河学校学校文化建设活动的评估与成效

1. 教育局的评估

北仑区教育局有很多区级的评比,校园文化、课程文化、教育文化、班教文化各方面的都有。(泰河学校王校长)

泰河学校在北仑区的首批校园文化示范学校评比中没有评上。对此,王校长有自己的理解和感触:

教育局出台的评估标准更多的是静态和显性的。我们学校静态上改变得不多,实事求是地讲,无非就是学校里挂着的名言名句改了一下,其他没有投入。为什么没有投入?这是和学校的发展有关系的,跟经费有关系。原来我想把这个一楼装修一下,但是需要二三十万,我拿不出这个钱。

另一方面,我们泰河学校发展很快,今年学校已经快饱和了,明年可能要造房,新的房子一造,格局就会发生大变化,所以这两年在静态方面,我决定不投入很多,充其量就是补充一下。

参照北仑区首批校园文化示范学校评比标准,里面的加分条例的确有更多倾向于外显的校园,这对于一些由于各种原因不能大力投入外显环境布置的学校来说,也的确有点无奈。

局长来得不多,一个学期来学校一趟就很多了,他所看到的肯定是静态的、显性的,要把握动态的、隐性的就比较难。很多人看待学校好坏的标准也就是中考考得怎么样,学校漂不漂亮。(泰河学校王校长)

2. 学校的评估

这方面,学校把每一个活动,搞得越精细、越精致、过程越到位越好。(泰河学校王校长)

用规范式的方式评估规范式的行为,泰河中学目前的大多数德育活动和文化措施多为自上而下,活动之前学校会详细制订计划书,列出可操作的步骤,在具体的行动中一步步严格落实。

下星期政教处对各个班级教室内的开关、电器、课桌、椅子等的使用,都要做精细化的要求。例如学生集合,要做到叫他们怎么集合就怎么集合;学校搞活动,我请专家来,该怎么搞就怎么搞。(泰河学校王校长)

这样的评估方式虽然严格且有效,在日常教学管理中是恰当的和应该的。但是对于丰富多彩的学校文化活动,对于充满想象空间和发展空间的学生来说,一律用这样的方式评估,会显得过于标准化。

五、泰河学校学校文化建设中的困难问题

1. 教师理念的转变需要一个过程

因为教育这个东西面对的是人,作为学校要面对的是人。既有家长又有学生,学生是流动的,学校是成长的,但教师是有惯性的。

每个教师都有自己成功的方程式,每个教师在成长的过程中已经形成了他自己的方式。所以把教师的思想观念转变过来,不是出台一个制度就可以解决的。

假如一个老教师已经教了十年书,他已经形成了自己的思维方式,这个方程式要让他重新打破要有个过程。(泰河学校王校长)

区教育局推进学校文化建设需要调动各位校长,校长建设学校文化需要调动各位老师。受传统应试教育影响,很多教师,尤其是老教师会偏向于看重学校的教学质量和学生成绩。对学校文化建设作用、内涵和具体措施的理解,从区教育局到校长再到教师,还需要一个理解、消化和吸收的过程。

2. 区教育局的政策理念办学者还不能完全理解和接受

笔者在访谈的过程中,不时能感受到泰河学校办学者对区教育局学校文化建设相关政策文件的不解、困惑甚至无助。

领导讲一定要有特色,一定要有项目,我就动脑筋搞项目,乒乓球东海有了,网球博平有了,台球、跆拳道大碶有了,足球霞浦有了。后来搞武术,好不容易请来一个专家,下个学期搞,打算像模像样地搞。我的想法是要搞就要进课堂,不进课堂不叫特色,就请来个武术教练进课堂。后来人家讲"武术人家都有了,你报武术干吗"。(泰河学校王校长)

特色学校是北仑区教育局在各校文化环境营造基础之上,对各校内涵

发展提出的引领措施。但在实际的操作中,各校对特色的定义趋于狭窄化。

> 对特色学校本身的界定、概念本身的一个阐释,可能教育局层面也要作一个调整。(教育局吴科长)

对于北仑区来说,学校文化建设是一条探索之路,摸着石头过河,需要行动的勇气、反思的心态和改进的能力。

六、泰河学校学校文化建设中未来的工作方向

1. 校企合作,共建文化

建设学校文化,不能在原地打转。学校文化是社会文化的一部分,对办学者来说,学校文化的建设可以打破学校范畴,引入相关社会资源,进行合作育人。笔者在访谈泰河学校初中部时,办学者的困惑无奈让人感觉其文化建设似乎进入了一个盲区,但在最新的资料中,笔者看到泰河学校已打破思维,打开校门,开始探寻校企合作育人的道路。

2012年2月,泰河学校与宁波北仑国际集装箱码头有限公司(简称NBCT)正式结成友好共建单位。同企业结对,可以使泰河学校依托共建单位深入挖掘可开发资源,积极探索和开发校本课程,努力为学生参加各种社会实践活动搭建平台。同学校结对,也可以使企业更好地承担社会责任,树立企业社会形象。NBCT内部设置了专门的社会公益组织"义工俱乐部",这为校企文化的合作提供了良好的基础与平台。泰河学校下阶段将组织学生参加与NBCT相关的综合实践活动,如码头采风、六一联欢、义工讲座等。

2. 全面认识学校文化,由外在的"规范"走向内在的"涵养"

学校文化的形成需要物质、精神、制度、行为等方面的组成和融合,它的最终目标是学校各群体由内而外散发出来的一种特殊涵养。光从某方面认识或着手打造学校文化是片面和不当的。王校长在接受访谈的过程中,常常提到"规范"一词,对学生的行为、对班级的德育,泰河花了大量精力加以规范和标准化评比,这样的投入无疑可以提高学校的工作效率、有利于维持有序的教学秩序。但是,犹如仅用考试分数评价学生成绩一样,光凭规范来提升学生文化涵养也是不够的,也显得过于"机械化"。泰河学校未来的文化经营应从学生的内在出发,用独特的教育理念聚合师生的行为,用多种方式来培育学校文化。

3. 随时间而沉淀

不同的办学者有不同的风格,"沉淀""浸透""经营"这几个词笔者总能

在王校长口中听到,这对于泰河这所新学校和北仑区这个新区的文化发展来说,都是要长期面临的任务。

现在对我们泰河学校来讲还是需要时间。一所学校从硬件上讲问题不大,无非是有客观条件的制约。更重要的还是软件,我们师资队伍的培养、学校的理念是否被老师们认同都需要时间。

学校文化是慢火炖汤,是一种沉淀。我们是一所新办的学校,2006年才兴建,还是需要时间的积淀。(泰河学校王校长)

第八章　区域推进学校文化建设
成功经验及再思考

第一节　北仑区区域推进学校文化建设的成功经验

一、理解上级相关文件,执行上情下达职能

作为北仑区教育局,在引导区内各学校教学办学的同时,也在实践着上级部门的要求和指示。这一上情下达的政府行政职能,是区教育局一切工作的根本指南。北仑学校文化建设的兴起并非空穴来风,国家级、省级、市级出台的相应文件,是其背后的巨大推手。

2010 年 7 月 29 日,《国家中长期教育改革和发展规划纲要(2010—2020年)》正式颁布,虽然全文没有出现"学校文化"一词,但其提出的"发展义务教育阶段均衡教育""全面提高普通高中学生综合素质""推动普通高中多样化发展""完善中小学学校管理制度"等目标,都无形中把发展学校文化引入实践当中。

2010 年 12 月 22 日,浙江省教育厅根据国家发展规划纲要精神,结合本省实际,颁布了《浙江省中长期教育改革和发展规划纲要(2010—2020 年)》,针对"素质教育"单独列出一章,要求"深化德育建设""提供学生学习和实践能力""加强身心健康教育""减轻中小学过重课业负担""形成推进素质教育工作合力"。为了贯彻以上方针,浙江省教育部门结合省教育实情,为下一步教育改革方向进行定位。"当前,浙江教育已进入'读好书'、全面建设现代化的新阶段。经济社会发展特别是转变发展方式对教育提出了新要求,富裕起来的人民群众对教育提出了新期盼。对照新要求、新期盼,浙江教育在育人模式、布局和结构、质量和水平等方面还存在着许多问题。解决这些

问题要靠建设,更要靠改革。下一步,浙江教育的工作重心应加快转移到内涵为主上来,育人模式应加快转换到面向全体学生和学生的全面发展上来。"由此可见,在浙江省发展学校文化内涵的指向性愈发明显。2011 年 5 月 20 日,宁波市教育部门推出《宁波市中长期教育改革和发展规划(2011—2020 年)》,主张"提供高位均衡的义务教育""做强优质多样的高中教育"和"提升教育服务学生全面发展的品质",基本要义与省级文件相同。

到了区县级层面,大部分文件转化为了具体的教育行动,区县级教育局作为和各所学校联系最紧密的管理者、指导者,对政策的解读和操作化很大程度影响着学校的具体办学行为。北仑区教育局在分析区内实情的基础上,正式提出"学校文化建设"的命题,这是解读上级文件的思维结果,更是贯彻各项政策的有力路径。

就像笔者访问的一位校长所言,北仑区教育局的领导充满着教育家的情怀,同时又有实践家的坚守。他们不是办学者,却要有比一般办学者还高的教育理念和实践诉求,这是中国区县级教育部门区域推进教育发展时必备的素养。

二、对学校文化建设的重视和多方投入

"学校文化"不是一个新词汇。长期以来,各区级教育部门和办学者对此基本都有所涉及,但将之作为工作重心倾力投入者,在全国尚在少数。

从 2005 年开始,北仑区教育局开始重点探讨区内学校文化建设的方向思路,通过外出取经、开展论坛、个案分析、汇编《学校文化》手册、相关课题研讨、示范学校评估等多种方式,将"学校文化建设"主题逐步纳入日常工作范围。校长们在受访时对"学校文化"一词的熟悉,对区教育局反复灌输建设学校文化理念的一致反映,说明了北仑区在"学校文化建设"主题上花的大工夫。

引起区内学校的重视和熟悉之后,北仑区教育局又对各校学校文化建设实践提供了充足的投入和保障。作为新兴繁荣的东方大港,北仑区的经济发展速度引人注目,充足的财政收入和对教育的大力投入,为北仑区内各校的办学提供了牢固的资金支持。这一点,笔者在访谈的过程中多次从校长们那里得到印证:"只要符合学校文化建设的要求,有实际成效的,都可以向教育局报销 50%。"

除了完善客观条件,区教育局对各学校尤其是各校长的精神引领更为

重要。为此,北仑区教育局利用校长培训、外出考察等机会,为校长文化办学提供指引方向,同时深入学校,实际调研学校文化办学情况并加以诊断。

三、推行公开透明的"硬制度"

在推动学校文化建设上,北仑区教育局实行"两年一评估、三年一计划"制度。除了设置公开统一的制度要求,考虑到学校实际办学情况的多样性、复杂性,以及教育发展规律的独特性,北仑区教育局还为学校的自主探究发展提供弹性空间,鼓励学校发展特色,朝"一校一品"方向努力。

1."两年一评估"的学校评比活动

2009 年年末,北仑区教育局推出区内首批校园文化建设示范学校评比活动。此评比实行自愿原则,学校在事先了解评估标准的基础上,自主决定是否参评。第一轮的评估得到区内绝大多数学校的响应,经过实地观察、访谈等方式,区教育局评定北仑中学、泰河中学、东海实验学校、九峰小学、淮河小学、蔚斗小学、白峰小学、区实验小学为北仑区首批校园文化建设示范学校。在笔者访谈的 12 所学校中,有 6 所都在首批示范学校之列。从实际调研的结果来看,这 6 所学校在文化办学上思路比较清晰,行动比较充实。2012 年年初,在总结首轮评估经验基础之上,北仑区开展第二批"校园文化建设示范学校"申报评比工作。以评比的方式促进各校文化办学的实践,是北仑区日后学校文化建设的常态机制。

"两年一评估"制度对北仑区内各学校来说,既是行政考核上的压力,也是不得不行动所带来的动力。

2."三年一计划"的行动方针

评估对象针对的是行动结果,除了实行硬性的评比活动,在具体学校文化建设上,北仑区教育局以教育改革为引领,要求区内各义务教育阶段学校根据校情,制订三年发展行动计划,规划未来的办学目标和实践方法。

材料要求:①

(1)制订的三年行动计划要符合学校实际,要与区域社会经济发展相适应。

(2)三年预期目标及分年度目标要明确、具体,项目内容要细化,措施、

---

① 北仑教科网关于《北仑区义务段学校改革创新三年发展行动计划》材料汇编的通知。

路径要具有可操作性,要避免空洞。

(3)要重点突出,与总体目标关系不密切的内容不列入文本。

(4)要充分吸收分片校长会议意见和建议,整合、修改学校已经制订的各项行动计划。

(5)文稿字数一般控制在 5000 字以内。

区域推进学校文化建设对于北仑区教育局来说,是一项尚未成熟但已经成为重点立项、普遍展开的工作。三年行动计划这一方式可以让学校根据现有的学校文化发展的理念和状况,针对学校文化建设中的问题确定学校文化发展的侧重点和发展方向,对各学校开展学校文化建设起到督促和引领作用。

四、兴建特色学校,提倡"一校一品"

"特色学校"一词在我国官方正式文件中出现的时间并不长。1993 年国务院颁布的《中国教育改革和发展纲要》中首次将学校发展与特色联系起来。该文件指出:"中小学要由'应试教育'转向全面提高国民素质的轨道,面向全体学生,全面提高学生的思想品德、文化科学、劳动技能和身体心理素质,促进学生生动活泼地发展,办出各自的特色。"

关于特色学校的概念,目前尚未有一个统一的说法。从学校文化的角度出发,特色学校是学校整体改革的产物,学校的特色应体现在学校的各方面,成为学校群体共同追求的,努力形成一套全面、整体、综合的学校文化模式。

教育行业不比其他产业,不能用"批量化"、"标准化"来定义。学校的文化办学需要结合自己的特征,建立独有的文化场,培养富有学校文化品质特征的人才。

特色是一所学校的质量和品质,是一所学校存在的依据和标志,也是区域教育迈入优质均衡的必然选择。推进特色办学,不仅是实施"轻负高质"的有效载体,而且是办适合学生教育的现实需求。北仑区教育局从 2004 年开始,相继印发《北仑区推进中小学特色项目建设的实施意见》(仑教〔2004〕37 号)、《关于印发北仑区中小学特色项目学校认定办法的通知》(仑教〔2006〕140 号)、《关于加快推进学校特色办学的若干意见》(仑教基〔2009〕11 号)等文件,要求和指引区内学校办出特色,办出品牌。

针对北仑区内不同类型学校的特点,区教育局按三个层次加快推进特色办学。

对于目前尚未形成特色或特色不明显的学校,北仑区要求各校通过调查研究，认真分析现有基础，根据自身的实际，博采众家之长，从体育、艺术、科技、德育、科研、学科建设、校园文化建设等方面，寻求适合本校发展的新优势，为特色建设准确定位。

对已形成单项特色项目的学校，北仑区教育局要求各校在单项特色项目的基础上，不断深化，不断丰富，不断积累，以特色发展带动内涵发展，由特色项目发展成特色学校，并积极争创市级特色学校。

对于传统特色明显的特色学校，区教育局要求其持之以恒，逐步而稳健地做精、做优、做强学校特色，并使学校特色建设成为推动学校办学水平和办学品位再上台阶的原动力，成为全面深化素质教育、提高教育质量的有效载体，并积极推动该类学校争创省级特色学校。

为了更好地推进区域内各学校特色办学，北仑区教育局采取了以下措施：

首先，建立同类特色学校协作研讨制度。加强特长教师的培养和培训，由区教研室牵头，对同类或相近特色项目学校的领导、教师及学生，定期组织交流研讨，并坚持每年举办文化艺术节、体育节、科技节等活动，做强做大学校特色项目，为其影响力的扩大搭建舞台。

其次，加大扶持特色学校的发展。凡经评审认定为北仑区区级及以上特色学校（含特色项目学校）的，从2009学年起，允许该学校起始年级在全区招收该项目特长生不超过4名（学生特长测评后，名单须报教育业务科备案）；鼓励学校自培和外聘特长教师，在编制允许的情况下给予一定的支持；按区、市、省特色学校等级每年分别补助经费1万～3万元，并对认同的区级特色基地学校在设备设施上予以更高的补助。

最后，完善特色学校建设体系。北仑区教育局在制订学校特色发展的规划和具体实施方案之后，引导学校加快建设特色课程和特色活动，强化特色学校建设的课题研究和文化培育，并倡导特色基地学校积极向校外学生开放培训。随着区内学校特色办学经验的逐步积累，北仑区教育局从2009年开始每年度开展特色项目学校评选活动，设置体育类、艺术类、科技类、德育类等申报方向，促进区内各校挖掘自身资源，建设特色学校，并最终向品牌学校发展。

五、搭建合作平台，促进区域教育内涵发展

在访谈的过程中，北仑区内各校办学资源的丰富和合作资源的广阔让

笔者印象深刻。访谈校长们时,总能听到中央教科所、中国教育年会、北师大培训会议等国内教育业最权威、最专业机构的名字。北仑利用自己雄厚的财政实力和对创设现代化教育的决心,积极引进高规格的合作资源,搭建共建平台,推进区域教育的内涵发展。

2011年3月22日,浙江省特级教师协会北仑工作站挂牌仪式举行;4月7日下午,北仑区与中央教科所就教育项目实验签订合作协议;8月2日至6日,由中央教科所和北仑区教育局联合举办的全国校长发展学校在北仑开班,浙江大学高级访问学者培训班、英语强化培训班等也相继开班。①

北仑区目前已分别与中央教科所、浙江大学教育学院、浙江省教科院、《中国教育报》全国基础教育协作体和浙江省特级教师协会联手,建立了五大教育合作平台,就校长队伍建设、骨干教师培养、重点课题研究、精品课程开发、轻负高质典型培植、区域特色品牌建设、教育评价改革、优质特色高中创建等方面开展深度合作,着力提升区域教育改革和发展的水平。

2012年4月,全国首家区域推进教育现代化实践基地——中国教育科学研究院推进教育现代化实践基地在北仑落户。基于北仑教育的综合水平,中国教育科学研究院将把北仑教育的均衡化、优质化、信息化、国际化作为“北仑实践基地”的主要内容,组建“特色示范高中建设、名校长与名师发展学校、教育均衡优质水平监测、中外合作办学领域拓展、智慧教育系统构建、教育现代化品牌提炼”等六个项目组,推动北仑率先高标准成为省教育现代化区。②

与诸多权威专业的院校机构合作,使得北仑区教育的发展具备了强大智库的支持,这些将成为北仑区域推进学校文化建设的巨大引擎。

第二节　北仑区教育局推进学校文化建设的问题和困难分析

从笔者访谈的结果来看,北仑区内各学校“家家有本难念的经”。北仑区教育局在自上而下,从区域层面推进学校文化建设的过程中,多多少少还存在一些困难和问题。归纳之后,大致有以下几点。

---

① 北仑教科网《2011年北仑教育回眸》,http://www.bledu.net.cn/newsdetail109654-zou-gai-ge-chuang-xin-zhi-lu.ashx。

② 北仑教科网,http://www.hzedu.net/Template/ShowNew.aspx? id=66380。

一、理念认识上：对学校文化的理解还不够深刻到位

1. 对建设学校文化必要性的认识不统一

北仑区教育局从中央"文化大发展繁荣战略"和教育改革方向出发，把学校文化建设作为今后的重点工作，用建设学校文化来打造现代化的北仑教育、培养综合性的北仑人才。虽然相关的政策文件、校长培训会议不断，但目前北仑区内各校长学校文化建设的理念认识有深有浅，还不够统一。

有些校长认为学校文化建设是一项应该作为、大有作为的学校工作；有些校长认为学校文化是长时间办学后自然沉淀的结果，急不来；更有甚者会将学校文化建设视为学校工作之外的附加任务。

校长的认识尚且未统一，教师对学习文化的理解状况就可想而知了。笔者在访谈中也多次听到部分教师对学校文化建设的不理解。

2. 对建设学校文化内容的认识不够全面

"学校文化"一词涵盖的内容很广，其核心是学校通过一系列的努力和沉淀后学校全体人员形成的统一的价值观念和行为方式。为了便于操作引领，北仑区教育局将其界定为物质文化、精神文化、制度文化、行为文化四方面，但关键是学校在办学时要有自己的"魂"。北仑区有些校长侧重于营造校园文化环境，部分校长侧重于举办各类校园文化活动，也有校长重在强调育人理念。富有办学哲理的学校是存在的，但目前只占少数。

二、行动实践上：建设学校文化的能力和成效还有待提高

北仑区教育局大力推进学校文化建设的举措，在全国属于前列，值得借鉴的经验很少。走探索之路，需要行动者付出多倍的努力，需要行动者具备较强的学习和研究能力。北仑区教育局通过"引进来"（邀请专家、引进课题等）、"走出去"（外出考察、培训）和"多动脑"（根据区域实情推出举措），自上而下推出了各项学校文化建设政策和实施办法。但在落实中，关键主体还是区内各学校，由目前的情况看，北仑区内各学校的文化建设能力和成效还存在诸多不足，需要加强反思、学习和提高。

1. 行动前的理论学习尚需加强

和学校文化相关的理论专著有很多，内容涉及教学管理、德育、学校形象标识等多领域，目前和学校文化建设相关的研究成功也日趋增多。目前在北仑区内，许多校长对学校文化的理解还比较宽泛，在具体行动时部分学

校还没有清楚的定位，"知道学校文化很重要，但具体实施时不知从何做起。"(教育局科长1)许多学校提出的学校特色文化缺乏严密的概念体系和理论解释，实际操作时容易流于表面。分析后行动、行动中思考、行动后反思，是探索型办学者应当具备的能力。

2. 行动中的自评自估能力还不够

北仑区内部分校长按照校情，创设了一整套系统的学校文化建设行动方案，在具体实施中也投入了较大热情和精力，但到了区域层面的统一评估，却失望而归，甚至百思不得其解。失望和不解的背后，是学校自省能力的欠缺，一方面和办学者的思考方式有关，另一方面也存在只埋头苦干、不抬头思索的现象。对此，学校在文化建设过程中应加强行动自评能力，在区域评估前就"自诊"出问题所在，并及时改正。

3. 行动后的提炼、表达能力还欠缺

"文化需要建设，也需要表达。"从北仑区教育局考虑，考察区域层面推进学校文化建设措施是否有效，主要通过考察区内各校文化建设现状来衡量。考察的方式目前主要有两种：一是实地查看，二是文字汇报。北仑区内共有中小学30多所，北仑区教育局工作人员只有一二十名，实地查看的方式耗时耗力，因此文字汇报成为评估的重要方式。而目前正如区教育局干部反映的，北仑各学校校长的总结提炼、口语表达能力还需要大力提高。

笔者在访谈之前浏览了北仑区所有中小学的学校文化汇报资料，大部分学校的总结更像是行政类的工作报告，条条框框很多，面面都谈却面面都浅。大部分的汇编资料不够生动鲜活，缺乏明显的主题和特色，难以给人留下深刻印象。但在实际调研中，笔者发现北仑许多学校的文化建设状况做的要比写的好得多，当然其中也不乏少数做的不如写的精彩的。这充分说明，校长的提炼、表达和宣传对于自身学校文化建设至关重要。良好的文字总结和对外表达，不仅可以使学校在区域评估中充分展示学校的特色，获取上级认可，也可以让办学者更清楚自己的文化建设现状，在与自己对话、与他人沟通的过程中及时发现问题、解决问题。

对于北仑区各校来说，学校文化建设目前还是一项探索工程，分析后行动、行动中思考、行动后反思，是探索型办学者应当具备的能力。

三、资源背景上:区域文化的积淀目前还太少,受应试教育的制约严重

北仑区是新区,区内许多学校都是新建的,在受访的 12 所学校里,8 所学校的办学历史都只有十年左右,大部分学校是为配合新区的开发创建的,原有的文化底蕴很浅甚至没有。在白纸上办教育,虽然可以打破传统思维,实践各种创新理念,但"文化"一词毕竟带着历史感和沉淀感,没有丰沛的文化资源,学校文化的建设难免会缺少些历史依托和人文传统。

同时,经历行政区域的重新规划,北仑原有的很多老学校经过整合、拆并,相继出现文化割裂的现象。如何整合这些学校原有的文化资源,让文化传承、老校新生是北仑区教育局下一步应探讨的话题。

加强学校文化建设虽然是下一步实施素质教育、新课程改革下的必然趋势,但在目前我国的大教育环境下,应试仍是主题。在这 12 所学校中,有 6 所学校明确表示在组织学生参与各种学校文化活动时,遭遇了来自家长方面的困难。受应试教育和学业竞争压力的影响,许多家长都侧重孩子在学校的学业表现,学校文化活动似乎是文化课的适当调剂,家长和高年级学生心中总有一把尺,在衡量学校文化活动是否会影响考试成绩,一旦感受到有逾越的可能性,就退出活动全身心投入考试。这种"小心翼翼"和不断的比量,不利于学校文化建设行动的彻底开展。这样的现象是中国教育大环境所致,不仅仅在北仑发生,但乐观地看,北仑区已经比别的地区向前迈进了一步。

四、评估制度上:标准需改进,相关制度需完善

在北仑区首批校园文化示范学校的评估中,10 所学校在 30 余所参选学校中胜出。在笔者访谈的 12 所学校中,共有 6 所获得首批示范学校称号,评上的学校基本有自己明显的办学特色和文化定位。没评上的 6 所学校各自分析了自己落选的原因,大部分学校都对首批示范学校评估的标准有自己的看法:评估标准太注重外显环境,评估标准不符合学校类型……所有意见都指向一点,即评估的标准似乎对自己有些"不公"。面对区内学校显著的校情差异和各种办学苦楚,如何制定出一个相对通用和令人心服口服的标准,是北仑区教育局亟待思考完善的工作。

此外,其他相关的制度安排对北仑区学校文化建设也产生了直接的影响。

"三校考试素质加分"这一制度安排,是北仑区教育局为推进各校素质教育,促进学生积极参与学习文化活动、发展体艺特长的举措,但到了落实层面,这一加分举措却遭遇尴尬,原本纯粹培育素质的活动和考试加分挂钩之后,学生参加的积极性虽然提高了,但随即出现明显的参与"功利性","参加就是为了加分""分数加满了就不需要参加了",应试教育的思维不是一朝一夕可以转换的。

除了学生的积极性,教师的积极性也需要合理的制度加以调动。近几年来,为提高教师待遇、提高教师的工作积极性,浙江省部分地区开始推行中小学教师绩效工资改革。出发点很好的制度安排到了现实之中,也遭遇了和加分政策相类似的尴尬。笔者在访谈的过程中,屡屡听到校长们对绩效工资改革的抱怨。原本教师们凭着热爱和责任心参与各项学校文化建设,但绩效工资改革的出台,让部分教师把自己的福利待遇和每一份付出相挂钩。教师是一份良心工作,这样的职业逻辑不符合教师行业应有的奉献意识。除了带着伦理原则对部分人的工作思维加以点评,真正能解决这一现象的办法还是切实完善制度本身。

第三节 区域推进学校文化建设的再思考

北仑区教育局根据本区只有 20 多年历史、区域城市化历史短、外来人口多、区域中学校类型多样、城市化进程不断将农村学校变为城乡结合部学校、居民对学校教育质量的要求不断提高等现实状况,在研究了学校发展各方面的主次要矛盾的基础上,提出了从区域层面推进各个学校开展学校文化建设的思路。这一思路,正如区教育局长所说的,是希望"以文化的方式推进有灵魂的教育"。对于一个历史文化积淀不足、所辖区内的学校文化和区域社会经济发展趋势不够吻合的新经济开发区来说,通过区域层面的决策和相关行动,可以切实有效地推进各个学校重新思考学校的办学理念和定位,确定学校发展的特色和内涵,并形成独特的学校文化。同时,在"一校一品"的学校文化建设的前提下,各个学校的文化建设又形成一股合力,促进整个区域学校和教育文化的提升和发展。这种发展最终通过整体文化氛围、学校和教师的理念和活动,体现在每个学生的发展过程和结果之中,从而使学校培养出来的公民具有区域特有的文化气质和涵养。

从本研究的过程和本书所呈现的各个学校的文化建设情况来看,北仑区区域推进学校文化建设的举措普遍受到各个学校的欢迎,并且成效还是比较显著的。其原因主要有以下几个方面:

1. 教育局领导对区域教育发展和学校发展的紧迫感和责任感。由于北仑区的区域复杂性,教育局领导对于区域内的学校发展和教育发展有强烈的责任感和开拓意识。2001 年开始的国家基础教育新课程改革之初,浙江省没有积极地参与国家级实验区的工作,第一批 38 个国家级实验区中浙江省一个也没有。2002 年,通过北仑区教育局的积极申报,北仑区成为三个浙江省第一批国家级新课程改革实验区中的一个。此后,教育局根据所辖区域内学校发展的情况和问题,不断更新学校发展的主题,并将重点放在学校文化建设方面,试图以此为突破口,完成北仑教育转型的使命。

2. 教育局教育政策顶层设计来源的开放性。教育局为所辖区域内的学校发展制定政策的过程中,不断寻求外部的支持,并虚心听取外部意见。正如前文所述,北仑区和中央教科所、浙江大学教育学院、浙江省教科院、《中国教育报》全国基础教育协作体和浙江省特级教师协会等都形成了合作关系,在开展课题申报,确定学校文化为区域推进和发展的重点等方面都征询相关专家的意见,从而使工作思路更为清晰,以便更为合理地规范和指导学校实践。

3. 教育局领导领导风格的影响。从对各个学校的访谈可以看出,大部分学校在谈到教育局的支持时,都会提到局长的关系和影响。有些校长亲切地称教育局长为"我们老大",会非常动情地提到教育局长怎样到学校来指导,怎样在学校文化发展理念不清的时候过来点拨,在开展学校文化建设时遇到经费问题时怎样给予支持……和支持型的教育局长相比,另一位领导则是学者型的,他喜欢阅读教育类书籍,不断思考教育发展和学校发展的根本问题,从而提出独特的理念和想法……北仑教育局领导们不同的领导风格形成互补和交响的作用,使学校文化建设的主题不仅得到提倡,而且也获得了全方位的支持。

4. 教育局作为"行动研究者"。问题在实践中会随时出现,开展区域层面推进学校文化建设的方法路径之后,区教育局用行动研究者的思维方式,不断地分析问题、改进方法。例如,第一批"北仑区中小学校园文化建设示范学校评估标准"中,学校物质文化、环境文化和制度文化等显性标准占的比重高达 80%,而其余 20% 也是显性的特色成果方面。经过几年的区域推进学校文化建设的努力,教育局相关领导不断思考学校文化建设的含义,和学校文化建设最重要的维度,2012 年在第二批"校园文化示范评估标准"中,将物质文化和制度文化方面的比重下降为各 20％,而精神文化建设方面的比重则上升为 60％(见附录 6)。

　　用物质文化、制度文化、精神文化和行为文化四个维度来探讨区域推进学校文化建设实际上并不是一个非常理想的模式,因为每个学校在开展学校文化建设的过程中都会涉及所有这四个方面,但为了使案例的选择和呈现更能说明问题,也为了说明这四者之间的关系,我们还是采用了这个框架和模型。从本书所呈现的案例可以看出,学校文化建设的最高境界是精神文化建设,如果学校能够从一开始就注重顶层设计,通过愿景领导来明确学校精神文化建设的方向,并将这一愿景贯穿于学校的物质文化、制度文化和行为文化建设的过程之中,那么,这个学校在较长的一段时期内,所有的工作都能凝聚成合力,使学校文化建设的各个方面都顺畅地运转。这样,就可以避免在后续发展的过程中出现难以逾越的瓶颈或者各方面的工作拧巴甚至互相矛盾引起内耗的现象。如果想通过阅读本书来推进所在区域的学校文化发展,或者改善所在学校的文化建设,这是本研究自以为最重要的建议。

　　当然,愿景领导的前提,是愿景的制定不是随意的,而是经过深思熟虑的,是考虑了学校原来的发展历史、所处环境、原来的文化、现在的发展状况,结合尽可能多的参与者,包括学校中高层领导、教师团体、学生家长、学生、高校或研究机构专家和教育局领导等各方面的意见,通过类似于"课程审议"的方式来确定的。而这一审议的过程和指向,又应该是学校的每一个儿童,只有这样,以愿景领导来促进学校精神文化建设的理念和方案才能够真正落到实处,这个学校各方面的文化发展才是真正具有生命力的。当然,这是一个需要您和我们一起去研究和思考的论题了。

附　　录

附录 1

访 谈 提 纲

提纲 1　北仑区教育局行政干部访谈提纲

一、材料面

1. 行政干部个人信息(您是什么时候来北仑教育局工作的,在局里担任的职务,专门负责哪块工作)。

2. 北仑区教育局的概况(组织架构、人员分工、上下级单位等;是否有专人负责学校文化建设工作)。

3. 区教育局所管辖中小学的概况(学校类型和数量、教师学生的来源概况、学校的整合、以往办学成绩、办学特色等)。

二、理念面

4. 您对"学校文化"这个词是如何理解的?

5. 对目前国家出台的一些学校文化建设方面的文件精神(如国家级《中长期教育规划纲要》、浙江省级、宁波市级文件等),您是如何理解的?

6. 北仑区学校文化建设的核心精神是什么?

(目标面:北仑区学校文化建设的目标和定位是什么?)

三、主体面、方法面

7. 北仑区教育局过去几年来推出了哪些学校文化建设方面的政策措施(重点案例介绍、深入访谈、细致探究)?

8. "区域层面推进学校文化建设"的理念和方法,您是如何想到的? 在实施的过程中具体如何推进呢(想法的源起和发展)?

四、结构面

9. 北仑区对区域内各学校文化建设的实施效果是如何评估的(对下级学校

文化建设的评奖评优方法、对上级的工作汇报等)?

10. 北仑区教育局目前在学校文化建设上还面临哪些困难和问题(新老问题兼顾)? 北仑区是如何去解决的? 未来的工作方向是什么?

提纲2　北仑区各中小学校长访谈提纲

一、学校文化概况

1. 校长的个人信息(您什么时候来此学校工作,以往的工作经验等)。

2. 您所在学校的概况(地理位置、学校类型、师生人数、学生来源(外来人口比例)、办学条件等)。

3. 您对"学校文化"这个词是如何理解的?

4. 您所在学校的文化资源有哪些(学校历史人文、校训校徽、办学特色等)?

5.(在此基础之上)您觉得自己学校文化建设的核心精神、特色应该是什么?

二、在文化建设上与区教育局的关系

6.北仑区教育局在学校文化建设方面推出了哪些政策措施,您觉得怎么样? 区教育局推出的政策措施您所在学校是如何实施的? 请您介绍其中的重点案例及实施过程(细致探究、深入提问)。

7.在实施的过程中,区教育局给予学校哪些资源支持(资金、政策等)? 您觉得这些支持足够吗? 还有哪些需要?

8.在实施之后,北仑区教育局是如何对您学校的文化建设活动进行评估的? 形式有哪些(和其他学校的竞争、评奖评优的奖惩状况等)? 您觉得区教育局的这种评估方法和评估标准怎么样?

三、学校文化建设活动的效果、存在的困难问题

9.贵校学校文化的建设,对自身的办学(教学、学生发展、教师发展等方面)产生了哪些积极的影响? 有哪些具体改善的实例吗?

10.贵校在学校文化建设上还面临哪些困难和问题(如家长是否支持这些活动、教师是否乐意参与这些活动等)? 您是如何去解决这些问题的? 未来的工作方向是什么?

提纲3　北仑区各中小学教师(班主任)访谈提纲

一、班级文化概况

1. 教师的个人信息(您什么时候来此学校工作,以往的工作经验等)。

2. 您所在班级的概况(学生人数、学生来源、家庭状况等)。

3. 您对"学校文化"这个词是如何理解的?

4. 您所在学校的文化资源有哪些(学校的历史人文、校训校徽、办学特色)?

5. 您认为自己学校文化建设的核心精神、特色是什么?

二、学校校长层面

6. 学校组织开展了哪些学校文化建设活动,您觉得这些活动怎么样(是否认同、乐意参加)? 学校推出的文化建设活动在您班级是如何实施的? 介绍一些重点案例及实施的过程(如教师和学生的分工、担任的角色等)。

7. 在实施的过程中学校或校长给予班级哪些资源支持(资金、活动场地、活动设置物品等)? 您觉得这些支持足够吗? 还有哪些需要?

8. 在实施之后,学校是如何对您班级的文化建设活动进行评估的? 形式有哪些(和其他班级的竞争、评奖评优的奖惩状况等)? 您觉得学校的这种评估方法和评估标准怎么样?

三、班级文化建设活动的效果、存在的困难问题

9. 班级的学校文化活动,对班级(教学管理、学生的发展、班级氛围等)产生了哪些积极的影响? 有哪些具体改善的实例吗?

10. 班级在学校文化建设上还面临哪些困难和问题(如家长是否支持这些活动、和考试成绩之间的关系等)? 您是如何去解决这些问题的? 未来的工作方向是什么?

提纲4 北仑区各中小学学生访谈提纲

一、学生个人情况

1. 你是几年级的呀? 你老家是哪儿的? 爸爸妈妈是做什么的呢(对其进行分类,看是本地学生还是外来务工人员务子女,进一步了解其在学校的感受,关注其经济补助、人际交往等问题)? 你在学校过得开心吗? 喜欢自己的学校吗?

二、对学校文化特色的认识

2. 你能告诉我你学校的校训、校歌、校徽是什么吗?

3. 你觉得和别的学校相比,自己学校最大的不同是什么?

三、学校文化活动的参与情况

4. 学校层面:在学校,老师有带着你们参加过课外活动吗(比赛、文艺表演等)? 有哪些呢? 你参与了吗? 你觉得怎么样? 学校里有社团、兴趣班吗(体育、舞蹈、音乐等)? 你参加了吗? 觉得怎么样?

5. 班级层面:你们班经常搞哪些课外活动呀? 你参加了吗? 喜欢吗?

附录 2

关于进一步推进中小学综合实践活动和
校本课程开发实施的意见

（仑教研〔2009〕3 号）

各中小学：

综合实践活动和校本课程的设置是基础教育课程改革的重要举措，是助推学校品质提升的必要"引擎"。我区在几年的课改实践中，在综合实践活动和校本课程开发与实施方面，已积累了一定的经验，涌现了一批典型，并评出了一批实施先进学校。为更好地落实国家课程计划，深化课程改革，强化综合实践活动、校本课程在实施素质教育中的重要作用，促进校本课程和综合实践活动课程开发与实施水平的不断提高，增强教育对时代的适应性，现就进一步推进综合实践活动和校本课程开发实施提出如下意见。

一、进一步明确综合实践活动和校本课程开发与实施的重要意义

综合实践活动课程和校本课程是新课程的重要组成部分，是培养学生创新精神和实践能力，促进学生主动、生动、和谐发展的重要载体，更是促进教师专业化成长，实现学校办学特色的必然选择。综合实践活动课程和校本课程的实施，是检验学校是否真正贯彻教育方针的一个标志。正确理解综合实践活动和校本课程开发与实施的目的和意义，确立两门课程在学校课程实施中的地位和作用，把两门课程的开发与实施作为学校课程管理和建设的重要内容，作为建设现代化教师队伍的重要途径，作为创建学校办学特色、创新学校德育工作的有效载体，这是每所学校、每个教育工作者都必须认真面对和思考的问题。

二、全方位加强对综合实践活动和校本课程开发实施的组织领导

1. 学校要进一步明确课程开发与实施领导小组，由校长或分管校长担任组长，成员由教导处、教科室、德育处、团委、大队部等有关职能部门负责人组成。领导小组要切实担负起对综合实践活动、校本课程开发与实施的领导、规划、组织和协调等责任。每学年讨论修订本校的综合实践活动实施方案和校本课程开发与实施方案，并由专人负责修改和备案。

2. 各处室既要明确课程开发与实施的主要职责，又要协同合作。教导处主

要负责课程实施与管理,统筹师资配备、教研组活动指导和学业评价工作。教科室主要负责课程的开发和规划、教师研修、课题研究和指导工作。德育处、团委、少先队大队部负责主题活动的开展、社区服务、社会实践领域活动的实施,指导班主任实施活动。

三、高质量落实学校综合实践活动和校本课程开发与实施的具体要求

1.认真编排课程计划。各校要严格执行课程计划,按照要求将课程落实到课表中。3—9年级综合实践活动每周开足2课时(不含信息技术课时)或者每学期总课时达到36课时。在保证总课时前提下,课时使用可集中与分散相结合,课堂指导与实践活动相结合,合理安排教师课堂指导和学生实践活动的时间比例,保证学生的实践活动时间不少于二分之一的总课时。

高中阶段,学生在三年中需要完成约270课时的研究性学习活动,前五个学期平均每周应安排3课时。考虑到活动内容和活动场所的开放性,以及指导教师时间安排上的因素,学时安排要在保证研究性学习课时总量的前提下,注意长期规划与短期安排相结合,集中安排与分散安排相结合,并适当增加高一年级的集中安排时间。集中安排时间主要用于了解课程内涵、课题设计指导、开题报告评审、资料搜集指导、数据筛选与分析等系列理论讲座,以及中期小结、报告撰写指导、研究成果答辩、总结表彰、成果展示等活动。此外,开展研究性学习活动还需要由学生自己安排课余时间延伸拓展。具体操作上,学校可根据具体情况采用多种模式安排时间。总体上,大约三分之一的课时用于理论讲座和集体教育活动,三分之二的课时用于组织学生进行研究、实践、交流与展示。社会实践活动时间以学年为单位,每学年总的活动时间不少于一周(约34课时),高中三年学时总数不得少于三周;社区服务时间以高中三年为单位,不少于10个工作日(每个工作日不少于5小时)。

各年级地方课程和校本课程的周课时量应严格按课时计划执行,并尽可能与综合实践活动课程有机结合。

2.合理安排实施人员。义务教育段规模较大的学校(18个教学班以上)要落实配备一名综合实践活动专任指导教师,规模较小的学校要安排多名兼职指导教师,并确认其中一名为综合实践活动专业指导教师。普通高中每15个班必须配备一名专任教师。

学校应确定综合实践活动课程各年级负责人、班级负责人。义务教育段要建立"班级固定、年级协作、学校协调"的教师使用机制,保证综合实践活动实施的各

个环节都落到实处。高中阶段须根据学生选择的课题类型进行走班教学指导。

在校本课程开发与实施中,要充分发挥教师的专业特长,鼓励各学科教师参与课程开发与实施工作。同时,可根据实际需要聘请校外专家、学生家长或相关人士作为兼职教师。

3.制订和完善学校综合实践活动和校本课程实施方案。具体可行的课程方案是做好课程开发的首要工作。学校课程实施方案(或学校校本课程开发与实施指南)要对课程目标、课程内容、课程组织实施(包括课时安排和人员落实等)、课程评价管理、课程资源建设等作出具体的说明和安排。学校综合实践活动领导小组和校本课程开发实施领导小组每学年要组织修订并完善学校综合实践活动实施方案和校本课程开发与实施方案。

学校综合实践活动教研团队每学期要组织制定各年段综合实践活动实施计划。在制订实施方案和学期计划时,要协同地方课程、校本课程、学校教育专题的实施,充分挖掘学校资源,在时间和空间上整合科技节、艺术节、读书节、体育节及春游、秋游班队活动、学校传统活动等内容,整体协调、统筹规划各年级每学期的主题活动,讲究系列化。

校本课程开发与实施方案中要体现课程的可选择性,充分挖掘课程资源,发挥教师特长,开发门类众多、结构合理的校本课程,促进学生社团组织的建设,满足学生个性发展的需要。

4.使教师指导常规化。综合实践活动教师指导方案包括每学期指导方案和学生活动主题的具体指导方案。教师要从实际出发制订好学期指导方案,理清思路,安排好活动进度,明确学期课程目标和具体任务。校本课程开发教师则以各门课程的指导纲要为主。

5.加强实践基地建设。各校要分析研究本校实际和条件,充分挖掘和利用地方自然条件、社区经济文化状况、民族文化传统、学校现有基地等方面的课程资源,体现课程资源的地方特色,积累好活动主题的素材,逐步建立较为完整的课程资源库,并因地制宜做好综合实践活动和校本课程的实践基地建设。对已有的投入大、建设全、特色明的学校实践基地要充分发挥作用,做好学校基地开放、有效联动的探索性工作。

四、分层次建设综合实践活动和校本课程指导教师队伍

1.明确专任教师职责。专任教师的职责除了实施指导教师的工作任务外,还必须做好以下三方面的工作:一是在理论与方法层面设计教学方案并实施相关的理论课教学,负责教学评价。二是在实践操作层面上负责主题活动或研究

性学习各环节指导和过程的管理。三是指导、督促、检查指导教师对学生的指导工作。

2.积极开展校本培训。把综合实践活动课程和校本课程开发与实施理论作为校本培训内容，努力使每位教师在上好一门国家课程的同时，参与开发并实施一门校本课程，会指导学生开展主题活动或研究性学习，打造一支专兼职相结合的综合实践活动课程、校本课程教师队伍。区教研室和教师培训中心在坚持日常教研指导的同时，将分专题、分层次对学校领导和广大教师进行分批培训，注重典型和示范。

3.落实课程教师待遇。综合实践活动专任教师或专业指导教师在课时工作量计算上与文化学科同等对待。在高中研究性学习活动中，每个指导教师以同时指导 1～2 个课题为宜，最多不超过 3 个。对积极参与校本课程开发与实施的教师以及参与学生课题指导的教师，学校应制定校内评价奖励制度。

五、多角度完善综合实践活动和校本课程的评价机制

指导教师要积极探索学生发展性评价的方式和途径，建立综合实践活动、校本课程学生发展评价的机制，严格按规定要求对学生进行素质评价和学分确认。

学校要开展综合实践活动、校本课程教师评价研究，建立教师评价体系，促进对教师实施综合实践活动、校本课程的基本专业品质、设计规划能力、组织指导能力、教学评价能力、自我反思能力等方面的评价，通过制度重建，形成全新的课程文化，鼓励教师参与课程开发与实施，并保持持久的热情。各校应有专项经费作为综合实践活动和校本课程开发实施的保障，以添置必要的设备，为教师的培训和外出提供条件。

对学校综合实践活动和校本课程的开发实施情况和学生综合素质的发展，区教育局将作为对学校教育教学质量评价的重要组成部分，并纳入对学校工作目标考核。同时将每两年开展区级优秀校本课程、综合实践活动和校本课程开发与实施先进学校的评选活动，每年组织一次集中展示，对在综合实践活动课程、校本课程的开发与有效实施中作出显著成绩的学校与教师将给予表彰。

二○○九年十月三十日

附录 3

北仑区第一批"校园文化建设示范学校"评估标准

表 1　北仑区中小学校园文化建设示范学校评估标准

一级指标	二级指标	评估内容及参考分值	评估方式	自评分	评估分
基础建设80分	（一）自然环境10分	1. 校园布局整体规划,校内花草树木错落有致、疏密合理,校内无土不绿(除运动场),达到"春有花、夏有荫、秋有香、冬有绿"(2分)	现场查看		
		2. 校园环境整洁,地面无纸屑、墙面无污迹;食堂设施齐全,卫生整洁,从业人员操作规范,无不安全事故发生;厕所整洁,冲洗及时,无异味;学生宿舍整洁有序,充满温馨(3分)	现场查看		
		3. 校内各处室布置合理,特点明显:教学楼及生活区能根据学生的年龄特点悬挂名人画像及学生的优秀艺术作品;校内行为提示语、提示牌富有学校特点(3分)	现场查看		
		4. 学生教学辅助用房精心布置,充分体现学生的年龄特征和各自的功能,有个性(2分)	现场查看		
	（二）形象标识8分	5. 学校各种形象标志统一、美观:校徽、校旗使用规范;师生能熟唱师生奋进的自创歌曲(3分)	随机抽查		
		6. 学校校风、学风、教风、校训主题词充分结合学校办学特色,能在校内以不同的方式进行展现,师生人人了解和熟记其内涵(3分)	问卷		
		7. 学校网站有反映学生精神生活的专题栏目;校园广播站、电视台每周一次对学生开展宣传教育,数字化校园建设推进有成效(2分)	查阅资料		
	（三）人文环境6分	8. 学校班子成员信念坚定、团结协作、步调一致,始终能以积极的精神面貌带领学校发展(2分)	座谈		
		9. 师生关系平等、民主、和谐:教师间工作密切配合、关系融洽;学生间团结友爱、和睦相处;"四类弱势群体"帮扶有措施、有落实(2分)	座谈、查阅资料		
		10. 师生衣着端庄大方,言行文明;学生行为规范、自信有礼貌,参加集体活动整齐有秩序(2分)	随机抽查		

续表

一级指标	二级指标	评估内容及参考分值	评估方式	自评分	评估分
基础建设80分	（四）校园文化活动32分	11.学校办学规范,教师教学认真严谨,学生学习自主愉快,无教师精神虐待、体罚学生和经常拖课现象,绝大多数教师受到学生的欢迎和认可(4分)	座谈问卷		
		12.学校坚持素质教育思想,不仅关心全体学生的学业进步,而且重视学生综合素质的提高,措施有力,操作规范,富有成效	查阅资料		
		13.学校坚持利用重大节日和纪念日等开展各类主题教育,每学期3次以上(3分)	查阅资料		
		14.“高中生业余党校、初中生团校、小学生队校”办学目标明确、运作规范;培训内容和培训方式能充分体现科学性、时代性、针对性和实效性;每学年学员培训不少于24课时(3分)	查阅资料、学生座谈		
		15.以学校为主体建立学校、家庭、社会三结合的“互动管理”网络;家长学校集中培训每学期不少于2次,家长参与率达到90%以上(4分)	查阅资料		
		16.学校每年举行1次艺术节、体育节、科技节活动,学生参与率达到100%;学生体育锻炼时间每天不少于1小时(4分)	查阅资料		
		17.积极开展书香校园的创建活动,以读书节、读书汇报会、读书反思交流活动、经典书籍大家读等形式广泛开展读书、读报活动,每年不少于3次,读书活动已经成为校园师生自觉的习惯(5分)	查阅资料		
		18.学校图书馆藏书量根据规定配备,并能逐年增加;有借阅制度,做到每生每两周1次,暑、寒假能固定时间向学生开放(2分)	查阅资料		
		19.学生社团活动内容丰富,参与面广,高中、初中每学期有1～2期引领学生精神成长的自编刊物(报刊)(3分)	查阅资料		
		20.师生积极参加社区公益活动反响好;学校资源向社区开放好(2分)	查阅资料		
	（五）班级个性文化10分	21.每月一次主题教育活动和每周一次班队活动能根据学生的需求进行设计,学生参与热情高(3分)	问卷座谈		
		22.班级布置兼顾共性与个性,充分体现个性化、科学化与温馨感;墙壁、地面、黑板报成为班级展示文明形象的窗口(4分)	现场查看		
		23.小学三年级以上班级均有体现学生自主发展、自我约束、自觉行动的班级公约;班级已经形成了积极、健康的班级主流思想(3分)	现场查看		

续表

一级指标	二级指标	评估内容及参考分值	评估方式	自评分	评估分
基础建设80分	(六)制度文化14分	24.学校发展规划和年度工作计划具体明确,被广大教师认可;师生严格遵守各项规章制度(2分)	查阅资料		
		25.党、工、团队组织地位受保障且作用明显;校务公开执行好,学校重大决策和财务情况教代会讨论和审计,教代会提案能认真落实和解决(3分)	查阅资料座谈		
		26.学校已开放学生心理咨询室并确保每周有10小时开放时间;未成年人违法犯罪预警机制、学生不良心理访谈制度、家校定期联系制度等学生成长帮扶制度齐全、效果良好;一年内无违反教师职业道德和学生违法犯罪事件发生。学生听证会等学生倾诉平台充分发挥作用(5分)	查阅资料		
		27.校本教、研、训整合力度大,机制有保障,教师参与积极性高,全体教师专业发展目标或计划有落实,教师发展性评价全面实施,学习研究氛围浓,成效大(4分)	查阅资料		
特色成果20分	特色工作加分项目	28.有校园文化建设相关课题的行动研究,建设工作体现出时代性、创新性、先进性,创建成果获区三等奖以上或在区以上大会中进行公开交流(3分)	查阅资料		
		29.学习校园文化建设工作经验被市、省、国家级各类媒体每转载、报道1次分别加1分、3分、5分(同一信息按最高级加分,不重复)	查阅资料		
		30.校园文化建设工作获得区、市、省、国家级集体先进荣誉称号分别加2分、4分、6分、8分	查阅资料		
		31.近两年学校获得区、市、省级德育工作先进集体分别加2分、3分、5分(按最高级计算)	查阅资料		
		32.学校在每学年区、市、省体育、艺术、科技类比赛中获得团体前3名分别加1分、3分、5分(每项按最高级计算)	查阅资料		
		33.学校近两年获得(评为)区、市、省委各类与校园文化建设相关集体先进荣誉每一项目加2分、3分、5分(每项按最高级计算)	查阅资料		

注:有下列情况之一发生,本年度示范校评估一票否决:

1. 有学生被公安机关处以治安拘留以上处罚现象。

2. 学校有师生集体中毒等重大伤亡事故发生。

3. 有教师殴打、体罚和变相体罚学生事件发生。

4. 发现有学生涉毒、参赌、聚众斗殴、偷盗、参加邪教等现象。

附录 4

《和谐乡情》综合实践活动各年级段课程目标

年级	主题	知识目标	技能目标	情感、态度与价值观
三	品味乡情	1.知道霞浦的地理位置，能在地图中找到家乡，了解家乡有哪些秀美的自然风光和丰富的自然资源 2.了解霞浦的社区、村名及社区医疗、教育等公共场所位置 3.了解霞浦地方语言、特色饮食，学说童谣，挖掘老游戏 4.掌握一定的学校礼仪知识	1.学习运动调查、观察、访谈等手段收集信息 2.学习运用比较、分析的方法，比较家乡人民在衣食住行方面的变化 3.学会与人合作，共同完成任务 4.掌握一定的生活技能：学习礼仪、爱眼护眼、学会不挑食、掌握消灭蚊子和苍蝇的方法；买菜、晒衣物、做汤圆、拖地、用电饭锅烧菜、热饭菜等家务技能；能够制定简单的一周开销计划，知道比较价格	1.引导学生勤于动手、知道自己的事要自己做，初步培养学生的自理能力 2.引导学生关爱自己，关爱身边的草木、小动物，帮助学生明白自己的独特性，努力去做好自己，初步感受为自己服务的快乐 3.会用文明用语和交往中的文明礼仪，能文明地对待他人 4.引导学生明白父母对自己的关爱之心
四	感悟乡史	1.了解家乡的传统习俗、节日文化与历史传说 2.让学生了解霞浦人民新中国成立前的苦难岁月，以及革命历史 3.调查了解改革开放以前的家乡面貌，和现在的面貌比较，家乡人们在衣食住行方面有哪些变化 4.感受研究性学习，尝试选择主题、制订方案 5.了解一定的家庭生活礼仪知识	1.引导学生亲身调查、探索与体验，对地方文化进行反思，汲取其中优秀的精神传统 2.尝试用对比等手段深入分析信息，形成自己的观点 3.初步形成评价反思意识 4.掌握一定的生活技能：合理安排一日三餐、认识路牌、学会乘火车、掌握消灭老鼠和蟑螂的方法；掌握炒青菜、烧开水、买菜、学用洗衣机、看水表等家务技能	1.体验劳动的乐趣，培养学生的动手能力及乐于实践的品质，养成较强的家务能力，树立服务意识 2.积极参与德育基地社会实践活动，增强社会责任感 3.学会基本的交往方法和小组合作的方法，知道集体的力量大于个人的力量 4.初步学会感恩

年级	主题	知识目标	技能目标	情感、态度与价值观
五	亲近乡人	1.了解革命先驱张人亚的革命事迹 2.了解为解放霞浦而牺牲的烈士姓名 3.了解霞浦籍名人台湾百强企业家张兆庆、红帮传人戴祖贻、漫画大师胡治均、世界杰出发明家张霞昌的事迹 4.调查了解当代乡乡有杰出贡献的企业家、各行各业的创业故事 5.初步掌握调查、访谈、搜索等信息收集手段 6.了解与他人打交道的礼仪常规、礼仪知识	1.通过调查、观察、感受、体验、探究，了解和参与生活 2.掌握一定的公共场合礼仪技巧，养成习惯 3.学会有效躲避事故灾害的常用方法和在事故灾害发生时的自我保护和求助及逃生的基本技能 4.了解青春期生长发育特点和个人卫生知识，掌握青春期自我保健的生活技能 5.掌握一定的生活技能：了解我国的传统节日、学会安全用电、做环保小卫士、预防食物中毒；掌握制作水果拼盘、打扫房间、节约水电等	1.爱护自己的身体和生命，提高安全意识和自护自救的能力，并初步学会关爱他人、善待自己 2.乐于为自己、家人、同学、社区服务，提高与人交流、合作的能力，进一步体验服务的乐趣 3.掌握基本的学习方法，能积极地参与科学活动，快乐地学习 4.提高学生的自我保护能力，增强自我保护意识 5.了解适宜的赚钱方法、懂得赚钱的艰辛，体验赚钱的幸福，养成独立自主的习惯
六	打造乡客	1.调查了解本地植物资源品种 2.利用校内气象监测点、实验设备等资源，学习大气监测、河道环境监测等知识 3.知道人与动物的相互依存关系，意识到猎杀捕食野生动物的危害 4.调查了解自己、家庭、学校节约能源、资源回收、垃圾处理等情况 5.掌握废物利用小制作的技巧 6.了解调查和访谈的基本方法，学会筛选资料	1.能通过观察，在熟悉的日常生活和社会现实中选取学生关注的问题 2.自主选择适合自己认知和理解地方文化及个性发展的方式 3.形成解决问题的一些基本策略，体验解决问题策略的多样性，发展实践能力和创新精神 4.会撰写研究方法和研究报告，能进行简单的策划 5.掌握一定的生活技能：学会选购食品、良好的饮食习惯、了解绿色通道的存在；学会当小管家，能够安排自己的生活；帮助有困难的同学或其他需要帮助的人，捐钱捐物，奉献爱心	1.培养科学精神和科学态度，增强环保意识 2.积极参与基地上岗实践活动，进一步体验劳动者艰辛与快乐，用文明的服务促进社会的和谐美，培养动手实践能力，增强社会责任感 3.能正确地对待自己、长辈、他人，了解自己，相信自己，快乐地进入青春期 4.积极主动的学习态度，能自信地完成任务，积极承担个人责任 5.提高正确地金钱意识，学习花钱艺术，了解理财知识，培养现代理财能力

附录 5

北仑中学学生发展指数操作细则

（意见征求稿）

一、学生发展指数加分项

第一条　班级月考核总分连续四次列年级段前两名,该班学生每人加1分。

第二条　对学校工作认真负责的学生,经有关部门负责人书面反馈,该生加1分或2分。

第三条　检举揭发违纪违规学生(书面形式),并署名者(学校保密),经查属实,每次加1分或2分。

第四条　在校内校外做好事或提升学校声誉之事的学生(书面反馈),经查属实,该生每次加1分或2分。

第五条　代表学校参加除学科竞赛外的各项比赛或活动,每次每人加1分或2分(不包括体育和艺术生参加体艺类比赛)。

第六条　每班每学期期中、期末、月考、模拟考成绩进步较大的学生,取前3名每次每人加1分,一学期中重大考试成绩都在班级前5名之内的(由班主任和年级主任书面反馈),每人加1分。

第七条　对本班思想品德表现特别好或工作出色的学生(由班主任书面反馈),经查属实,该生每次加1分或2分。

第八条　在犯错后,认错态度较好者,酌情给予加分。

第九条　其他可给予加分的行为,经书面报告,由学生发展部讨论决定。

二、学生发展指数扣分项

第一条　无故携带手机、通讯工具、MP4、有储存功能或大屏幕的MP3、文曲星、各种游戏工具和设备、各种电脑、有害于学习的先进产品和大功率电器等进校园的,每次每人扣10分。

第二条　在校园无人场所或偏僻处,男女同学单独散步和聊天,在超市或餐厅男女同学单独用餐,或男女同学不正常交往,每次每人扣10分。

第三条　学生考试舞弊,多次抄作业,多次不交作业,上课多次趴桌睡觉,多次迟到(多次指累计10次以上,书面反馈),旷课,旷跑,有以上行为之一的,每次每人扣 5 分或 10 分。

第四条　在校园内外打架斗殴或吵架,无请假条与出入证出入校园(含爬围墙等)外出上网吧或进娱乐场所,偷窃,乱拿别人东西,每次每人扣 10 分。

第五条　在校园内抽烟、喝酒、赌博,玩各种牌或各种游戏,看不健康书籍的,有以上行为之一的,每次每人扣 5 分或 10 分。

第六条　不尊重教职员工,不服从老师教育或管理,不服从学生和学生干部检查或管理,言行不诚信者,每次每人扣 10 分。

第七条　不按规定时间与要求,擅自进入运动场地或空教室或其他辅助用房者,每次每人扣 5 分。

第八条　故意损坏公物、各种环境设施、消防安全设施等,违反学校有关公共场所管理规定者,每次每人扣 5 分或 10 分。

第九条　擅自调动寝室,到其他寝室就寝,擅自到校外租房或住宿,带校外人员进寝室,留宿外人,寝室熄灯后外出,每次每人扣 10 分。

第十条　在校园内使用有危险或有安全隐患的物品,每次每人扣 10 分。

第十一条　侮辱、诽谤、诬告、骚扰、恐吓、威胁他人,侵犯、损害他人正当权益及人身安全,隐匿、毁弃或私自开拆他人邮件者,每次每人扣 10 分。

第十二条　同学间拉帮结派,在公共场所起哄闹事,乱扔垃圾和其他物品,追逐吵闹影响教育与教学氛围的,视情节轻重,每次每人扣 2 分或 5 分。

第十三条　学生染、烫头发,男生头发过长,佩戴不合学生身份的各种饰品,每次每人扣 2 分或 5 分。

第十四条　教室内擅自使用电脑,规定时间段不穿校服,私带体育器材进教室或寝室,每次每人扣 1 分或 2 分。

第十五条　学生叫外卖进校园,无故在教室或寝室内用餐,在教室内吃零食(非课间餐时间),每次每人扣 1 分或 2 分。

第十六条　其他应给予扣分的行为,要书面备案,由学生发展部讨论决定。

三、学生发展指数数据的效用

第一条　对学生个人的效用

1.学生累计扣分达到 3 到 5 分者,班主任与该学生进行诫勉谈话。

2.学生累计扣分达到 6 到 9 分者,年级主任与学生进行诫勉谈话,并作好谈话记录,建立学生追踪档案。

3.学生累计扣分达到 10 分及以上者,必须参加学生发展部组织的学习班。

4.学生累计扣分达到 20 分及以上者,将留校察看,直至劝退。

5.累计扣分为负分,或一学期内扣分次数达两次及以上的学生,或一次性扣分2分及以上的学生,该学期不得评任何先进,不得参加奖学金考试。

6.累计扣分2分及以上的学生,降级享受或不享受人助金和学杂费减免。

7.累计扣分为负分者,或一学期内扣分次数两次及以上,或一次性扣分2分及以上的学生,思想品德考核一律不准评优秀,不得作为入党积极分子和学生干部培养。

8.一学期内无扣分且总分在8分及以上的学生,优先考虑评优评先或直接给予评优评先资格。

第二条　对班级的效用

1.一学期内,班级累计扣分超过30分,该班不能评集体类先进(本班举报除外)。

2.一个月内,班级累计扣分超过15分,月考核等第酌情降级(本班举报除外)。

3.班级学期累计总分排名作为评选集体类先进重要依据之一。

第三条　对教职员工的效用

1.每位教职员工都有责任和义务填写《学生发展指数数据联系单》。

2.每位教职员工填写《学生发展指数数据联系单》的数量,与文明办公室评比和年度师德考评相挂钩。

四、学生发展指数数据的日常管理

第一条　学生发展部建立以班级为单位的学生发展指数量化数据库。

第二条　学生发展指数总分,采用累计计分办法,三年内有效,毕业时清零。

第三条　加分与扣分情况每月输入电脑,并反馈给班主任和年级主任。

第四条　班主任和任课教师表扬本班学生的,只计入该生学生发展指数数据,不计填写《学生发展指数数据联系单》的数量。

第五条　学生发展指数每月进行统计和小结,并反馈至年级组、班主任处,以便于及时对学生进行教育。

第六条　所有《学生发展指数数据联系单》需于当日交到团委。

第七条　《学生发展指数数据联系单》以班级为单位存放,以便学生或班主任查询。

第八条　对每个教职员工填写的《学生发展指数数据联系单》每月进行数量统计,在校园网上公布,并存档(本细则的解释权在校长室)。

附录 6

北仑区第二批"校园文化建设示范学校"评估标准

项目	评定标准	分值	评分办法	自评	区评
物质文化 (20分)	1. 校园布局合理,文化品位高;无卫生死角、乱堆放、乱停车和墙面、课桌椅乱涂乱刻现象;校门前交通秩序良好,左右两侧无乱摆卖现象;学校周边200米内无电子游戏机室、网吧、歌舞厅等营业性场所,无有毒、有害和污染环境的生产经营活动	5	要素一2分(布局1分,品位1分)。要素二1分(存在所列情形之一扣0.5分)。要素三1分(酌情扣分)。要素四1分(存在所列情形之一扣0.5分,扣完2分为止)。实地检查		
	2. 校园建设精致,有反映办学理念的文化景观和拓展学生素质的共享空间8处以上;校园绿化覆盖率达40%以上;师生食堂达到A级标准;注重一校一服工作,校服能体现学校特色,展现学生个性	10	要素一4分,文化景观每个0.5分。要素二2分(40%以上2分,30%以上1分,低于30%不得分)。要素三2分(A级2分,其余不得分)。要素四2分,实地检查和查资料		
	3. 教育教学功能处室完备,有数字实验室、图书馆、阅览室、微格教室、业余党团校、小学队室,有艺术表演场地(音乐厅或剧场)、艺术作品展览场地、心理咨询室、体育馆、运动场、医务室,设备设施完善,使用效益高	5	场馆4分,每缺一个扣0.5分,不倒扣。设备完善、使用效益高1分。查资料、实地检查		
精神文化 (60分)	4. 有独特的办学理念和校园文化理念;校训、校风、教风、学风主题词体现学校精神和办学风格;学生宿舍文化、走廊文化、和班级文化有创意和特色;学校特色项目创建成果显著,在同类学校中影响较大	10	要素一2分。要素二2分。要素三6分(特色鲜明4分,特色较鲜明3分,个别有特色2分,一般化1分)。要素四2分。查资料、实地检查、问卷调查和谈话		

续表

项目	评定标准	分值	评分办法	自评	区评
精神文化(60分)	5.校风学风教风优良,社会认可度高;重视挖掘和保护校园人文历史亮点,建有校史室、荣誉室或校友册;师生都有良好心态和美好愿景;有校歌,师生能熟练歌唱,有校刊、校报	10	要素一3分,校风教风1分,认可度2分。要素二2分,有1分,更新及时1分。要素三2分,要素四4分,校歌1分,熟唱度2分,校刊校报1分。问卷、座谈		
	6.学校建有开放式阅读空间,书吧利用率高、效果好;图书馆藏书量根据规定配备,并能逐年增加,图书借阅率高;建立学校网站、广播站、学生电视台、电子阅览室(至少50台电脑),数字化校园建设有实效	10	要素一4分,有教室图书角、走廊书吧等开放式式阅读空间2分,利用率、效果2分。要素二2分。要素三4分,所列每项1分(电子阅览室电脑每少1台扣0.1分)。查资料、实地检查		
	7.黑板报、宣传橱窗及时更新,内容健康;每学期有主题教育活动,每周一次班队活动能根据学生的需求进行设计,学生参与率达100%。有相对稳定的社会实践基地,每学期组织学生开展社会调查、社区服务和志愿者活动1次以上,学生参与率达100%	10	要素一2分(酌情扣分)。要素二6分,每学期主题教育2分,每周班队活动2分,参与率2分。要素三2分,每学期开展社会实践活动1分,参与率1分。查资料、实地检查		
	8.重视课程文化建设,高中有校本精品课程5门、初中3门、小学2门以上;近五年承担市级以上校园文化建设研究课题2项以上;在市级以上刊物发表校园文化建设论文2篇以上	10	要素一6分(高中每门1.2分,初中每门2分,小学每门3分)。要素二2分,每项1分(内容不重复)。要素三2分,每篇1分(省级以上每篇1分,市级0.5分。内容不重复)。查阅、核实资料		
	9.开展档次高、影响大的高雅艺术进校园活动(包括艺术团体演出、专家艺术讲座等),每学年至少1次;每年举行运动会、读书节、科技节、艺术节和重大节日纪念活动,学生参与率达100%;教职工文体活动丰富多彩,参与率达90%以上;学生社团活跃,参与率达95%以上,区级优秀社团1个以上,社团课程2种以上,社团文化氛围浓厚	10	要素一2分。要素二2分,其中活动1分(每缺一项扣0.5分,扣完1分为止),参与率1分(未达100%扣0.5分)。要素三2分,其中活动1分,参与率1分(未达90%扣0.5分)。要素三4分,"活跃"、参与率1分(酌情扣分),优秀社团1分,社团课程1分,社团文化1分。查资料、座谈、问卷调查、实地检查		

项目	评定标准	分值	评分办法	自评	区评
制度文化（20分）	10.有规范、透明、科学的规章制度，制度认可度高；有助推学校发展和引领学生进步的激励评价制度；建立和落实安全教育、管理制度和应急机制；学校无危房；没有发生重大安全责任事故和影响稳定的严重事件	10	要素一4分（制度完善2分，师生认可度2分），要素二2分，要素三2分，要素四1分（有危房不得分），要素五1分。查资料、实地检查、问卷调查		
	11.推行校务公开，实行民主管理，学校重大决策和财务情况交教代会讨论和审计，教代会提案能认真落实和解决；学校人际关系和谐，凝聚力强；坚持依法治校，学校没有违反教育法律、法规和政策的行为。	5	要素一2分，要素二1分，要素三2分。问卷调查、座谈、查资料		
	12.落实班主任、团队干部待遇；每学期组织开展一次班主任专业能力学习培训，形成一批班主任骨干队伍；近两年教师无有偿家教、体罚或变相体罚学生等行为	5	要素一2分。要素二1分，要素三2分。查阅资料，座谈了解		
附加分（10分）	13.近四年学校校园文化建设工作经验被市、省、国家级各类媒体转载、报道，获市级以上"德育工作先进集体""书香校园""绿色学校""安全文明校园""依法治校示范校"等称号	10	要素一3分（市级1分，省级2分，全国3分），要素二3分（3个以上荣誉3分，2个2分，1个1分）		
总分					

参考文献

[1] Roach A. T. & T. R. Kratochwill. Evaluating School Climate and School Culture. Teaching Exceptional Children,2004,37(1):10-17.

[2] MacNeil A. J. , D. L. Prater & S. Busch. The Effects of School Culture and Climate on Student Achievement. International Journal of Leadership in Education:Theory and Practice,2009,12(1).

[3] Aeltermana A. ,N. Engelsb & K. V. Petegema,et al. The Well-being of Teachers in Flanders: The Importance of a Supportive School Culture. Educational Studies,2007,33(3).

[4] Brady P. Working towards a Model of Secondary School Culture. Canadian Journal of Educational Administration and Policy,2008(73): 1-26.

[5] Lee A. C. The Planning, Implementation and Evaluation of a Character-based School Culture Project in Taiwan. Journal of Moral Education,2009,38(2):165-184.

[6] MacQuarrie C. ,D. Murnaghan & D. MacLellan. Physical Activity in Intermediate Schools: The Interplay of School Culture, Adolescent Challenges, and Athletic Elitism. The Qualitative Report,2008,13(2): 262-277.

[7] Kent P. Finding the Missing Jigsaw Pieces: A New Model for Analysing School Culture. Management in Education, 2006,(20):3.

[8] Beachum F. & C. McCray. Cultural Collision in Urban Schools. Current Issues in Education,2004,7.

[9] Barr J. & A. Higgins-D'Alessandro. How Adolescent Empathy and Prosocial Behavior Change in the Context of School Culture: A Two-year Longitudinal Study. Adolescence, 2009,44(176):751-772.

[10] Barra J. J. The Relationship between Teachers' Empathy and Perceptions of School Culture. Educational Studies,2011,(37):3.

[11] Gordon J. & J. A. Patterson. It's What We've always Been Doing. Exploring Tensions between School Culture and Change. Journal of Educational Change. 2008,9(1):17-35.

[12] Abaham J. Differentiating between and Synthesizing Quantitative, Qualitative, and Longitudinal Research on Polarized School Cultures: A Comment on Van Houtte (2006). Journal of Curriculum Studies, 2007.

[13] Prosser J. Visual Methods and the Visual Culture of Schools. Visual Studies,2007,22(1).

[14] Lee K. Online Learning in Primary Schools: Designing for School Culture Change. Educational Media International,2006,43(2).

[15] Schoena L. T. & C. Teddlie. A New Model of School Culture: A Response to a Call for Conceptual Clarity . School Effectiveness and School Improvement,2008,19(2): 129-153.

[16] Arthura L. ,H. Marlandb, A. Pillc & T. Read,et al. School culture and Postgraduate Professional Development: Delineating the "Enabling School". Professional Development in Education,2010,36 (3).

[17] Van Houtte M. Climate or Culture? A Plea for Conceptual Clarity in School Effectiveness Research. School Effectiveness and School Improvement, 2005,16(1):71-89.

[18] Engelsa N. , G. Hottona, G. Devosb, D. Bouckenoogheb & A. Aeltermanc. Principals in Schools with a Positive School Culture. Educational Studies,2008,34(3):159-174.

[19] Waldron N. L. & J. McLeskey. Establishing a Collaborative School Culture through Comprehensive School Reform. Journal of Educational and Psychological Consultation,2010,20(1):58-74.

[20] Zeinz H. & A. Scheunpflug. Changing School Culture: From Deficiencies to Strengths—An Intervention Study about School Culture. US-China Education Review,2010,7(1):32-37.

[21] 陈伯良,易敏.合并学校的文化重塑发展之路——以广州市东风西路小学为个案.教育导刊(上半年),2010(5).

[22] 陈树生,李建军.课程文化:学校文化建设的核心.教育发展研究,2010(2).

[23] 陈宇卿.区域教育评价的实践创新.上海教育,2011(21).

[24] 崔允漷.课程改革政策执行:一种分析的框架.教育发展研究,2005(19).

[25] 戴新利.深化中小学管理体制改革的策略.教育探索,2008(4).

[26] 邓敏.中学校园文化建设研究.华中师范大学硕士学位论文,2003.

[27] 邓云洲,席长华.新课改背景下学校文化研究综述.现代教育论坛,2007(4).

[28] 端木钰,杨健.区域推进学校文化建设:一种内涵发展的战略.江苏教育(教育管理版),2010(11).

[29] 高伟芳.论中小学校园文化建设——基于苏州市金阊区学校校园文化建设的实践与思考.苏州大学硕士专业学位论文,2010.

[30] 顾建德.一所农村中心学校物质文化建设的实践与体认.现代中小学教育,2011(10).

[31] 顾明远.学习和解读国家中长期教育改革和发展规划纲要(2010—2020).高等教育研究,2010(7).

[32] 郭婵英.现阶段中小学校园文化建设存在的问题与对策.教学与管理,2007(11).

[33] 何雅玲.小学校园文化建设的理论与实践——以南京市琅琊路小学明发滨江分校为例.苏州大学硕士学位论文,2009.

[34] 洪缨.校园环境标识系统设计分析.广告大观:标识版,2011(10).

[35] 侯彦斌.我国"区域教育研究"的概念、意义和方法的理论研究.西北师范大学博士学位论文,2004.

[36] 胡惠闵.指向教师专业发展的学校管理改革:上海打虎山路第一小学.华东师范大学博士学位论文,2003 年.

[37] 胡伶.地方教育行政部门的职能转变——基于公共治理视角的分析.教育发展研究,2010(12).

[38] 胡伟.县域义务教育课程政策执行力研究.山东师范大学硕士学位论文,2011.

[39] 金淑丽,于可红.基于区位优势理论推进体育特色学校建设的设想——以宁波北仑区为例.浙江体育科学,2011(1).

[40] 李蕊.关注学生文化,加强学生社团建设——中学学校文化建设之我见.教育研究,2007(1).

[41] 李哉平.具有农村特色的小学社团活动.浙江教育科学,2011(2).

[42] 刘计荣.学生社团:精神成长的舞台.中小学心理健康教育,2010(15).

[43] 刘金花.中学校园文化建设的影响因素与改进对策研究——以常熟市十所中学为例.苏州大学硕士专业学位论文,2008.

[44] 刘晓飞.教育研究方法的新取向——质的研究方法的评析.荆门职业技术学报,2008(10).

[45] 刘正伟,仇建辉.学校文化建设:特色与品牌.济南:山东教育出版社,2010.

[46] 柳国辉.义务教育均衡发展问题探析.宁波大学学报(教育科学版),2009(1).

[47] 彭慧.一种切实可行的区县级课题管理策略:梯次规划和分层管理.教书育人.校长参考,2010(12).

[48] 钱炜琼,孙玉丽.学校精神文化的生命意蕴.当代教育科学,2010(12).

[49] 秦岭.学校环境文化建设.北京:北京工业大学出版社,2009.

[50] 全力.国家教育政策对基层教育管理的影响研究.华东师范大学博士学位论文,2010.

[51] 任顺元.学校特色与特色学校建设.杭州:浙江大学出版社,2010.

[52] 沈煜清.小学生社团建设的实践探索.小学德育,2011(4).

[53] 苏忱.教育依托科研,科研引领发展.上海教育,2011(6).

[54] 苏君阳,尤莉.地方教育行政职能转变中的问题与启示.现代教育管理,2011(9).

[55] 苏尚锋.学校文化建设的六面体模型.中国教育学刊,2008(8).

[56] 宿大伟.新课程改革下学校文化的建设.广西师范大学硕士学位论文,2007.

[57] 隋娟.满意度理论及其在区域教育研究中的应用.天津师范大学硕士学位论文,2008.

[58] 孙桂丽.区域教育现代化指标体系研究.苏州大学硕士学位论文,2009.

[59] 孙式灵.浅论校园环境建设.当代教育科学,2010(22).

[60] 王定波.校长在学校文化建设中的角色定位.浙江科学,2010(3).

[61] 王国安.历史文化资源与现实文化资源的融合研究——以宁波北仑为

例.中共宁波市委党校学报,2009(5).

[62] 王晶晶,王亚娜,黄旭君.城乡结合部中学文化建设的策略探讨.宁波教育学院学报,2007(6).

[63] 王瑞森.中小学学校文化建设研究.华中师范大学硕士学位论文,2007.

[64] 王晓波.中小学教育资源优化与学校文化整合策略的思考.中小学校长,2009(7).

[65] 魏玉莲,肖春雪,鄂丽新.基于 CI 理论和新课程改革的学校文化建设.新课程研究(教师教育版),2010(6).

[66] 项红专.学校文化建设的理论与实践.杭州:浙江大学出版社,2010.

[67] 徐瑢.新课程背景下学校文化建设的现状与完善策略研究——以江苏省盐城中学"学校文化"建设为例,苏州大学硕士学位论文,2008.

[68] 徐书业.学校文化建设研究——基于生态学的视角.华东师范大学博士学位论文,2007.

[69] 杨爱华.校园文化建设的反思与实践探索.教育导刊(上半年),2009(11).

[70] 俞国良.学校精神与学校文化力.教育育人:校长参考,2011(9).

[71] 俞国良.学校文化新论.长沙:湖南教育出版社,1999.

[72] 曾佳佳.论学校文化建设中区域传统文化资源的整合——以苏南为例.江南大学硕士学位论文,2009.

[73] 张惠娟.关于我国中小学管理体制改革的方向性思考.教学与管理,2011(2).

[74] 张民生.区域课程领导力建设的作用和价值.上海教育,2011(1).

[75] 赵福庆.特色学校建设刍议.教育研究,1998(4).

[76] 赵红全.德育研究中质的研究方法探析.青年研究,2004(4).

[77] 赵银生.我国教育行政部门问责制度研究.高等教育研究,2009(8).

[78] 赵中建.学校文化.上海:华东师范大学出版社,2004.

[79] 赵中建.学校文化建设:组织文化的视角.华东师范大学博士学位论文,2005.

[80] 郑巍巍.阳光城:综合实践活动新模式.杭州:浙江大学出版社,2012.

[81] 周俊.现代学校制度建设的理论与实践.杭州:浙江大学出版社,2010.

[82] 周丽芳.依托区域文化资源,推进中小学校园文化建设——上海市徐汇区中小学非物质文化遗产寻访活动的实践与思考.中国校外教育(基教

版),2010(11).

[83] 周丽月.区域推进学校文化建设的策略.江苏教育研究,2010(8).

[84] 周起业,刘再兴.区域经济学.北京:中国人民大学出版社,1989.

[85] 周文杰,张雯雯.中小学班级文化建设的现状及策略探析.学周刊,2011
(2).

[86] 朱亚文.论地方文化视域中的学校文化建设.江苏教育研究,2010(5).

索　引

图书在版编目(CIP)数据

北仑实践:区域推进学校文化建设研究 / 张文军,
朱晓燕,吴东平编著. —杭州:浙江大学出版社,
2013.9
ISBN 978-7-308-11982-5

Ⅰ.①北… Ⅱ.①张… ②朱… ③吴… Ⅲ.①区(城
市)—中小学—校园文化—建设—研究—宁波市
Ⅳ.①G.639.285.53

中国版本图书馆 CIP 数据核字(2013)第 184513 号

北仑实践:区域推进学校文化建设研究

张文军　　朱晓燕　　吴东平 编著

责任编辑	吴伟伟 *weiweiwu@zju.edu.cn*	
封面设计	木　夕	
出版发行	浙江大学出版社	
	(杭州市天目山路 148 号　邮政编码 310007)	
	(网址:http://www.zjupress.com)	
排　　版	浙江时代出版服务有限公司	
印　　刷	杭州日报报业集团盛元印务有限公司	
开　　本	710mm×1000mm　1/16	
印　　张	17.25	
字　　数	291 千	
版 印 次	2013 年 9 月第 1 版　2013 年 9 月第 1 次印刷	
书　　号	ISBN 978-7-308-11982-5	
定　　价	48.00 元	